AF643816

Rosa Schmidt, seit 43 Jahren mit Günther verheiratet, lebt in einer Kleinstadt, ist stolze Besitzerin einer eigenen E-Mail-Adresse und mehrerer Lachfalten.
Aufgezeichnet wurde Rosas geheimes Tagebuch von Anne Hansen. Sie schreibt für überregionale Medien und hat bereits mehrere Romane veröffentlicht. 2014 landete sie mit dem Buch *Mein Mann, der Rentner* einen SPIEGEL-Bestseller. Wenn sie nicht am Schreibtisch sitzt, hockt die Wahlberlinerin wahlweise am Pokertisch oder auf dem Rücken eines Islandponys.

Außerdem von Rosa Schmidt lieferbar:
Mein Mann, der Rentner, und dieses Internet. Das geheime Tagebuch einer Ehefrau

Besuchen Sie uns auf www.penguin-verlag.de und Facebook.

ROSA SCHMIDT

MEIN MANN, DER RENTNER, AUF TOUR STATT KUR

DAS GEHEIME REISETAGEBUCH EINER EHEFRAU

PENGUIN VERLAG

Sollte diese Publikation Links auf Webseiten Dritter enthalten,
so übernehmen wir für deren Inhalte keine Haftung,
da wir uns diese nicht zu eigen machen, sondern lediglich auf
deren Stand zum Zeitpunkt der Erstveröffentlichung verweisen.

MIX
Papier aus verantwortungsvollen Quellen
FSC® C014496
FSC www.fsc.org

Verlagsgruppe Random House FSC® N001967

PENGUIN VERLAG

PENGUIN und das Penguin Logo sind Markenzeichen
von Penguin Books Limited und werden
hier unter Lizenz benutzt.

2. Auflage
Copyright © 2019 Penguin Verlag, München,
in der Verlagsgruppe Random House GmbH,
Neumarkter Str. 28, 81673 München
Die Zitate auf S. 18 stammen aus: *Goethe's sämtliche Werke in vierzig Bänden*, Cotta.
Umschlag: Bürosüd
Umschlagmotiv: Peter Bartels/Die Illustratoren
Satz: Uhl + Massopust GmbH, Aalen
Druck und Bindung: GGP Media GmbH, Pößneck
Printed in Germany
ISBN 978-3-328-10240-3
www.penguin-verlag.de

Dieses Buch ist auch als E-Book erhältlich.

Januar

Vielleicht wird es ja noch juxig

Montag, 1. Januar

Himmel, bin ich gerädert. Dabei war es gestern doch gar nicht so spät. Wir können auch nichts mehr ab. Wie spät ist es? 16 Uhr? Ach so, das geht ja, ich mach die Augen noch mal zu. Hach, tut das gut.

Eine Sekunde später
16 Uhr???

Dienstag, 2. Januar

Ich komme immer noch nicht darüber hinweg, dass ich gestern wirklich bis 16 Uhr geschlafen habe. Letztes Jahr am 1. Januar war es noch 15 Uhr. Bitte, wo soll das hinführen? Günther, Ingenieur im Ruhestand, aber immer noch im Herzen Vollblutmathematiker, hat das mal hochgerechnet: Wenn wir so weitermachen und pro Jahr eine Stunde dazukommt, werden wir mit 80 den kompletten 1. Januar durchratzen und erst am 2. aufwachen.

Wirklich, es wird jedes Jahr schlimmer. Bisher haben wir es immer auf äußere Faktoren geschoben, warum wir nach Silvester so gerädert waren. Bier auf Wein, das lass sein! Die Männer haben irgendwann Zigarre geraucht! Klar, das geht doch sofort auf die Bronchien! Großes Glas Sekt um 12! Und, und, und…

Aber machen wir uns nichts vor: Es liegt an unserem Alter. Schlicht und ergreifend. Günther wird dieses Jahr 67, ich 65. Und: Wir sind Rentner. Kurzfassung der letzten drei Jahre, nachdem Günther während des Frühstücks den verhängnisvollen Satz »Ich gehe in Rente« sagte:

Das erste Jahr verbrachten wir in einer Schockstarre. Von hundert auf null über Nacht. Das verkraftet keiner so schnell. Kein Mann, der bis dato Workaholic war. Und keine Ehefrau, die plötzlich einen Rentner zu Hause hat – und zwar in Vollzeit. Am Anfang lief Günther mir wie ein junger Hund hinterher, vergaß manchmal absichtlich etwas in der Stadt, nur um noch einmal lostingeln zu können (glaube ich zumindest), und bügelte – ich traute meinen Augen nicht – Handtücher und Unterhosen. Ich sag ja: Wir waren in einer Art Schockstarre beziehungsweise wir hangelten uns von einer Arbeitsbeschaffungsmaßnahme zur nächsten. Zum Glück bekam Günther nach ein paar Wochen einen Bandscheibenvorfall. O Gott, habe ich gerade wirklich »zum Glück« geschrieben? Es klingt wahrscheinlich gemein, aber ich möchte fast sagen, dass dieser Bandscheibenvorfall ein Geschenk des Himmels war! Plötzlich war Günther beschäftigt! Er ging zweimal die Woche zur Rücken-Rehabilitation und saß zu Hause stundenlang zufrieden wippend auf einem Gymnastikball. Wie sagt man so schön? Das Leben hatte wieder einen Rücken, hihi.

Im zweiten Jahr – wir hatten uns inzwischen mit dem

Rentner-Dasein angefreundet – überkam uns ein gewisser Aktionismus, und wir buchten uns einmal quer durch das VHS-Programm. Kochkurs »Mediterrane Küche«, Discofox-Kurs, Golf-Schnupperkurs und, und, und. Im dritten Jahr trudelten unsere Aktivitäten zwar langsam aus, doch wir schlitterten prompt in das nächste Vollzeitprogramm: Wir entdeckten nämlich das Internet. Julia – unsere Tochter – hatte uns ein Tablett geschenkt, und obwohl ich dem ganzen Technikkram am Anfang überhaupt nichts abgewinnen konnte, fühlte ich mich nach kurzer Zeit wie Boris Becker in dieser Werbung, in der er vor dem Computer sitzt und fassungslos stöhnt: »*Ich bin drin.*«

Nun, Günther und ich sind auch drin, aber wie! Seit einem halben Jahr gehen wir nun zweimal die Woche in einen (Rentner-)Computerclub, wir sind bei Facebook (einmal hat Günther die Einladung zu unserem Grillen öffentlich bei Facebook gepostet. Fragen Sie nicht… es war ein Albtraum! Seitdem klappt aber alles reibungslos.), und: Ich habe eine eigene E-Mail-Adresse! Mit Julia schreibe ich viel hin und her, und meine alten Klassenkameraden von früher sind in unserem Mail-Verteiler auch ganz fleißig dabei. Wenn mir das jemand vor einem Jahr gesagt hätte, hätte ich ihn für verrückt erklärt. Ach, und ich zeig Ihnen mal was. Moooment, hier haben wir's: 😂 🙈 🎉 Sind die nicht süß?! Ich lieeeebe Emojis!

Wo war ich stehen geblieben? Ach ja, bei Silvester. Dieses Jahr haben wir bei Kurt und Irene gefeiert. Kurt und Günther waren Arbeitskollegen, und seitdem Kurt vor einem Jahr auch in Rente gegangen ist (wir sind den beiden zwei Jahre voraus), haben wir richtig viel Kontakt.

Letztes Jahr rief Irene mich gefühlt alle zwei Tage an, und in etwa lief jedes »Gespräch« so ab:

Irene: »Kurt hat mich gerade zum dritten Mal innerhalb von einer Stunde gefragt, ob wir noch was von Lidl brauchen.«

Ich: »Das ist normal.«

Irene: »Kurt will unbedingt die Fenster putzen. Dabei soll es doch morgen wieder regnen.«

Ich: »Das geht vorbei.«

Irene: »Kurt hat für 150 Euro ein Vogelhaus gekauft.«

Ich: »Das ist normal.«

Irene: »Kurt blättert seit einer Stunde im Duden. Im Du-den!«

Ich: »Das geht vorbei.«

Ich sag Ihnen, ich kann bald eine Rentner-Hotline aufmachen! Wie ein Buddha würde ich auf verzweifelte Ehefrauen einreden und ihnen Mut zusprechen. *Rosa Schmidt: Sie nannten sie einen Guru.*

Zurück zu Silvester.

Eigentlich wollten Ute (meine beste Freundin) und ihr Mann Wolfgang auch kommen, doch die beiden hat es voll erwischt. Seit dem 29. Dezember liegen die Armen mit Magen-Darm flach. Ute wollte bis zur letzten Sekunde nicht wahrhaben, dass ihr Platz an diesem Abend im Bett anstatt an Irenes Esstisch sein würde.

»Soooooo ansteckend ist Magen-Darm gar nicht«, maulte sie. »Wir waschen uns auch immer die Hände. Wirklich, Rosa, wir fühlen uns schon ganz …«, sie stockte, »wirklich, es geht bergauf. Ich spüre das.«

Am Anfang habe ich noch versucht, ihr durch die Blume zu verklickern, dass es vielleicht keine so gute Idee wäre zu kommen, wenn man krank ist (noch dazu mit so einem Magen-Darm-Virus!), doch als Ute ernsthaft fragte, wie weit denn die Toilette vom Esszimmer entfernt sei (»Ich kenne ja die Räumlichkeiten bei Irene nicht«), platzte es ganz direkt aus mir raus: »KOMMT BITTE NICHT!!!«

»Du hast ja recht«, sagte sie kleinlaut. »Aber es wäre schon schön gewesen. Großer Gott, ich ruf dich gleich noch mal an. Es kommt wieder…« Aufgelegt.

Es war das erste Jahr, dass wir mit Kurt und Irene gefeiert haben, aber schon jetzt steht fest: Wir werden uns fortan immer über den Jahreswechsel bei ihnen einquartieren. Das gesamte Haus war mit Luftschlangen geschmückt. Schon auf der Anrichte im Flur standen vier kleine süße Schornsteinfeger aus Marzipan, im Wohnzimmer baumelte quer durch den gesamten Raum eine bunte Girlande, in den Blumentöpfen auf den Fensterbänken steckten kleine Raketen aus Pappe. Dazwischen entdeckte ich neun schmale Vasen in Neongelb, auf denen in schwarzen Buchstaben »S«, »I«, »L«, »V«, »E«, »S«, »T«, »E« und »R« stand.

»Irene!«, brachte ich atemlos hervor. Ich fühlte mich wie in einem amerikanischen Spielfilm. Mit offenem Mund ließ ich die Atmosphäre auf mich wirken, als ich plötzlich in einer Bambusschale zwei Haarreifen entdeckte, an denen übergroße, rosafarbene, glitzernde Hasenohren befestigt waren.

»Irene!«, rief ich wieder und zeigte auf die Haarreifen.

»Vielleicht wird es ja noch juxig«, kicherte sie und zwinkerte mir zu.

Ich glaubte zwar nicht, dass wir die jemals in diesem

Leben aufsetzen würden, aber eins musste man Irene lassen: Sie hatte das Motto »Silvesterfeier« bis ins letzte Detail durchdrungen.

Der Esstisch toppte dann noch einmal alles. Auf der gesamten Fläche standen dicht an dicht kleine Schüsselchen mit allen möglichen Leckereien. Vier verschiedene Gläser für jeden waren ein untrügliches Signal, dass die beiden Größeres mit uns vorhatten. Und in der Mitte thronte das eindrucksvollste Raclette-Gerät, das ich je gesehen habe. Es hatte drei (!) Stockwerke für jeweils acht Pfännchen, es gab eine große Grillplatte und darüber einen Fondue-Topf. Jetzt war es Günther, der atemlos hervorbrachte: »Kurt!« (Mit technischen Geräten kriegst du einen Ingenieur immer!)

Während Irene und ich die Getränke aus der Küche holten, versammelten sich die Männer ums Feuer … äh … den Raclette-Thron. Immer wenn ich ins Wohnzimmer kam, schnappte ich Bruchstücke von Kurt auf. »… Grillplatte aus Alu-Guss …«, »… Chromstahlgriffe …«, »… kannst du alles stufenlos regulieren …«, »… der bringt 1400 Watt auf die Kette …«. Günther stand in Denkerpose mit gesenktem Kopf und Zeigefinger am Mund daneben und kommentierte mit ernster Miene. »Hut ab«. »Stark«. »Alle Achtung«. Man hätte meinen können, Kurt habe ihm ein neues Raumfahrtprojekt vorgestellt.

»So, nun setzen wir uns aber mal«, unterbrach Irene die fachsimpelnden Ingenieure a. D. »Jetzt geht's an die Tisch-Grillade.«

»Tisch-Grillade?« Ich musste lachen und zwickte Günther in die Rippen. »Wir sind hier bei Profis eingeladen.«

Es stellte sich heraus, dass der Verkäufer im Laden 20 Mal das Wort »Tisch-Grillade« benutzt hatte (»dabei haben wir bei den ersten ja noch gar nicht mitgezählt«) und es seitdem ein geflügeltes Wort bei den beiden ist.

»Na, dann«, sagte Günther feierlich und erhob sein Glas in die Runde: »Auf die Tisch-Grillade – und einen schönen Abend!«

Wir waren gerade jeder bei der sechsten Pfanne (ab heute wird definitiv abgespeckt!), als Kurt und Irene verräterische Blicke austauschten. Kurt nickte Irene aufmunternd zu, woraufhin Irene sich räusperte und bedeutungsschwer sagte: »Wir müssen euch was sagen.«

In meinem Kopf fing es sofort an zu rattern. Was um Himmels willen wollten sie so offiziell ankündigen? Schwangerschaft fiel aus, ebenso wie Hausbau oder Hochzeit. (Klassische »Wir-müssen-euch-was-sagen«-Themen.)

»Nun sagt schon!«, stieß ich hervor.

Irene räusperte sich wieder, sah zu Kurt rüber und sagte schließlich: »Wir fahren nach Patagonien.«

Es folgte: der aberwitzigste Reiseplan, von dem ich jemals gehört hatte. Nicht einmal diesem langhaarigen Naturfilmer, der dauernd in Talkshows sitzt, hätte ich ihn zugetraut. Geschweige denn Irene, die so abenteuerlustig ist wie ich. Also gar nicht. Mit offenem Mund hörten Günther und ich uns an, was die beiden sich vorgenommen hatten: Ihre Nichte Marlene macht gerade ein Auslandssemester in Buenos Aires (was die jungen Leute heutzutage alles so machen!), und am Telefon hatte sie irgendwann gefragt, ob Kurt und Irene sie nicht abholen wollten; ihre Eltern, also

Irenes Schwester plus Mann, hatten sie nämlich schon hingebracht.

Die Idee habe sich dann verselbstständigt, und ehe sie es sich versahen, hatten sie eine Rundreise gebucht: Sie würden nach Buenos Aires (Irene hat furchtbare Flugangst! Was um Himmels willen hat sie genommen?!?) und dann weiter mit einem Inlandsflug (!) in den Süden des Landes fliegen. Von dort aus geht es mit dem Bus quer durch das ganze Land. In 22 Tagen. Von irgendwelchen Wanderungen war die Rede und von »Basislagern« (!). »Klingt jetzt anstrengender, als es ist«, versicherte Kurt. »Die Reise hat nur zwei Stiefel.« Irene ergänzte mit einem Strahlen über das ganze Gesicht: »In der Einheit misst der Veranstalter den Schwierigkeitsgrad. Süß, oder?« Schemenhaft hörten wir noch was von irgendwelchen Pinguinkolonien und »subantarktischen Vogelwelten«.

»Und wann geht es los?«, fragte ich schließlich fassungslos.

»Am 12.«, kicherte Irene überdreht. »Man muss auch mal was riskieren!«

Günther und ich sahen uns immer noch ungläubig an. Die meinten das wirklich ernst. Kurt beendete schließlich die Stille mit den Worten: »Ich glaub, wir haben uns jetzt alle einen Schnaps verdient.«

Es kam, wie es kommen musste.

Pünktlich um elf hatten wir alle einen im Kahn. Irene und ich setzten uns die Hasenohren-Haarreifen auf, Günther schoss mit dem Handy Fotos, wie wir Grimassen schnitten, und Kurt prostete: »Auf die Grillade!«

Pünktlich um zwölf fielen wir uns in die Arme und stießen mit einem Glas Sekt an. Kurz darauf piepte mein Handy mehrfach hintereinander.

»Drei neue Nachrichten« stand auf dem Display.

Von Julia: »mama, ich bin betrunkn und habe lars geschrben dasss ich in ihn verliebrt bin. es ist alles albtraum. was mach ich jetzt nurrrrrr«

Von einer unbekannten Nummer: »Liebe Rosa, lieber Günther, diese Zeilen schreibt dir Schwester Marianne für uns. Wir wünschen euch ein schönes neues Jahr. Bis bald. Eure Lotti und Wilhelm. Ende.«

Von Ute: »Frohes Neues, ihr Lieben! Seid froh, dass wir nicht mitgekommen sind. Kommen nicht vom Klo runter. Ist noch schlimmer geworden. LG U&W«

Mittwoch, 3. Januar

Lange mit Julia telefoniert, sie ist fix und fertig wegen der Nachricht an Dr. Friedrichsen.

Ach so, kurze Erklärung. Dr. Friedrichsen ist besagter Lars, auf den sie ein Auge geworfen hat. Anscheinend. Hätte ich ja nicht zu hoffen gewagt. Dabei wusste ich ja gleich, dass die beiden gut zusammenpassen würden. Streng genommen habe *ich* ihn auch zuerst kennengelernt und entdeckt. Über die Blase von Wilhelm Reinke.

Großer Gott, Sie verstehen wahrscheinlich nur Bahnhof, oder? Botschaft angekommen, ich glaube, ich muss ein wenig ausholen.

Alsooo: Julia war acht Jahre mit Richard zusammen, bis er ihr endlich einen Antrag machte und unsere gesamte Familie kollektiv aufatmete. Leider hatten wir die Rechnung ohne Richard gemacht, denn nach dem Antrag kam: nichts. Die Hochzeit wurde immer wieder verschoben, weil Richard immer neue Ausreden parat hatte. Zeitnot, Stress, Zeitnot, Stress. (Nun, es waren wohl doch nur zwei verschiedene Gründe; diese wurden aber immer je nach Belieben kombiniert.) Julia hat für mein Empfinden die Hinhaltetaktik viel zu lange mitgemacht. Aber nach über einem Jahr war endlich Schluss. Ja, endlich! Denn ich bin fest davon überzeugt, dass sie jemanden findet, der sie wirklich liebt.

Und an dieser Stelle kommt die Blase von Wilhelm ins Spiel.

Wilhelm Reinke ist der zweiundneunzigjährige Heimmitbewohner meiner achtundachtzigjährigen Tante Lotti. Die beiden sind der beste Beweis, dass man auch im Alter noch seine große Liebe finden kann. Denn zwischen Heizdecken, Rollatoren und Kartoffelpüree hat es bei ihnen doch tatsächlich gefunkt. Am Anfang haben wir die Liebelei nicht so richtig ernst genommen, doch irgendwann verkündeten sie feierlich: »Wir heiraten!«

Da aber unsere Familie dem strengen Drehbuch des Lebens »Nichts darf nach Plan laufen« folgt, wurde Wilhelm kurz vor der Hochzeit mit einer schweren Blasenentzündung ins Krankenhaus eingeliefert. Und genau dort betrat Dr. Lars Friedrichsen die Bühne, sein behandelnder Arzt. Er war in Julias Alter, war – wie Julia – unwahrscheinlich sympathisch, sah – wie Julia – gut aus, war – wie Julia – einfühlsam (er hat sich rührend um Wilhelm gekümmert) und konnte – wie Julia – gut zuhören. (Ich dachte wirklich auffallend oft »wie Julia«.)

Die beiden haben sich dann bei der Hochzeit von Tante Lotti und Wilhelm Reinke (fand einige Monate später tatsächlich statt! Herzzerreißend!) zum ersten Mal gesehen und sich vor Kurzem auf einen Glühwein auf dem Weihnachtsmarkt getroffen. Seitdem denke ich, wie wunderbar es wäre, wenn Julia und Dr. Friedrichsen …

»Ist das nicht alles ein Albtraum?« Die verweinte Stimme von Julia schreckt mich aus meinen Gedanken. »O Gott, Mama, ich fühl mich wie ein Teenie. Warum schreib ich ihm auch betrunken? Anke hätte mich daran hindern müssen.«

Beruhige sie mit der zugegebenermaßen gewagten Theorie, dass die Nachricht ihm wahrscheinlich gar nicht auf dem Handy angezeigt wurde. »Zu Silvester sind doch ohnehin die Netze überlastet.«

»Sehr witzig, Mama. Du verstehst wirklich gar nichts von Technik.«

Nachmittags noch Tante Lotti im Heim besucht. Sie saß zusammen mit Wilhelm Reinke auf dem Sofa im Wintergarten, und ich sah schon beim Reinkommen, dass sie schlecht gelaunt war.

»Dunkle Wolken über dem Paradies?«, fragte ich und kniff sie sanft in den Oberarm.

»Frag nicht, Rosa. Ich wollte gerade die Schwester bitten, dir eine Nachricht zu schicken. Du weißt schon, mit diesem Dingsda, diesem Handy. Aber denkst du, sie gibt es mir?«

Ich musste lachen. »Tante Lotti, wer hätte das gedacht, dass du dich noch mal für so etwas interessierst?«

»Schon Goethe hat gesagt: ›Was nicht vorwärtsgehen kann, schreitet zurück‹«, sagte Wilhelm und gab Tante Lotti sanft einen Handkuss. »›Derjenige aber, der anders denkt, der vorwärts will, mache sich deutlich, dass nur ein ruhiges, folgerechtes Gegenwirken die Hindernisse, die sie in den Weg legen, obgleich spät, doch endlich, überwinden könne und müsse.‹«

Tante Lotti sah ihn an und runzelte die Stirn. »Wie bitte?«

»Johann Wolfgang, ebenfalls, meine Liebe. Lass mich überlegen, woher diese Passage genau stammt.«

Tante Lotti hatte irgendwie einen anderen Fokus und brummte: »Ich will jetzt so ein Handy haben.« Sie ist achtundachtzig.

Kurz: Das neue Jahr ist noch nicht einmal eine Woche alt, und der Alltagswahnsinn hat mich schon wieder. Wenn ich jetzt noch nach Patagonien müsste… Horror!

Ach ja, wie es sich rausgestellt hat, hat Günther doch tatsächlich das Foto von Irene und mir mit den Hasenohren auf dem Kopf auf Facebook gepostet. Öffentlich! So, dass es jeder, aber auch wirklich jeder sehen kann. Arrrrggghhhh. Normalerweise passiert ihm das nicht mehr, aber anscheinend war er zu beschwipst und hat im Rausch von Patagonien und Schnaps irgendwas falsch angeklickt.

Die ersten drei Kommentare (von insgesamt 86):

»Wenn es Stefan Raab noch gäbe, würden die ganz groß rauskommen«

»Ich schmeiß mich weg. Rentner drehen durch«

»hahahahahahahahahahaha«

Samstag, 6. Januar

War nachmittags Kaffee trinken mit Ute. Sie scheint wieder auf dem Damm zu sein, allerdings bestellte sie sich einen schwarzen Tee und ließ ihn geschlagene zwanzig Minuten ziehen. »Sicher ist sicher«, erklärte sie.

»Hast du etwa immer noch …?« Ich rückte instinktiv ein wenig von ihr ab.

»Nur ganz wenig«, druckste sie.

Irene wollte auch erst mitkommen, hatte dann aber in letzter Minute abgesagt. »PVS, Rosa.« Sie hatte eine Kunstpause eingebaut und mich dann glucksend aufgeklärt: »Patagonien-Vorbereitungs-Stress. Die Abkürzung hat sich Kurt ausgedacht.«

Das gesamte Kaffeetrinken mit Ute drehte sich dann nur um eins: wie froh wir waren, NICHT nach Patagonien reisen zu müssen. In unserem Alter noch Experimente eingehen? Gott bewahre!

Sonntag, 7. Januar

Wieder lange mit Julia telefoniert. Sie hat das Problem um Dr. Friedrichsen gelöst. Beziehungsweise, Zitat Julia: »Ich mache alles nur noch schlimmer.«

Gestern Abend hat sie ihm eine SMS geschrieben, in der sie ihm mitgeteilt hat, dass sie sich an Silvester »versmst« habe. Die Nachricht sei eigentlich für jemand anderen bestimmt gewesen, mit dem sie seit einiger Zeit anbandele.

»Du machst es dir aber auch immer schwer! Kannst du ihm nicht einfach reinen Wein einschenken? Ist doch schön, dass du ihn magst!«

»Bist du wahnsinnig? Noch einen Korb verkrafte ich nicht. Nee, die Blöße tu ich mir nicht an. Aber ist das alles nicht armselig? Mama, ich bin über dreißig!«

»Ach, Julchen, in deinem Alter hatte ich doch auch solche Probleme.«

Julia schluckte. »Hä? Du hast da doch mit Papa schon im Reihenhaus gewohnt. Wo genau ist jetzt die Ähnlichkeit?«

»Ja, gut…«, stotterte ich. »Ich will doch nur sagen, dass jede Zeit ihre Herausforderung mit sich bringt. Und der Richtige für dich wird bestimmt bald kommen. Da bin ich mir sicher.«

(Verkniff mir den Hinweis, dass Tante Lotti mit fast neunzig noch ihre große Liebe getroffen hat… befürchte, das ist kein Trost für sie.)

Dienstag, 9. Januar

Waren den ganzen Nachmittag im Computerclub. Jeder sollte eine Liste mit seinen zehn Vorsätzen fürs neue Jahr erstellen und dann mit so einem komischen Programm animieren. Grundsätzlich finde ich es ja wirklich klasse, was man mit dem Computer alles machen kann, aber worin der Sinn besteht, die Worte »abnehmen« und »mehr Bewegung« optisch ineinanderlaufen zu lassen, erschloss sich mir nicht ganz. Aber bitte schön, wenn mich irgendwann jemand mal fragt, ob ich seine guten Vorsätze mit dem Computer animieren kann: Ja, Rosa Schmidt kann auch das! Danach sollten wir alles in einem zentralen Ordner abspeichern (ich bin wirklich selbst erstaunt, was ich mit diesem Ding alles kann, aber hier und da geklickt und es hat funktioniert!).

Günther II (unser Lehrer) hat dann ein Tortendiagramm mit unseren Vorsätzen erstellt.

Von zehn Teilnehmern hatten angegeben:

- abnehmen (alle)
- gesünder essen (acht)
- mehr Bewegung (sieben. Günther auch! Pfffff!)
- mit dem Rauchen aufhören (zwei. Keiner wollte sagen, wer es geschrieben hatte. Gudrun fragte Klaus mehrfach, ob er etwa immer noch heimlich im Garten rauche. War kein Spaß.)
- weniger Zeit vorm Computer (einer oder eine. Wieder wollte keiner sagen, wer es war. Günther II trocken: »Das in einem Computerclub anzugeben – dafür braucht man Chuzpe!«)

Freitag, 12. Januar

Heute war der historische Tag der Tage. Kolumbus ist nach Amerika aufgebrochen ... na ja, nicht ganz ... aber zwei Rentner namens Kurt und Irene haben doch tatsächlich ein Flugzeug nach Patagonien bestiegen.

Doch das war eine schwere Geburt.

Als wir die beiden von zu Hause abholten (wir hatten versprochen, sie zum Flughafen zu fahren), schleppte Kurt gerade mit hochrotem Kopf zwei riesige Koffer aus dem Haus. In der Einfahrt standen schon eine Reisetasche und ein kleiner Rollkoffer. Man hätte denken können, eine Großfamilie ziehe um. Doch dahinter steckte ein ausgeklügelter Plan, wie Irene erzählte, als wir alles mit Ach und Krach im Kofferraum und auf dem Mittelplatz der Rückbank verstaut hatten. (Zwischen Irene und Kurt stand der größte Koffer, was Günther zu dem sinnigen Witz verhalf: »Niemand hat die Absicht, eine Mauer zu bauen.«)

Die Reisetasche sowie der kleine Rollkoffer enthielten nämlich sogenannte Kann-Kleidung. »Wir brauchen sie nicht unbedingt, aber es wäre schön, sie dabeizuhaben.«

»Aber dürft ihr nicht jeder nur ein Gepäckstück mitnehmen?«, fragte ich.

»Ja, aber wir gucken einfach mal, wer hinter dem Schalter steht«, erklärte Irene. »Wenn die Frau sehr nett ist, schieben wir schnell alles aufs Band.« »Eben«, ergänzte Kurt. »Ich kann mir nicht vorstellen, dass sie bei zwei Rentnern so streng sind. Da ist doch immer ein gewisser Spielraum vorhanden. Kulanz ist das Stichwort!«

Wir waren gerade etwa zehn Minuten unterwegs, als Irene plötzlich die verbotenen fünf Wörter rief. »Haben wir den Herd ausgemacht?«

»Natürlich«, sagte Kurt und rollte mit den Augen.

»Man macht immer den Herd aus«, sagte Günther hinter dem Steuer und stöhnte.

»Zur Not haben wir doch den Schlüssel. Ich sehe nachher mal nach«, sagte ich.

Doch nichts half. Irene war nicht mehr zugänglich für rationale Argumente. Sie steigerte sich so in die These rein, zum ersten Mal in 65 Jahren ausgerechnet heute den Herd *nicht* ausgemacht zu haben, dass wir tatsächlich umdrehen mussten. »Lieber eine halbe Stunde verlieren als das ganze Haus«, sagte sie melodramatisch. »Oder wollt ihr dafür verantwortlich sein, dass wir auf der Straße sitzen?«

»Es hat keinen Zweck, ich befürchte, wir müssen wirklich noch mal nach Hause fahren«, flüsterte Kurt uns von der Rückbank zu. »Sie würde mir die ganze Zeit damit in den Ohren liegen. Wir haben doch noch Zeit, oder?«

Während Günther bei der nächsten Gelegenheit das Auto wendete, wippte Irene so nervös mit den Beinen, dass sie mir jedes Mal durch den Sitz einen kleinen Stoß verpasste. Sie war sich inzwischen sicher, die Platte hinten rechts nicht ausgemacht zu haben. Wie Miss Marple rekonstruierte sie den Tathergang: Sie hatten sich heute Mittag noch die Linsensuppe warm gemacht. Sie hatte extra die Platte hinten rechts genommen, da sie sich immer einbilde, die würde am schnellsten heiß. Während des Auffüllens hatte ich dann angerufen, um zu sagen, dass wir eine halbe Stunde früher kämen, weil auf der Autobahn Stau sein soll. Während Kurt die Teller ins Esszimmer gebracht hatte, hatte sie mit mir gesprochen. Und wahrscheinlich darüber den Herd ganz vergessen. »Es ergibt alles einen Sinn«, murmelte Irene. »Es ist die Platte hinten rechts. Ich seh quasi vor meinem inneren Auge, wie der Schalter noch auf fünf steht... O Gott, auf fünf! Schneller, Günther!«

Sobald wir die Einfahrt erreicht hatten, stürmte Irene aus dem Auto, als müsse sie eigenhändig ein Flammenmeer löschen.

Zwei Minuten später kam sie zurück.

»Und?«, fragte Kurt. »Lass mich raten. Der Herd war aus, oder?«

Irene schnallte sich wortlos an. Irgendwann sagte sie: »Er hätte aber an sein können. Und dann wärt ihr mir alle dankbar gewesen.« Wir mussten alle lachen, und selbst Irene konnte sich ein Schmunzeln nicht verkneifen. Wir waren gerade zehn Minuten unterwegs – zweiter Versuch –, als Irene wieder erstarrte. »O Gott, hab ich abgeschlossen?«

Zum Glück konnten wir ihr klarmachen, dass wir keine Zeit mehr hatten, um wieder umzudrehen.

»Wirklich, Irene. Wir waren alle Zeuge, wie du die Tür abgeschlossen hast. Ihr verpasst noch den Flug, wenn wir uns jetzt nicht beeilen«, redete ich beruhigend auf sie ein.

»Gut, wenn ihr meint«, stöhnte sie. »Dann soll die Bande jetzt bitte unser gesamtes Haus leer räumen.« Sie verschränkte die Arme und guckte schmollend aus dem Fenster. »Ich lass es jetzt laufen.«

Als wir am Flughafen ankamen, war nicht nur Irene mit den Nerven am Ende. Auch Kurt hatte inzwischen das

Reisefieber gepackt. Die beiden stürmten mit Sack und Pack zum Schalter (wo natürlich sofort feststand, dass die »Kann-Kleidung« *nicht* mit an Bord durfte und wir die beiden Koffer an der Backe hatten). Zurück in der Halle, lief Kurt kopflos von einer Anzeigentafel zur anderen, um herauszufinden, zu welchem Gate sie mussten. Immer wenn er wieder zu uns kam, um zu sagen, dass das Gate immer noch nicht angezeigt wurde, nuschelte er abwechselnd die Sätze »Was haben wir uns nur eingebrockt?« und »Jetzt kann es aber auch mal losgehen« vor sich hin. Irene hörte überhaupt nicht mehr hin, sondern starrte ratlos auf eine Packung Tabletten. Da sie Flugangst hat (wie ich!), hatte sie sich von ihrem Arzt extra ein Medikament verschreiben lassen. Eine Dreiviertel- bis eine Stunde vor Abflug sollte sie mit »viel Flüssigkeit« eine Tablette einnehmen. Vor lauter Nervosität sprach sie unaufhörlich mit sich selbst.

»Das hätte er ja auch ein bisschen genauer sagen können, oder? Ich meine, eine Dreiviertelstunde oder eine Stunde ist ja schon ein Unterschied.«

»Wann *exakt* fliegen wir denn? Nicht, dass wir noch Verspätung haben und ich zu früh ausgeknockt werde.«

»O Gott, habe ich gerade ausgeknockt gesagt? Meinst du, das haut so richtig rein?«

»Ich hab Angst vor den Nebenwirkungen. Man hört ja so allerhand.«

»Oder soll ich es lieber ein bisschen später nehmen, damit die Wirkung auch bis nach Südamerika hält?«

»O Gott, wir fliegen wirklich nach Südamerika.«

»Südamerika!«

»Grundgütiger.«

»Hätte es nicht auch Mallorca getan?«

Zwischendurch träufelte sie sich immer wieder hektisch »Bachblüten Rescue Tropfen« in den Mund.

Als dann noch ein Mann, der neben uns wartete und mitbekommen hatte, dass Irene… nun… leicht angespannt war, lachend sagte: »Sie brauchen doch keine Angst vor dem Fliegen haben. Runter komm' se alle«, war das Chaos perfekt. Irene ließ sich mit Tablettenpackung und Bachblüten auf die Bank fallen.

Eine halbe Stunde später stand endlich das Gate fest, und wir sahen, wie Kurt und Irene durch die Sicherheitskontrolle wankten. Ein letztes Mal drehten sie sich noch um und lächelten schief.

»Denkst du, was ich denke?«, fragte Günther. Ich nickte. »Gut, dass *wir* nicht verreisen müssen.« Er nickte.

Zusammen mit den beiden Kann-Koffern im Schlepptau gingen wir auf die Aussichtsplattform und schauten durch eine riesige Glasscheibe auf das Rollfeld. Da gefühlt jede Minute eine Lufthansa-Maschine abhob und wir nicht wussten, in welcher Kurt und Irene saßen, noch 40 Minuten ins Blaue gewunken.

Mittwoch, 24. Januar

Asche auf mein Haupt. Fast zwei Wochen kein Tagebuch geschrieben. Aber irgendwie hatte ich ein kleines bis mittleres Tief. Am Himmel gab es ausschließlich Graupel, Schnee, Schneeregen und wieder Graupel – und auf der Erde flogen die Viren umher! Alle um uns herum waren krank. Und Günther und ich waren halb krank. Das ist das Schlimmste: Man ist nicht richtig krank und auch nicht wirklich gesund. Man hat keine ernsthafte Begründung, sich ins Bett zu legen, und ist gleichzeitig zu krank, um irgendwas zu machen. Man schnupft nur unentschlossen vor sich hin. Trostlose Tage! Der Computerclub fiel auch aus, weil Günther II – natürlich – komplett mit Grippe flachlag.

Verbrachte also Abend für Abend mit Sockenstopfen und Fernsehen.

Willkommen im Rentnerdasein.

Dummerweise hatten Kurt und Irene ihr Versprechen »Wir melden uns mal per Mail« eingelöst. Beziehungsweise: übererfüllt. Fast jeden Tag flatterte ein »Update« ins Postfach, und irgendwie hatten wir dann doch jeweils … nun ja … unterschiedliche Tages-Highlights.

	Wir	**Kurt und Irene**
Samstag	Günther hat im Internet die »Karte des Grauens« (BILD) entdeckt. Sie zeigt die Ausbreitung der Grippewelle in Deutschland. Man klickt auf »Start«, und schon setzen sich bunte Kreise in Bewegung: Grüne (noch alles in Ordnung), gelbe (die Viren kommen), orange (sie sind da) und rote (sie sind jetzt richtig da). Unser Landkreis ist inzwischen rot. Tiefrot. Mehrfach angeklickt. Mehrfach »Gott bewahre« gesagt. Entschluss gefasst: Gehen nicht mehr aus dem Haus, sondern machen einen auf Selbstversorger. Zehn Minuten später: Entschluss zurückgenommen. Nicht genügend Vorräte im Keller. Hmpf.	»Ihr Lieben, ihr glaubt es nicht. Kaum sind wir angekommen, haben wir eine Milonga besucht. So nennt man hier die Tango-Tanzlokale. Herrlich. Sogar ein paar Schritte gelernt. Und so nett alle hier. Und wie gut die aussehen! Sind zwar noch müde vom Flug (klappte gut, haben überlebt), aber schlafen kann man, wenn man alt ist, sagen wir uns jetzt! Wenn jetzt die Reise zu Ende wäre, hätte sie sich schon gelohnt. Was für ein Auftakt. Hoffen, euch geht es gut. Bis bald, Irene & Kurt«

	Wir	Kurt und Irene
Sonntag	Komplett verschlafen. Günther weckte mich um halb zwölf! Danach innerhalb von einer Stunde gefrühstückt und Mittag gegessen. Danach Magengrummeln gehabt. War wohl alles zu schnell hintereinander. Wir denken immer, dass wir die Essensreihenfolge einhalten müssen. Auf Frühstück kann ich nicht schon wieder Kaffee trinken. Irgendwas Herzhaftes brauche ich einfach dazwischen. Manchmal geht der Schuss aber nach hinten los. Mann, das zieht aber im Magen. Und im Hals kratzt es auch schon wieder.	»Nur ganz kurz: Es ist sooo warm hier. Schwitzen! Keine Wolke. Windstill. Herrlich. So, müssen Schluss machen. Melden uns. K&I«
Montag	Günther hat auf dem Friedhof Karl-Heinz getroffen. Kamen natürlich auf Grippewelle zu sprechen. Karl-Heinz schwört auf hoch dosiertes Zink, wirkt wohl prophylaktisch. Er war damit schon zwei Jahre nicht mehr krank. Sofort Familienpackung Zink aus Apotheke geholt. Gutes Gefühl, das Schicksal selbst in der Hand zu haben. Es geht bergauf.	»Hola aus dem Tiger-Delta nach Alemania! Haben am Ufer einen Jaguar gesehen. Immer noch sprachlos. Infos folgen. K&I«

	Wir	Kurt und Irene
Dienstag	Kurzen Spaziergang gemacht. Waren aber ziemlich schnell k.o. Nach zwanzig Minuten zurück. Sofa. TV. Tee trinken. Zink lutschen.	»Hallo ihr Lieben, der Jaguar war ja schon ein Highlight, aber der heutige Tag kann mithalten. Waren im versteinerten Wald von Sarmiento. 75 Millionen Jahre alt sind die Bäume, Naturspektakel sondergleichen. Kurt macht Fotos ohne Ende. Foto-Abend folgt. Sprachlos. K&I«
Mittwoch	Im Supermarkt zufällig Karl-Heinz getroffen. Überschwänglich für Zink-Tipp bedankt. Karl-Heinz (ist manchmal etwas tüddelig) sagte: »Aber dass man das mit Vitamin C zusammen einnehmen muss, habe ich euch gesagt, oder? Sonst bringt es ja nicht viel.« Hektisch noch Vitamin C in der Apotheke gekauft. Die Apothekerin begrüßte uns mit den Worten: »Na, Sie schon wieder!«	»Hallo ihr Lieben, das Internet funktioniert hier nicht richtig. Mal sehen, ob die Mail überhaupt ankommt. Heute UNESCO-Weltkulturerbe. Prähistorische Felszeichnungen gesehen, wären was für Günther gewesen. Hoffen, ihr macht euch auch eine schöne Zeit. Bis bald!«

	Wir	**Kurt und Irene**
Donnerstag	Wieder kurzen Spaziergang gemacht. Wie kurzatmig man ist, wenn man nicht ganz fit ist. Konnten nicht sprechen, nur stumm geschlurft. Danach Sofa. TV. Zink und Vitamin C lutschen.	»nlnsdvn< sjdnvöjsdn vjsdnjnfk dsnv sdöngjsbgkrsgvb< skörjgb<rjkgb<ä«
Freitag	*Küchenschlacht* gesehen, wie jeden Tag. Unser Lieblingskandidat Ralf ist Wochensieger geworden. Fast ein wenig stolz gewesen. Wussten schon am Montag, dass der das Rennen macht!	»Ihr Lieben, irgendwie spinnt unser Internet hier. Habt ihr die Mail gestern bekommen? Wollten euch ein Video vom Viedma-Gletscher schicken, atemberaubend! Heute Ausflug ins Paine-Massiv. Einfach wunderschön. Die Mutter Erde hat so viel zu bieten, werden noch zu richtigen Abenteurern. Planen schon nächste Reise. Und ihr? Hoffentlich seid ihr wieder fit. Drücken alle Daumen!«

	Wir	**Kurt und Irene**
Samstag	Noch mal alle Folgen der *Küchenschlacht* nacheinander gesehen. Mit dem Wissen, dass Ralf Wochensieger wird, ganz anderen Blick gehabt. »Guck mal, wie der schon die Karotten schneidet. Toll!«	»Pinguin-Kolonie gesehen. Irene hat geweint. So gerührt. Infos folgen. K&I«

Während Günther am Anfang noch parallel im Internet recherchierte, wo die beiden gerade steckten, und dann Dinge sagte, wie »Die Wanderung am El Abanico muss man bei der Administration anmelden, na hoffentlich hat der Reiseleiter dran gedacht«, kippte seine Laune irgendwann. »Die haben nicht schon wieder geschrieben, oder?!«

(Vielleicht schwang ein klitzekleines bisschen Neid mit.)

Februar

Niedergestreckt

Mittwoch, 28. Februar

Ich korrigiere mich: Halb krank ist doch besser als ganz krank. Pünktlich zum Monatsanfang hat es uns erwischt. Wir wurden niedergestreckt und waren sogar zu schwach, um die *Küchenschlacht* zu sehen. Furchtbar, zwei Wochen Lazarett vom Feinsten. Erst Hals, Nase, Ohren. Dann ging's eine Etage tiefer. Zehn Tage Dauerhusten. Mit Auswurf. Ich erspar Ihnen die Details, aber ich kann Ihnen sagen: Es war kein Spaß. Irgendwann hatten wir richtig Muskelkater vom Husten und fühlten uns wie Gewichtheber nach Olympia.

Dann endlich halb gesund gewesen. Dann kurz wieder halb krank gewesen. Seit einer Woche fastrichtiggesund.

Erkenntnisse aus dem Februar:

- Ich liebe die Wetterlage Graupel, Schnee, Schneeregen und wieder Graupel. Während wir schniefend und hustend und jammernd aus dem Fenster gestarrt haben, konnten wir zumindest mantramäßig krächzen: »Wir verpassen nichts.«
- Tante Lotti entwickelt sich zum Teenager zurück. In der halb gesunden Phase unseres Daseins haben Günther und ich sie im Heim besucht. Während sich Wilhelm im Wintergarten zufrieden und in sich ruhend die Budden-

brooks-Verfilmung ansah, saß Tante Lotti schmollend in ihrem Zimmer. Schwester Marianne weigere sich, ihr Stationshandy noch mal rauszurücken. Sie wolle doch soooo gerne wieder »simsen« (WOHER KENNT SIE DAS WORT?). »Wir werden hier richtig kurz gehalten«, sagte sie und schob eingeschnappt die Unterlippe nach vorne. »Zum Kaffeetrinken gehe ich heute nicht. Abendessen auch nicht. Wollen wir doch mal sehen, wer am längeren Hebel sitzt.« (Konnte ihr nicht verklickern, dass nur *sie* darunter leidet, wenn sie nichts mehr isst.)

- Irene und Kurt sind wieder da. Patagonien belebt: Irene hat fünf Kilo abgenommen, und Kurt walkt seit ihrer Rückkehr jeden Tag zwei Stunden in voller Sportmontur. Ohne Worte.
- Julia ist komplett überarbeitet und steht nach eigenen Angaben kurz vor dem Burn-out. »Vielleicht lass ich mich mal richtig lange krankschreiben und zieh wieder ins Hotel Mama. So für zwei Monate.« Ich weiß nicht, ob das ein Scherz war.
- Ziehe alles zurück, was ich über die Übung neulich im Computerclub gesagt habe. Günther II und die anderen haben uns mit demselben Programm ein Aufheiterungsvideo gemailt, als es uns richtig schlecht ging. Die Sätze »Ihr schafft das«, »Ihr seid stark«, »Bald reißt ihr wieder Bäume aus« und »Euch kann doch nichts aufhalten« morphten ineinander. Gänsehaut. Günther hätte fast ein Tränchen verdrückt. Hab's genau gesehen, er hat es aber auf seine Erkältung geschoben. »Jetzt geht der Infekt doch prompt noch auf die Augen.«

Ach ja, und wir haben uns was vorgenommen:

WIR WOLLEN VERREISEN!!!

Während unserer Grippe hat Günther irgendwann angefangen, seine verbrauchten Taschentücher zu zählen und Strichliste darüber zu führen (ein Ingenieur kann trotz 39 Grad Fieber nicht aus seiner Haut!). Eines Tages hatte er einen ganzen DIN-A4Zettel voll. Er nieste, schnaubte aus, knüllte das Taschentuch zusammen und strich die letzte Fünfer-Kolonne durch. »Wenn wir das hier überstanden haben, machen wir die Biege«, sagte er mit gebrochener Stimme. Ich nickte schwach.

MÄRZ

Früher Kribbeln im Bauch, heute Knacken im Knie

Montag, 5. März

Die Grippe sitzt uns immer noch in den Knochen. Dabei war es nur eine Grippe! Permanent muss ich seitdem denken: Carpe diem, nutze den Tag!

Waren gestern Abend bei Ute und Wolfgang zum Essen eingeladen, und als wir beim Themenkomplex »Krankheiten« angekommen waren (so nach etwa fünf Minuten), sagte Ute: »Na klar, die Einschläge kommen näher.«

»Denkst du auch gerade an den Oberschenkelhalsbruch von Doris?«, fragte Wolfgang.

Ute nickte.

»Wer ist Doris?«, fragte ich.

»Doris ist die Schwester von Wolfgangs Schulfreund Erwin. Ist die Treppe runtergestürzt, muss jetzt operiert werden und darf dann nur liegen. Albtraum!«

»Oder Uwe«, sagte Wolfgang. »Grauer Star. Kunstlinse geht wohl nicht einmal mehr.«

»Wer ist Uwe?«, fragte ich.

»Angeheirateter Schwager meiner Cousine.«

»Oder Gerda«, sagte Ute. »Hat die Arthrose jetzt auch in den Knien. Der Knorpel ist wohl vollständig im Eimer.«

»Wer ist Gerda?«, fragte ich.

»Nachbarin meiner Schwester.«

»Oder Reinhardt,« sagte Wolfgang. »Wirbel angebrochen, schon zum dritten Mal. Darf nichts mehr heben.«

»Wer ist Reinhardt?«, fragte ich.

»Mann von Gerda.«

Wie bei einem Tischtennisspiel drehten Günther und ich die Köpfe hin und her. Wahrscheinlich ist Krankheiten-Pingpong der Dorfklatsch für die Generation 60 plus. Mit jedem Richtungswechsel bekam ich schlechtere Laune. Zugegeben, Günther und ich kannten niemanden davon, aber uns wurde noch mal klar, dass viele um uns herum gerade krank waren. Gut, eine banale Erkenntnis. Bei 80 Millionen Deutschen ist die Wahrscheinlichkeit hoch, dass just in diesem Moment Tausende krank sind, ach was, Millionen! Aber irgendwie ist man ja emotional ganz anders dabei, wenn die anonyme Masse plötzlich Namen bekommt.

»Das ist ja schon blöd für Gerda und die anderen«, hörte ich mich bedröppelt sagen.

Zum Glück verhinderte Ute, die nach eigenen Angaben bei der Geburt in einen Kessel Pragmatismus gefallen sein muss, dass es ein Wir-sind-typische-Rentner-und-reden-nur-über-Krankheiten-Abend wurde.

Sie erhob ihr Glas und toastete in die Runde: »Ich sag immer: Früher Kribbeln im Bauch, heute Knacken im Knie. Auf das Alter! Und darauf, dass ihr zwei jetzt eine schöne Reise macht. Das habt ihr euch nach den letzten Wochen aber auch verdient!« Plötzlich fing sie an zu kichern und prustete: »Rentner auf Tour – statt Kur!«

Es wurde ein später und vor allem essensreicher Abend. Ute hatte viel zu viel gekocht und brachte mit den Worten »Ich weiß auch nicht, aber irgendwie hat mein Körper immer noch das Gefühl, etwas aufholen zu müssen« eine Schüssel nach der anderen herein. Wahrscheinlich wird sie in zwanzig Jahren immer noch sagen: »Wissen Sie, mit

Mitte 60 hatte ich eine Magen-Darm-Grippe, da konnte ich gaaaaar nichts essen. Furchtbar. So, jetzt her mit dem Nachschlag!«

Was ich aber eigentlich sagen will: Die vier Ws sind in unser Leben getreten.

WIR WOLLEN WIRKLICH WEG!

Dienstag, 6. März

Streng genommen sind es fünf Ws.

Denn: WOHIN???

Montag, 12. März

Viele Paare nähern sich ja mit den Jahren – oder Jahrzehnten – immer weiter an. Wie sagt Ute immer? »Irgendwann siehst du entweder dem Hund ähnlich oder dem Mann.«

Unsere Nachbarn Brigitte und Hans zum Beispiel (Hans ist der Mann, nicht der Hund, hihi): das doppelte Lottchen in Reinstform. Sie tragen die gleichen Jacken, fahren das gleiche Fahrrad und reden ausschließlich in der Wir-Form.

Wenn die uns mit ihren blauen Jack-Wolfskin-Jacken entgegenkommen, zucken wir immer für einen kurzen Moment zusammen, weil wir denken, zwei Polizisten laufen Streife. Partnerlook hat ja auch immer etwas von Einsatztruppe. Es sieht eben schnell offiziell aus. Aber die beiden ziehen das durch. Sobald Tchibo das gleiche Teil für Männer *und* Frauen hat, schlägt Brigitte zu. Der größte Liebesbeweis sei ihr zufolge, dass Hans die Wäsche im Garten exakt so aufhänge wie sie selbst. Vorne die Handtücher, dann die Oberteile, dahinter die Hosen, dann die Unterwäsche, dann die Socken, und bei jedem Teil: Etiketten nach oben. Einmal habe Oliver (ihr Sohn) die Wäsche aufgehängt, und alles war durcheinander. »Der hängt ja komplett ohne System«, stöhnte Brigitte. Sie habe im Wintergarten gesessen und versucht, das Chaos auszuhalten. Es ging nicht. Nach einer Stunde hilflosem Starren auf die verkehrte Welt – nicht einmal Socken hatte Oliver paarweise sortiert – sei sie rausgestürmt und habe alles umgehängt. Sie konnte einfach nicht anders. Im ganzen Körper habe es gekribbelt.

Der Partnerlook der beiden macht auch vor der Wahlkabine nicht halt. Neulich sprachen wir nur im Nebensatz über die Wahl (ich finde es immer so schade, wenn die Politiker auf den Plakaten so schlecht getroffen sind), da sagte Brigitte doch glatt (Hans war nicht dabei): »*Wir* wählen ja die CDU.«

O Gott, jetzt hab ich ausgeplappert, was Brigitte und Hans wählen. Bitte schnell vergessen. Was ich eigentlich sagen wollte: Neben den siamesischen Zwillingspaaren gibt es Paare wie Günther und mich. Fragen Sie nicht, wie wir uns gefunden haben. Denn vom Partnerlook sind wir so weit entfernt wie von einer Reise nach Patagonien, um mal beim Thema zu bleiben. Orangenmarmelade (ich) trifft auf Harzer Roller (Günther), Inga Lindström (ich) auf SOKO (Günther), Meer (ich) auf Berge (Günther), Kaffee (ich) auf Tee (Günther), ständig frieren (ich) auf schnell schwitzen (Günther), malen (ich) auf rechnen (Günther), Romane (ich) auf Sachbücher (Günther). Kurz: Da ist nix mit Partnerlook, innerlich wie äußerlich.

Bei der Urlaubswahl ist es eigentlich genau dasselbe. Wenn Günther frei entscheiden könnte, würde er wahrscheinlich mit Pickel und Eishammer über die Alpen wandern (sofern sein Knie es mitmacht) oder irgendwo vor einem Zelt ein Lagerfeuer machen.

Wenn *ich* dagegen an Urlaub denke, sehe ich mich irgendwo auf einer Bastmatte rumliegen, während ein Masseur meinen Rücken durchwalkt. Im Hintergrund läuft leise Musik, und im Anschluss wird mir ein Cocktail gereicht. Vielleicht gönne ich mir danach noch eine Gesichtsbehandlung, um abends schön essen zu gehen.

Kurz: Luxusentspannung (ich) trifft auf Naturerlebnis (Günther).

Deswegen endete die Frage »Wohin fahren wir?« bisher auch immer mit den Worten »Einigen wir uns auf …«. Wobei wir uns diese Frage streng genommen gar nicht so oft gestellt haben. Als Günther noch gearbeitet hat (Workaholic!), fanden wir irgendwie nie richtig Zeit für lange Auszeiten. Etwa alle fünf Jahre schoss uns durch den Kopf: Mensch, wir müssen doch mal wieder in den Urlaub fahren! Aber da wir so unterschiedliche Vorstellungen haben, kam eben immer ein Kompromiss dabei heraus. Ein seltener, nicht zufriedenstellender Kompromiss. Meistens haben wir uns den Urlaubskatalog der Bauwirtschaft geschnappt und eine Ferienwohnung gebucht. So richtig kam keiner von uns dabei auf seine Kosten. Irgendwie setzt mich die anstehende Urlaubsplanung inzwischen unter Druck. Ich meine, wir werden ja auch nicht jünger. Ute hat es mal wieder auf den Punkt gebracht. Als wir gestern im Café Gottschalk saßen und eine Schwarzwälder Kirschtorte verputzt haben, sagte sie, ohne eine Miene zu verziehen: »Ihr wart so lange nicht weg, dieser Urlaub muss jetzt sitzen.«

Ach ja, Kurt und Irene haben uns übrigens für übernächste Woche zu einem Fotoabend eingeladen. Drei (!) haben bereits stattgefunden, während wir krank waren. Nach den Nachbarn, Landfrauen und »Freunde I« sind wir jetzt in der »Freunde II«-Gruppe drin. Wenn das so weitergeht, gehen die beiden bald auf große Deutschland-Tournee.

Freitag, 16. März

10 Uhr

Günther will – O-Ton – »ergebnisoffen« Urlaubskataloge aus dem Reisebüro holen.

11.30 Uhr

Günther ist wieder zurück.

Seine Ausbeute:
»Wandern geführt«
»Trekkingtouren und sportliches Wandern«

»Wandern in Europa«
»Aktiv-Reisen: E-Bike und wandern«
»Wildniswandern«
»Campingführer Italien«
»Camping am Strand«
»Camping in den Bergen«
»Rent a Camper: Frankreich«

Ich glaube, wir verstehen unter dem Wort »ergebnisoffen« beide was anderes.

Sonntag, 18. März

Saß den ganzen Nachmittag mit Ute im Café. Herrje, jetzt habe ich ein schlechtes Gewissen, weil ich diesen Satz schon wieder schreibe. Aber was soll ich machen? Es ist doch Günther, der mich in die Arme der Kuchen treibt!

Das muss ich vielleicht kurz erklären: Als er in Rente gegangen ist, wusste er ja nicht so richtig, was er mit sich anfangen sollte. Und wenn *er* mit der neuen Situation überfordert war, war ich es auch. Es war ja nicht so, dass ich mich nicht gefreut habe, ganz im Gegenteil: Nach fast 40 Jahren harter Arbeit hatte er es sich redlich verdient, nach Belieben auszuschlafen, Stunden auf dem Sofa zu sitzen oder tagelang ohne Sinn und Verstand im Garten auf und ab zu gehen. Wirklich, all das gönnte ich ihm von Herzen. Wenn ich angesichts seiner Rente am Anfang eine

Schnappatmung bekam, lag es allein daran, dass *ich* nicht wusste, wie es mit *uns* werden würde, wenn er ständig zu Hause ist. Schließlich war es für uns beide eine neue Situation. Und meine Rettung in der Not? Hieß Ute!

So wurde also das in den Telefonhörer geseufzte Wort »Günther« zum Codewort für »Wir müssen uns treffen«. Nachmittag für Nachmittag verbrachten wir zu der Zeit im Café. Und streng genommen haben wir nie damit aufgehört. Irgendwas war immer. Nach seiner Lethargie verfiel Günther irgendwann in einen kompletten Aktionismus, und ich musste mit Ute beratschlagen, wie ich ihm die Ausstattung eines Tour-de-France-Fahrers wieder ausreden konnte, wo wir doch nur eine kleine Runde mit dem Fahrrad drehen wollten. Irgendwann entdeckte er das Internet (die Büchse der Pandora!) und nun also Urlaub. Beziehungsweise: das, was Günther unter einem gelungenen Urlaub versteht.

Ohne eine Begrüßung und Umschweife sagte ich also heute Mittag zu Ute am Telefon: »Günther will Wildniswandern.«

»Ach, du meine Güte!« Sie verstand sofort den Ernst der Lage, und zwei Stunden später plumpsten wir in das Sofa im Café Gottschalk, das so niedrig ist, dass wir immer wie zwei Kinder aussehen, weil wir uns so strecken müssen, um überhaupt an den Tisch zu kommen.

Schnell hatte ich ihr das Problem verklickert – und schnell hatte Ute eine Theorie parat.

Sie glaubt nämlich, dass das alles nur ein großes Missverständnis ist. Mit Günther und dem Wildniswandern im Speziellen und Männern und dem Wunsch, den Naturburschen zu mimen, im Allgemeinen. »Das ist wirklich typisch Mann«, sagte Ute. »Nach außen wollen sie einen auf starken Mann machen. Tiere jagen, Feuer machen, Felle über die Schulter legen – du weißt schon, da kommt dieses ganze Neandertaler-Gedöns noch durch. Aber im Innern wollen die doch auch was ganz anderes. Die trauen es sich nur nicht zu sagen, dass sie sich im Urlaub betüddeln lassen wollen. Was für eine Reise wolltest du eigentlich machen?«

»Na ja, irgendwas Schönes halt. Ich hatte vielleicht an eine Kreuzfahrt gedacht. Man kann sich mal so richtig verwöhnen lassen und kommt dabei auch noch rum. Und das Essen soll ja auch so gut sein! Fakt ist, dass ich wirklich nicht zelten möchte. Oder mit so einem Wohnmobil durch die Gegend gondeln möchte.«

»Na, das glaub ich dir sofort! Ich kann mir auch nur schwer vorstellen, wie du auf einem Campingplatz hockst und dir auf einem Gaskocher Nudeln machst. Obwohl, lustig wäre es schon …« Sie lachte.

»Sehr witzig. Meinst du, ich soll vielleicht auch mal Kataloge aus dem Reisebüro holen? Von Kreuzfahrten oder richtig schönen Fünfsternehotels?«

Ute kräuselte die Stirn und sah mich skeptisch an. »Katalog gegen Katalog? Ich weiß ja nicht … lass uns lieber überlegen, womit wir Günther ködern könnten. Auf was springt er denn so an? Wir müssen ihn so bearbeiten, dass er denkt, *er* wäre auf die Idee mit der Kreuzfahrt gekommen! Vielleicht kannst du ihm sagen, dass Kreuzfahrten gerade im Angebot sind?«

Abends

Günther liegt auf dem Sofa. Sein ganzer Kopf verschwindet hinter dem riesigen Katalog »Rent a Camper: Island«. Ich sitze am Esstisch und klicke mich durchs Tablett.

Von Julia ist eine E-Mail gekommen. »Seid ihr am Wochenende zu Hause? Brauche mal eine Auszeit und könnte mich Freitagmittag in den Zug setzen. Freu mich! Liebe Grüße!«

Daneben sind noch jede Menge Werbemails eingetrudelt, die ich wie ein Internetprofi souverän in den Papierkorb verfrachte. Plötzlich kommt mir eine Idee.

»Ach nee«, rufe ich übertrieben laut zu Günther rüber. »Ich habe gerade Werbung bekommen, du glaubst nicht, von wem! Von einer Reederei! Heieiei, die bieten ja dolle Touren an!« (Komme mir selbst ein wenig albern vor, aber jetzt heißt es dranbleiben.) »Huch«, juchze ich auf. »Und so günstig sind die gerade!«

»Nicht für 100 Euro«, sagt Günther gelangweilt, ohne von seinem Katalog hervorzusehen. »Ich sag nur: schwimmender Albtraum!«

Dienstag, 20. März

Bin heute an der Buchhandlung am Markt vorbeigelaufen. Im Schaufenster hing ein großes Plakat mit der Aufschrift: »Lebe jeden Moment so, als wäre er dein letzter.«

Irgendwie hat mich das nachhaltig beschäftigt. Heißt es

nicht normalerweise »Lebe jedes Jahr« oder meinetwegen auch »jeden Tag«. Aber »jeden Moment«??? Wer hat sich das ausgedacht? Ich meine, wie soll ich denn zum Beispiel beim Kartoffelschälen noch was rausholen? Oder wenn ich die Toilette putze?

Der Spruch macht mich fertig. Konnte den ganzen Tag an nichts anderes denken.

Erkenntnis: Wenn man sich nicht selbst unter Druck setzt, kommt er von außen.

Mittwoch, 21. März

Waren den ganzen Vormittag im Computerclub. Haben noch einmal Tortendiagramme geübt, weil Günther II meinte, es würde immer noch nicht sitzen. Manchmal kann er richtig streng sein.

Als er hörte, wie ich kurz vor Beginn der Stunde Gisela erzählte, dass wir bald verreisen wollen, brummte er vor sich hin: »Na, das ist doch mal eine Idee.«

Zehn Minuten später wusste ich, was er damit meinte.

»Liebe Leute, willkommen zu einer neuen Stunde. Von einer geheimen Quelle…«, Günther II sah zu mir rüber und zwinkerte verschwörerisch, »habe ich erfahren, dass Rosa und Günther verreisen wollen. Und da würde ich sagen: Spielen wir doch einmal Reisebüro! Jeder überlegt sich, wo die beiden hinfahren könnten. Aus den Ergebnissen macht ihr dann ein schönes Tortendiagramm!«

Das hatte mir noch gefehlt! Zum Glück war ich nicht allein …

»Günther, ich bitte dich«, warf Günther (mein Günther) ein. »Das können Rosa und ich doch allein entscheiden.«

»Ich wäre auch für ein anderes Thema«, sagte ich schnell. »Nichts gegen euch, aber wir wissen ja selbst noch gar nicht, wo wir hinwollen.«

»Eben!« Günther II strahlte und hantierte mit dem Beamer rum, mit dem er die Umfrage an die Wand projizieren wollte.

Ich hörte, wie die anderen aus der Gruppe schon anfingen, sich zu beraten. »Günther schätze ich ja eher unkompliziert ein, den würd ich vielleicht mal in so eine Berghütte verorten«, flüsterte Adapter-Gisela. »Aber bei Rosa bin ich mir nicht sicher.« Uwe nickte.

»Ich weiß nicht … dass alle jetzt hier für uns entscheiden …«, startete ich einen neuen Versuch, das Ganze zu stoppen. »Was war denn deine ursprüngliche Idee, Günther?«

»Erst wollte ich euch die klassische Sonntagsfrage stellen. Was würdet ihr wählen, wenn morgen Wahl wäre?«

Plötzlich rief Dieter panisch: »Das sag ich nicht!« Acht Augenpaare drehten sich schlagartig zu Dieter um, der am Kopfende saß.

Ich sah ein, dass unser Urlaubsziel die unverfänglichere Alternative für diesen Nachmittag war, und murrte: »Na schön.«

Nach zehn Minuten warf Günther II die Ergebnisse der Clubmitglieder an die Wand und las sie nacheinander vor.

Mallorca (3 Nennungen)
Paris (1)
Holland (2)
Mond (1)
Camping (1)
Kreuzfahrt (1)

Als Günther II beim Punkt »Camping« angekommen war, schielte ich zu Günther rüber, der rot wurde und trotzig weiter nach vorne sah. Als Günther II »Kreuzfahrt« vorlas, spürte ich, wie Günther zu mir rüberschielte. Sah demonstrativ weiter nach vorne.

Jetzt waren die Fronten wohl geklärt.

Nach dem Club machten Günther und ich noch einen kurzen Abstecher zu Tante Lotti ins Heim. Als wir von unseren Reiseplänen erzählten, uns aber nicht auf ein Ziel einigen konnten, schlossen sie und Wilhelm Reinke sich gleich dem Computerclub an – und spielten Reisebüro für uns.

Tante Lotti plädierte für Fehmarn. Sie ist sich sicher, dort im Sommer 1951 Greta Garbo auf einem Campingplatz gesehen zu haben, und ließ unser Argument nicht gelten, dass die Wahrscheinlichkeit äußerst gering ist, dass *wir* jetzt in den gleichen Genuss kommen.

Wilhelm Reinke setzte sich inbrünstig für Orte ein, von denen wir noch nie gehört hatten. »Petrograd«, rief er. »Den Konstantinpalast *muss* man gesehen haben!« Oder: »Deutsch-Byzanz, herrlich! Wenn ich einmal noch jung wäre, würde ich direkt wieder hinfahren!«

(Haben noch nicht klären können, wie die Orte heute heißen.)

Lange Rede, kurzer Sinn: Wir sind noch keinen Schritt weitergekommen. Über Ostern (nächstes Wochenende! Himmel, wie die Zeit vergeht) kommt ja Julia zu Besuch, Tochter und Friedensrichterin in Personalunion. Vielleicht hat sie eine Idee.

Abends

Wer aus dem Club will uns auf den Mond schießen???

Samstag, 24. März

0.10 Uhr

Kommen gerade vom Fotoabend bei Kurt und Irene wieder.

Die Kurzfassung:

Kurt trug eine Trekkinghose, an der ein Karabinerhaken befestigt war.

Irene hatte einen argentinischen Eintopf gekocht und fragte gefühlt alle fünf Minuten in die Runde: »Noch Locro gewünscht?«

Kurt kommentierte die Fotos durch ein Mikro.

Mit den Worten »236 Bilder haben wir für euch vorbereitet« eröffneten die beiden den Abend, was dazu führte, dass ich irgendwann nur noch stumm vor mich hin rechnete, wie lange das Ganze dauern würde. »236 mal fünf Minuten... Gott bewahre.« »236 mal vier Minuten...

neeeein!« Jedes Mal kam eine sehr, sehr, sehr hohe Zahl dabei heraus.

Die Langfassung: Ach nee, lassen wir das. Bin müde. Will immer noch nicht nach Patagonien. Aber brauche Urlaub. Gute Nacht.

Donnerstag, 29. März

Was täten wir bloß ohne Julia?! Vor nicht einmal vier Stunden haben wir sie vom Bahnhof abgeholt – und schon hat sie mal eben unser Urlaubsproblem gelöst. (Auf dem Fotoabend von Kurt und Irene haben wir es in vier Stunden gerade mal bis zum Wasserfall geschafft, den Kurt mit den Worten »Wenn das kein gutes Bild für eine kleine Pinkelpause ist! Zehn Minuten Pause!« abmoderierte.)

Als Julia aus dem Zug stieg, glaubte ich nicht, dass der Abend so eine vergnügliche Wendung nehmen würde. Sie hatte tiefe Augenringe und sah richtig erschöpft aus. Die gesamte Zugfahrt musste sie arbeiten, erzählte sie uns. Ständig habe ihr Chef auf dem Handy angerufen, und sie hätten zwischen Tunnel und Tunnel eine Präsentation besprochen. Seit sie vor zwei Jahren in der Buchhandlung aufgehört hat und in diesem Start-up angefangen hat (sie verkaufen irgendwas im Internet), ist sie eigentlich permanent gestresst. Die verlangen so viel von ihren Mitarbeitern (sogar am Wochenende arbeitet sie oft durch), dass ich immer wieder merke, wie gut es unsere Generation doch hatte. Nach der Schule hat man einen Beruf erlernt, und man konnte sich eigentlich sicher sein, ihn bis zur Rente ausüben zu können. Dieser Druck, unter dem die jungen Leute stehen.

»Schön, dass du da bist«, sagte ich und nahm Julias Tasche ab. »Bis Sonntag krümmst du keinen Finger, sondern lässt dich von deinen Eltern verwöhnen.«

Zur Feier des Tages hatte ich extra Julias Lieblingsessen gekocht. Überbackener Grünkohl mit Nüssen und Kartoffeln. Wir wollten gerade anfangen zu essen, als Julia zu ihrem Koffer rannte. »Das hätte ich ja fast vergessen.« Sie kramte in ihren Sachen und beförderte eine Weinflasche hervor. »Ich präsentiere …«, ahmte sie einen Tusch nach, »den teuersten Wein, den ich je gekauft habe!«

»Großer Gott«, sagte ich ehrfürchtig und nahm die elegante Flasche in die Hand. Auf einem goldenen Etikett war ein roter Schriftzug eingraviert. Darüber waren die Umrisse eines Weinguts zu sehen, das von goldenen Blättern umrankt war. So stellte ich mir Weinflaschen am Königshaus vor.

»Wie teuer war der?«

»22 Euro!«

»Bist du wahnsinnig? Den können wir doch jetzt nicht trinken«, protestierte ich.

»Und ob wir können!« Julia holte entschlossen einen Öffner aus der Küche. »Die Verkäuferin im Weinladen sagte, dass das ein richtig edler Tropfen für einen besonderen Anlass ist. Und genau den haben wir jetzt! Ich habe die stressigste Woche meines Lebens überlebt und …« Sie suchte nach Worten. »Überhaupt! Jawohl! Ich meine: Worauf warten wir?«

Sie duldete keine Widerworte, sondern holte die alten Weingläser von Tante Lotti aus der Vitrine und schenkte jedem von uns umgerechnet mindestens fünf Euro ein.

»Auf uns«, prostete sie.

Und ich ergänzte: »Und auf unsere Reisepläne!«

Weil Julia ohnehin so viele andere Sorgen hat, hatte ich ihr bisher noch gar nicht erzählt, dass wir wegfahren wollen. Umso größer war ihre Überraschung.

»Das finde ich ja toll! Wohin wollt ihr denn?«

»Das ist das Problem. Deine Mutter will ernsthaft auf so ein Kreuzfahrtschiff …«

»Und dein Vater will campen.«

Wir saßen uns trotzig gegenüber und verschränkten die Arme.

Julia lachte. »Ich dachte, in eurem Alter geht man kneippen.«

»Also bitte, so alt sind wir nun auch nicht«, warf ich ein.

»Rentner sind auch nicht mehr das, was sie mal waren«, kicherte Julia. »Aber ich finde es wirklich richtig, richtig toll, dass ihr euch mal was Schönes leisten wollt. Auf was habt ihr euch denn jetzt geeinigt?«

»Die Einigung steht noch aus«, sagte Günther zerknirscht.

Julia nahm einen großen Schluck Wein (mindestens drei Euro) und rief: »Ich hab's! Wir ziehen Lose!« Obwohl Günther und ich protestierten, rannte sie in die Küche und kam mit Stift und Schmierzettel zurück. »Wir können jetzt entweder nur ›Kreuzfahrt‹ und ›Camping‹ draufschreiben oder, dann wird es noch spannender, wir nehmen noch andere Destinationen, wie der Fachmann sagt, mit auf. Da müsstet ihr dann aber auch wirklich hinfahren!« Sie kicherte (ich glaube, sie hatte einen im Kahn). Wir sahen stumm zu, wie sie den Schmierzettel in kleine Stücke riss und auf einen Schnipsel »Ponyhof« schrieb.

»Ich plädiere für eine konventionelle Einigung«, sagte Günther trocken. Ich nickte. Immerhin, manchmal sind wir uns doch einig.

Julia sah uns mit diesem Blick an, den sie immer aufsetzt, wenn sie etwas ausheckt. (Den erkenne ich auf zehn Kilometer gegen den Wind.) »Ich hab's! Jetzt wirklich! Ihr macht einfach beides! Erst Kreuzfahrt und dann campen, oder andersherum!«

Günther und ich sahen erst uns an. Und dann Julia. Sie meinte das ernst.

Die Idee mussten wir sacken lassen. Günther war der Erste, der seine Sprache wiederfand.

»Beides?«, fragte Günther. »Sind wir Krösus?«

»Ach, komm«, sagte Julia. »Ihr wart schon so ewig nicht mehr weg. Gönnt euch doch mal was!«

»Das ist nun wirklich ein wenig übertrieben …«, setzte ich an, nur um gleich von Julia unterbrochen zu werden. »Mama, worauf wartet ihr denn? Ihr habt Zeit und müsst keinen Kredit aufnehmen, um jetzt zweimal wegzufahren. Überleg doch mal, was ihr all die Jahre gespart habt, weil ihr so oft zu Hause geblieben seid.« Sie schenkte uns Wein nach. »Und, was sagt ihr?«

Günther und ich rangen noch mit der Idee, doch Julia legte nach. »Natürlich!«, rief sie. »Das ist es! Ihr macht eine Art Wettstreit daraus: Wer plant den schöneren Urlaub? Papa geht mit dem Campen ins Rennen und du mit der Kreuzfahrt. Niemand darf dem anderen reinreden. Jeder darf seine Reise komplett allein planen und bestimmen. Und am Ende schreibt jeder in geheimer Abstimmung auf einem Zettel auf, wo er mehr Spaß hatte. Da müsst ihr aber ganz ehrlich sein!« Julia strahlte.

Und auch bei Günther und mir machte es langsam, aber sicher klick. Ein Wettstreit klang nicht schlecht, das musste ich zugeben. Wir sind eingefleischte Rommé-Spieler, sobald es um einen Wettbewerb geht, sind wir dabei. (Klar, dass Julia wusste, welche Knöpfe sie bei uns drücken musste, um uns in diese wahnwitzige Idee reinzuquatschen.)

Der Rest des Abends ist schnell erzählt: Zwei Gläser Wein später, die Flasche war jetzt leer, gaben Günther und ich uns feierlich die Hand. Julia umschloss wie der Priester bei einer Trauung unsere Hände und sagte ernst: »Möge der Bessere gewinnen.«

Die Urlaubswette war beschlossene Sache.

APRIL

Ogottogottogott

Sonntag, 1. April

Himmel, wie die Zeit vergeht. Schon wieder der 1. April! Dieser Tag brennt sich immer ganz besonders in mein Gedächtnis ein, weil Günther es nämlich liebt, mich so richtig schön reinzulegen. Eigentlich kann ich ihm am 1. April rein gar nichts glauben. Er ist permanent in »Höhö«-Stimmung. Normalerweise ist er ja gar nicht so ein Scherzkeks, aber der 1. April ist für ihn wie ein Junggesellenabschied für die Generation U30.

Heute vor drei Jahren hat er den Vogel abgeschossen. Er war gerade in Rente gegangen (wir beide waren noch komplett überfordert), da sagte er während des Frühstücks beiläufig: »Rosa, ich habe mir überlegt, wieder mit der Arbeit anzufangen. Rente ist noch nichts für mich.« Für genau acht Sekunden war ich der glücklichste Mensch der Welt. Denn dann sagte Günther: »Höhö, April-April.« Seitdem bin ich an diesem Tag rund um die Uhr in Habtachtstellung und glaube ihm nicht einmal, dass ich ihm die Butter beim Abendbrot reichen soll.

Doch ich befürchte, an diesem 1. April ist Günther nicht zum Scherzen aufgelegt. Er meint es bitterernst:

Gerade bin ich von Tante Lotti wiedergekommen und sehe schon beim Hereinkommen einen großen Zettel auf dem Küchentisch liegen. Es ist eine einseitige Anzeige, anscheinend herausgerissen aus einem Urlaubskatalog. Mit einer Büroklammer hat Günther einen rosa Post-it an die Ecke geheftet. Darauf lese ich: »DAS gehört ab dem 1. Mai für drei Wochen uns! Infos folgen. Planung läuft.«

Ich lasse mich auf die Eckbank plumpsen und nehme die Seite in die Hand.

Jetzt ist es wohl so weit: Günther hat den Startschuss für unsere Urlaubswette abgefeuert.

»Das« ist ein Wohnmobil von der Firma Hymer, das laut Anzeige »Grand Canyon« heißt. Der Name scheint Programm zu sein, denn es ist in einer bergigen Wüstenlandschaft in Szene gesetzt, die Vorderreifen schräg auf einen Abhang gefahren. (Soll wohl dynamisch wirken.) Ein lachender Mittzwanziger sitzt in der geöffneten Seitentür und bindet sich die Bergsteigerschuhe zu (das wäre dann wohl Günther). Seine Freundin, ebenfalls Mitte zwanzig, hat sich barfuß neckisch gegen die Heckklappe gelehnt und schaut mit strahlend weißen Zähnen direkt in die Kamera (das wäre dann wohl ich). Äh jaaaaa … Oben auf dem Dach ist so ein komisches Faltdings zu einem Dreieck ausgeklappt. Kann mir richtig vorstellen, wie Günther sich schon darin schlafen sieht und einen auf jugendlichen Weltenbummler macht. Herrje, das kann ja heiter werden. Wenn wir die drei Wochen in dem Teil ohne Ehekrise überstehen, waren die letzten 40 Jahre wohl doch nicht umsonst.

In zweieinhalb Wochen treffen wir übrigens Silvia und Volker, Freunde von Ute und Wolfgang. Als Ute hörte, dass wir eine Tour mit dem Wohnmobil machen wollen (unsere Urlaubswette kommentierte sie übrigens mit den Worten »Donnerwetter, so abenteuerlustig hätte ich euch gar nicht eingeschätzt«), sagte sie sofort: »Ihr *müsst* Silvia und Volker treffen!«

Die beiden sind die totalen Camping-Profis und laut Ute immer auf Achse. »Jetzt, wo ich darüber nachdenke, weiß ich gar nicht, wann die überhaupt das letzte Mal zwei Wochen am Stück hier waren. Glaub mir, die beiden wissen alles zu dem Thema!«, sagte Ute zu mir am Telefon. Eine Stunde später rief sie mich wieder an: »Ihr habt Glück! Die beiden sind gerade aus Kroatien wiedergekommen. Am 19. April trefft ihr sie. 19 Uhr, Lornsenstraße 12. Keine Widerrede.«

Donnerstag, 5. April, noch 26 Tage bis zur Abfahrt

Günther hat sich in ein pfeifendes Etwas entwickelt. Die Aussicht, dass wir beide bald in diesem Wohnmobil hocken, hat aus ihm einen neuen Menschen gemacht. Wenn ich morgens in die Küche komme, sitzt er pfeifend am Tisch und blättert im Hymer-Katalog. Während wir kochen, pfeift er vor sich hin. Er holt pfeifend Getränke aus dem Keller. Pfeifend klickt er sich durchs Tablett. Er ist die männliche Antwort auf Ilse Werner.

Am Anfang dachte ich, er pfeift vor allem für mich. Um mir zu demonstrieren, dass er mit seiner Reise zuerst dran ist und laut Abmachung munter planen kann, was er möchte, und ich nicht meckern darf.

Doch gestern bin ich früher als geplant von Tante Lotti nach Hause gekommen und habe mich extra leise ins Haus geschlichen. Und was höre ich aus dem Badezimmer? Günthers Pfeifen!

Tatsache, er pfeift für sich. Muss wohl gute Laune haben.

Nichts, aber auch gar nichts kann ihn mehr aus der Ruhe bringen. Heute Mittag ist ihm beim Abtrocknen ein Glas runtergefallen. Normalerweise kann ihn so etwas schon bis zur Weißglut treiben. Und heute? Flötet der: »Scherben bringen Glü-hück!«

Wenn ich es nicht besser wüsste, würde ich sagen: Da braut sich was zusammen. Dummerweise weiß ich es ja besser. Es braut sich eine Wohnmobiltour zusammen. Aber zum Glück bin ich immer noch tiefenentspannt. Redet Günther von Plastikgeschirr, denke ich an goldenes Besteck beim Captain's Dinner, Klappstühle kontere ich innerlich mit Samtsesseln auf dem Oberdeck.

Wissen Sie was? Günther kann pfeifen, bis seine Stimmbänder streiken. Bald bin ich mit meiner Kreuzfahrt dran! Ommmmmmmmmm.

Freitag, 6. April,
noch 25 Tage bis zur Abfahrt

Günther hat unseren Esstisch auf die Maximallänge ausgefahren. (Zum ersten Mal seit der Anschaffung, bisher staubten die zwei Einlegeplatten munter hinter dem Kleiderschrank vor sich hin.)

»Heiliger Bimbam!«, entfährt es mir, als ich Günther an der Tafel sitzen sehe. Auf der gesamten Fläche hat er riesige Landkarten, Notizblöcke und aufgeklappte Reiseführer verteilt. Kreuz und quer liegen bunte Stecknadeln.

So habe ich mir immer Seefahrer aus dem Mittelalter vorgestellt, die für Monate ins Ungewisse aufbrechen.

Wollten wir nicht nur eine kleine Tour mit einem Wohnmobil machen???

Günther schiebt eine Landkarte zur Seite und streicht auf einem Zettel genervt etwas mit einem Rotstift durch. »Warum habe ich den Wagen bloß schon ab dem 1. Mai gemietet? Ich hätte doch wissen müssen, dass die ganze Tourenplanung viel länger dauert. Wie soll ich das schaffen?« Er wirkt ernsthaft verzweifelt. Erschöpft nimmt er die Lesebrille ab. »Rosa, ich glaube, ich habe mich verzockt.«

»Von mir aus können wir gerne auch später losfahren«, sage ich und zwinkere ihm zu. »Dann würden wir zwar nur auf eine Woche kommen, aber so eine Planung muss ja schon gewissenhaft sein.«

»Papperlapapp, das kommt gar nicht infrage.«

»Ich könnte auch gucken, ob wir die Kreuzfahrt vorziehen können.«

»Haha, sehr witzig.« Trotzig schiebt er sich die Brille auf die Nase und beugt sich wieder über die Landkarten. »Kannst du mich jetzt bitte in Ruhe weiterarbeiten lassen? Sonst steht noch alles auf der Kippe.«

Was plant der Mann???

Samstag, 7. April, noch 24 Tage bis zur Abfahrt

Beichte. War in der Stadt und habe Kreuzfahrt-Kataloge aus dem Reisebüro geholt. Jajaja, ich weiß, dass ich noch nicht an der Reihe bin, aber man wird sich ja mal unverbindlich informieren dürfen. Hab den ganzen Nachmittag im Katalog von so einer Luxusreederei geblättert und vor mich hin geseufzt. Diese Opulenz! Dieser Samt! Dieses Gold! Dieses Schwimmbad auf dem Oberdeck! Diese Sauna! Diese Kabinen mit den schweren Vorhängen! Diese weißen Handschuhe, mit denen gut aussehende Kellner glücklichen Gästen kleine Törtchen überreichen! Konnte mich nicht sattsehen.

Abends Kataloge demonstrativ auf dem Couchtisch ausgebreitet. Keine Reaktion von G.

Montag, 9. April, noch 22 Tage bis zur Abfahrt

24 Stunden Migräne. Immer wenn es schlagartig warm und schwül wird (heute passiert! Im April!), macht mein Kopf nicht mehr mit. Will sagen: Das Sofa und ich hatten eine tiefe Verbundenheit, kam den ganzen Tag nicht aus der Horizontalen raus.

Günther saß fast die ganze Zeit neben mir im Wohnzimmer am Esstisch und hatte eine Standleitung zur Hymer-Service-Hotline eingerichtet. Eigentlich hätte er auch in Ruhe im Arbeitszimmer telefonieren können, aber ich glaube, es war eine Retourkutsche für die Kataloge gestern. Demonstrativ laut erkundigte er sich im Halbstundentakt nach dem Fassungsvermögen des Kühlschranks oder irgendwelchen LED-Leuchten in den Schränken. Irgendwann meldete er sich am Telefon auch nicht mehr mit »Guten Tag, hier ist Günther Schmidt«, sondern sagte nur noch »Ja, ich bin's noch mal«. Zwischendurch schielte er immer zu mir rüber, ob ich auch ja gut zuhöre. Ich sag Ihnen, er fühlt sich so richtig obenauf, weil er mit seiner Reise zuerst dran ist.

Abends dann noch lange mit Julia telefoniert. Sie ist wieder – beziehungsweise immer noch – komplett überarbeitet. In ihrem Unternehmen gibt es neuerdings kostenlos Frühstück für alle, doch sie hat den Verdacht, dass dadurch nur bezweckt werden soll, dass alle Mitarbeiter sich noch länger in der Firma aufhalten als ohnehin schon.

»Am Samstag sollen wir alle auch noch in so einen Hochseilgarten fahren, um am ›Teamspirit‹ zu arbeiten, so nennen sie das«, stöhnte Julia. »Ach, Mama, was würde ich nur drum geben, hauptberuflich in eurem Faltdach zu liegen?«

Ich witterte Morgenluft. »Das ist es! Du fährst mit Papa!«

»Ich fürchte, eure Wette sah anders aus…« Sie hörte sich wieder richtig geknickt an, und mir wurde schwer ums Herz.

Habe sie dann noch aufgeheitert, indem ich ihr von Günthers Telefonaktion am Nachmittag erzählt habe. »Er kennt dieses Modell jetzt bis zur letzten Schraube«, lachte ich und tat so, als würde ich es urkomisch finden. »Ist doch putzig, wie sich dein Papa in alles reinsteigern kann, oder?«

Was tut man als Mutter nicht alles?!

Mittwoch, 11. April,
noch 20 Tage bis zur Abfahrt

Günther sagt nicht mehr »Wohnmobil«, sondern nur noch »Womo«.

Donnerstag, 12. April, noch 19 Tage bis zur Abfahrt

9 Uhr

Fürchterlichen Traum gehabt. Ich war auf einem schicken Empfang, und alle um mich herum trugen edle Abendkleider und Anzüge. Als ich mich mit einer Frau mit Perlenkette unterhielt, guckte ich zufällig an mir runter. Das durfte doch nicht wahr sein. Ich hatte wieder meine blaue Schlumpf-Schlafanzughose an! Diesen Traum habe ich regelmäßig. Immer trage ich dieses olle Ding. Ich versinke jedes Mal im Erdboden, und meistens wache ich schweißgebadet auf. Einmal habe ich doch tatsächlich geträumt, dass ich auf Schloss Windsor bei der Krönung von Prinz Charles dabei war – und was hatte ich an? Die Schlumpf-Schlafanzughose! »Dann schmeiß sie doch weg«, sagt Günther immer, »dann träumst du auch so einen Quatsch nicht mehr.« Aber ich bring es nicht übers Herz. Natürlich, sie gewinnt wahrlich keinen Schönheitspreis, aber ich würde ja auch nie damit auf die Straße gehen, und zu Hause sieht mich doch keiner. Außerdem ist sie innen so schön mit Fleece gefüttert und hat ein weites Bündchen, das nicht einschnürt. Aber diese Träume machen mich fertig.

Vollkommen gerädert gehe ich die Treppe runter. Als ich in die Küche komme, traue ich meinen Augen nicht und kneife mich.

Günther begrüßt mich mit zwei gefüllten Sektgläsern in der Hand.

Wir. Trinken. Nie. Sekt.

»Endlich bist du wach, der Sekt wird schon warm.«

Woher. Weiß. Günther. Dass. Sekt. Kalt. Besser. Schmeckt.

»Was ist denn hier los?«, frage ich schlaftrunken. »Gibt's was zu feiern?«

Günther drückt mir ein Glas in die Hand und atmet tief ein. »Und ob! Die Tour steht.« Er räuspert sich und sagt feierlich: »Allgäu, Österreich, über den Brenner nach Südtirol, dann weiter an den Gardasee und über die Schweizer Alpen zurück. Das Womo und wir.« Er stößt mit seinem Glas gegen meins. »Na, was sagst du?«

Samstag, 14. April, noch 17 Tage bis zur Abfahrt

Es hätte schlimmer kommen können. Finden sowohl Ute als auch Julia.

Julia müsse beim Gardasee sowieso immer an Rentner denken, hmpf, und auch Ute sagt, dass Günthers Tour mir in die Hände spielt. »Stell dir mal vor, er hätte irgendwas vollkommen Abwegiges geplant. Außerdem musst du dir immer sagen, dass es auch ein Zelt hätte werden können. Du auf einer Isomatte, frierend in Russland, das wär's doch!« Ute hat sehr gelacht. Ich auch ein bisschen. Gardasee klingt machbar. Außerdem scheinen die Wohnmobile heute ja auch wirklich ganz komfortabel zu sein. Auf jeden Fall werde ich hohe Schuhe mitnehmen, wenn wir schon nach Italien fahren. Sehe uns schon in einer schicken Taverne mit karierten Tischdecken sitzen. Ob die mich auch mit »Bella« ansprechen?! Bella Rosa. Warum nicht.

Sonntag, 15. April, noch 16 Tage bis zur Abfahrt

E-Mail von Julia bekommen: »Hilfe, ich hab wieder Kontakt zu Lars aufgenommen und ihn gefragt, was ihr als Reiseapotheke mitnehmen müsst. Was hab ich mir nur eingebrockt??? Hab das nur für euch gemacht! Vielleichtaucheinbisschenfürmich.«

Montag, 16. April, noch 15 Tage bis zur Abfahrt

14 Uhr

Will gerade die *Küchenschlacht* anmachen, als ich Günther laut aus dem Arbeitszimmer schreien höre. »Rosa, Rosaaaa, Rosaaaaaa!« Beim letzten Mal, als er so geschrien hat, hatte er sich seine Hand in der Badezimmertür eingeklemmt, und wir hätten fast den Notarzt rufen müssen. Das fehlte gerade noch, dass ihm jetzt irgendwas zustößt. Ich lasse die Fernbedienung fallen und renne die Treppe hoch.

Als ich vollkommen außer Atem im Arbeitszimmer ankomme, sitzt Günther kerngesund mit allen Gliedmaßen vor dem Computer. »Du glaubst nicht, was ich gefunden habe.« Er strahlt mich an und zeigt auf den Monitor. »In diesem Video wird ganz ausführlich die Handhabung der Gasflaschen erklärt. Und nun kommt's: Dreimal darfst du raten, in welchem Mobil das gezeigt wird?!«

Ich starre ihn ungläubig an.

»Na?«

»Weiß ich nicht …«

»Na, im Grand Canyon! Das ist UN-SER Modell!« Günther ist ganz aufgeregt. »Das ist wichtig, dass du mitguckst. Wenn ich mal nicht da bin, kannst du zur Not die Flaschen auch allein bedienen. Sag mal, warum bist du eigentlich so außer Atem?«

Komme wohl nicht drum herum. Rücke mir einen Stuhl heran und ergebe mich. Das Video trägt den Titel »Gasflaschen im Wohnmobil – das große A bis Z!!!« und dauert laut Zeitleiste 38 Minuten. »Na, dann mach mal an.«

Günther strahlt und klickt auf die Pfeiltaste.

Ein gut gelaunter Lockenkopf Mitte 20 steht braun gebrannt und barfuß vor dem Mobil und spricht in die Kamera: »Hey ho, Leute, was geht ab? Heute hab ich euch ein Thema mitgebracht, das vielleicht nicht so sexy wirkt, das aber mördermäßig wichtig ist.« Er senkt die Stimme und imitiert einen Ringrichter beim Boxkampf. »Die Gaaaaaasssflaschennnnn!«

Schiele zu Günther rüber. Glaube nicht, dass wir die Zielgruppe dieses Videos sind.

Günther drückt auf die Stopp-Taste. »Bis dahin habe ich schon gesehen. Ich weiß, an seine Ausdrucksweise muss man sich gewöhnen, aber der Kerl hat Ahnung!« Günther knufft mich euphorisch in die Seite und klickt wieder auf die Pfeiltaste.

Lockenkopf öffnet die Hecktür, und zu sehen ist ein heilloses Chaos. Auf dem Boden des Wohnmobils liegen allerlei Klamotten rum, wild durcheinandergewürfelt. Auf Hüfthöhe ist eine Art Bett aufgebaut – es reicht von einer Wagenseite auf die andere. Darauf: wieder Chaos. Kissen und ein Schlafsack sind zu einem großen Haufen geknüllt.

»Upsi, das sieht ja hier wieder aus«, sagt Lockenkopf mit gespielter Entrüstung. »Aber das haben wir gleich ... Achtung, Achtung, alle mal weggucken ...« Wusch – mit einer großen Armbewegung katapultiert er das gesamte Durcheinander in den vorderen Teil des Mobils. Es kracht irgendwo, und Lockenkopf lacht. »Upsi!« Schiele wieder zu Günther rüber, doch der Ordnungsfanatiker verzieht keine Miene. Kann mir ein Lächeln nicht verkneifen. Innerlich muss es brodeln in ihm, aber beim Thema »Womo« lässt er anscheinend fünfe gerade sein.

Lockenkopf klopft jetzt an die Hintertür: »So, jetzt aber: Kommen wir zum Grand Canyon, oder den Granny, wie ich ihn immer nenne. Wie ihr seht, lass ich das Bett immer ausgeklappt, weil es echt nicht chillig ist, das immer wieder ab- und aufzubauen. Und trotzdem, und genau das will ich euch heute zeigen, kommt man wunderbar an die Gasflaschen ran!«

Günther flüstert aufgeregt: »Jetzt geht's los!« Er nimmt sich einen Stift und setzt zum Mitschreiben an.

Lockenkopf krabbelt auf Knien unter das ausgeklappte Bett und öffnet hockend und mit eingezogenem Kopf eine kleine Tür im Innern. »Okay Leute«, schnauft er, »die Seitenluke ist hier ganz unten. Man muss sich etwas bücken, aber wir sind ja nicht vom Krampfader-Geschwader.« Er lacht.

Krampfader-Geschwader???

»Der meint uns«, flüstere ich, doch Günther hält sich sofort den Finger an die Lippen. »Pssst, jetzt müssen wir aufpassen.« Ich frage mich ja, wie Günther überhaupt so in die Hocke gehen will mit seinen Knien (beidseitig leichte Arthrose!), aber er scheint den irrwitzigen Plan gefasst zu haben, Lockenkopf II zu werden.

Lockenkopf I hockt jetzt vor der Tür und leuchtet mit einer Taschenlampe rein. Zu sehen sind zwei große Gasflaschen.

»I proudly present: meine Elf-Kilo-Schätzchen!« Er blickt wieder direkt in die Kamera und strahlt. »Und jetzt zeig ich euch mal, wie wir die beiden zum Leben erwecken.« Man sieht, wie sich Lockenkopf die Taschenlampe in den Mund steckt und nuschelt: »Das ist jetzt etwas Fummelarbeit, weil man hier unten so schlecht sieht.«

Die nächsten Minuten ziehen an mir vorbei, ohne dass ich noch groß etwas mitbekomme. Wie damals im Chemieunterricht: Ich sehe, dass da jemand an der Tafel den Mund auf- und zumacht, aber irgendwie dringen die Inhalte nicht zu mir durch.

Verschwommen höre ich jetzt die Worte Sicherheitsventile, Knöpfe, Schläuche…

Lockenkopf schnauft und drückt und dreht. Und ich denke die ganze Zeit nur eins: Das will Günther machen???

Bilde mir ein, dass ihm auch etwas mulmig wird. Erstarrt sitzt er neben mir, und aus den Augenwinkeln sehe ich, dass sich auf seiner Stirn ein paar Falten kräuseln. Von Mitschreiben keine Spur. Nennt man das Kapitulation?

Irgendwann kommt Lockenkopf mit hochrotem Gesicht aus dem Wohnmobil gekrabbelt und streckt die Arme nach allen Seiten aus. »Puh, das ist echt tricky. Ich warne euch schon mal vor: Achselterror ist euch sicher!« Er lacht und wischt sich Schweiß von der Stirn. Dann setzt er sich auf die Kante der Hecktür – und läutet das furiose Finale ein.

»Was jetzt wirklich total wichtig ist: Die Gasflaschen haben ein Linksgewinde! Ihr kennt ja wahrscheinlich das alte Sprichwort ›Solange das Deutsche Reich besteht, werden Schrauben rechtsgedreht!‹ Boah, da fällt mir mal auf, dass das ja auch nicht so politisch korrekt ist, was?« Er lacht. »Egal, was ich sagen wollte: Bei den Gasflaschen ist es genau andersrum! Man dreht sie nach links, wenn man sie öffnen möchte, und schließt nach rechts. Bitte merkt euch das, ist im Zweifel kriegsentscheidend.« Lockenkopf lacht wieder, und ich merke, wie Panik in mir aufsteigt. Sehe uns mit offenen Gasflaschen über die Alpen in den sicheren Tod fahren.

Schiele zu Günther rüber. Sieht hoch konzentriert aus. Wahrscheinlich hypnotisiert er sich gerade innerlich mit dem Mantra »Links, links, links«.

Lockenkopf legt nach: »Leute, soll ich euch was sagen? Meine Mutter ist total abgedreht bei dem Thema. Als sie hörte, dass ich auch mal mit offenen Flaschen durch die Gegend kurve, hat sie derbe Panik geschoben. Aber wisst ihr was, selbst wenn die Flaschen Schrott sind. Oder ein Schlauch nicht dicht ist. Oder ein Ventil nicht richtig sitzt. Oder, oder, oder … man hat ja schon Pferde kotzen sehen. Unter den Gasflaschen ist ein Hohlraum, und da wir ja alle wissen, dass Gas schwerer ist als Luft, hallo, hallo, wir haben ja hoffentlich alle gut in Chemie aufgepasst, sinkt das Gas ab und wird automatisch nach draußen geleitet.« Lockenkopf wird jetzt richtig euphorisch und sagt aufgedreht: »Ihr liegt also direkt über den Gasflaschen und merkt gar nicht, wie das Gas rauskommt. Ist das nicht komplett genial?!« Lockenkopf strahlt über das ganze Gesicht. »In diesem Sinne: Bis zum nächsten Mal, haut rein, wir sehen uns auf der Straße, Digger!«

Mit diesen Worten endet das Video.

Ich muss schlucken. Morgen werde ich einen Abreißkalender basteln und die Tage bis zur Kreuzfahrt zählen.

Günthers Stimmung kann ich nicht richtig einordnen. Er hat die Lippen geschürzt und sagt nach einer Schweigeminute etwas gestelzt: »Das war doch interessant.« Sieht nach einer Mischung aus Trotz und Bammel um seine Kniescheiben aus.

In drei Tagen treffen wir Silvia und Volker, die Camping-Freunde von Ute. Vielleicht könnten sie gleich zu Beginn etwas Beruhigendes à la »Hört grundsätzlich nicht auf junge Leute, alles halb so wild« von sich geben.

Donnerstag, 19. April, noch 12 Tage bis zur Abfahrt

23.40 Uhr

Sind gerade von Silvia und Volker wiedergekommen. Ich sag es mal so: Die Gasflaschen werden unser kleinstes Problem sein.

Pünktlich um fünf vor sieben kamen wir in der Lornsenstraße an. Wir fuhren Schritttempo, um die Hausnummern erkennen zu können (man wird nicht jünger), doch eigentlich hätten wir direkt bis zum Wendehammer durchfahren können, denn dort stand – und das sahen selbst wir aus hundert Meter Entfernung – ein riesiges Wohnmobil in der Auffahrt.

Wir parkten unser Auto, das daneben wie ein Liliputaner-Gefährt aussah, auf der Straße und musterten das Haus auf vier Rädern. »Donnerlottchen!«, rief Günther und schritt langsam einmal drum herum. Im Dritten hatte ich mal eine Dokumentation über Amerikaner und ihre Wohnmobile gesehen. Die haben ja richtige Schlachtschiffe, die zum Teil größer sind als ganze Häuser. »Das können auch nur die Amis bringen«, hatte Günther damals gesagt. Ich muss ihn korrigieren: Silvia und Volker können es auch!

Wir waren gerade noch am Staunen, als die Haustür aufflog.

Ein Ehepaar in unserem Alter kam heraus. Ich weiß nicht, wie ich mir Fast-hauptberufliche-Dauercamper vorgestellt habe, aber ich spürte, dass ich beinahe enttäuscht war, weil sie so normal aussahen. So wie wir. Sie mittellange, dunkelbraune Haare. Er mittelkurze, dunkelbraune Haare. Sie Rock und Bluse, er Jeans und Polohemd. Wahrscheinlich bin ich davon ausgegangen, dass uns zwei Alt-Hippies in Cordhosen und mit Peace-Zeichen um den Hals begrüßen. Das einzige Indiz, dass die beiden doch mehr Zeit unterwegs als vor der *Küchenschlacht* verbrachten: Sie waren beide braun gebrannt.

»Hallo!«, rief die Frau. »Ihr müsst Rosa und Günther sein.« Sie streckte uns ihre Hand entgegen. Ihr Mann tat es ihr nach. »Ich bin Volker«, sagte er, »und das ist Silvia. Erste Lektion an die Neu-Camper: In unserer Welt duzen wir uns. Dann kommt mal rein in die gute Stube!«

Die Neu-Camper beziehungsweise Bleichgesichter (wahrscheinlich besteht da ein Zusammenhang) folgten den braun gebrannten Profis – und staunten schon wieder. Denn im gesamten Hausflur hingen rechts und links Fotos von den beiden: sie vor ihrem Wohnmobil stehend in den Bergen, sie vor ihrem Wohnmobil frühstückend in der Wüste, er aus dem Wohnmobilfenster winkend am Strand, sie vor dem Wohnmobil auf dem Liegestuhl mit – ich traute meinen Augen nicht – einem Elefanten (!) im Hintergrund.

»Wahnsinn! Wo ihr überall schon wart!«, sagte ich, und Silvia lachte. »Warte mal ab, bis es euch auch erwischt.«

Manchmal ist es besser, wenn man nicht direkt ausspricht, was man denkt. In diesem Fall: »Einmal und nie wieder!« Ich gab also ein unverfängliches »Ja, mal sehen…« von mir und folgte den anderen durch die Küche ins Wohnzimmer – wo wir wieder staunten beziehungsweise einfach damit weitermachten. Die gesamte Längsseite füllte ein Bücherregal aus. Von oben bis unten stapelten sich wie in einer Buchhandlung Reiseführer. Nepal, Kolumbien, Russland, Norwegen, Kanada … las ich auf den Buchrücken. Dazwischen standen immer wieder kleine Fotorahmen mit Silvia und Volker in der üblichen Kombination (Riesen-Mobil plus atemberaubende Kulisse).

»Wahnsinn«, stieß ich erneut hervor, woraufhin Silvia wieder lachte und sagte: »Warte mal ab, bis es euch auch erwischt.« Und täglich grüßt das Murmeltier!

Volker verschwand in der Küche und kam kurz darauf mit einem Tablett zurück: Vier Cocktails präsentierte er, in denen jeweils ein buntes Schirmchen steckte. Auf dem Esstisch sahen wir schon kleine Schüsselchen mit Crackern, Erdnüssen und eine liebevoll dekorierte Platte mit Käsespießen. Während wir uns setzten, eilte Silvia zur Stereoanlage neben dem Fernseher und drückte auf einen Knopf. Es ertönten Salsarhythmen. Kurz: Mehr Urlaubsatmosphäre ging nicht. Wir waren bei Vollprofis eingeladen. Silvia hielt ihr Glas in die Mitte des Tisches, und wir alle stießen an. »Auf euer erstes Abenteuer im Wohnmobil!«

Es folgte: eine Tragikomödie in drei Akten.

Der erste Akt oder: Die große Lobhudelei

Silvia und Volker schwärmten vom Reisen im Wohnmobil. Und Günther nickte wahlweise oder sagte »Mein Reden«.

»Man hat so viel mehr Freiheit«, sagte Silvia. Günther nickte.

»Man ist ja so viel flexibler«, sagte Volker. »Wenn es einem irgendwo nicht gefällt, zack, fährt man weiter. Oder bleibt einfach da, wenn es schön ist.« Günther zu mir: »Mein Reden.«

»Ein Hotel würde uns inzwischen wie ein Gefängnis vorkommen«, sagte Silvia. Günther nickte.

»Es ist einfach herrlich, so viel in der Natur zu sein.« Günther zu mir: »Mein Reden.«

Auf meine kleinlaute Frage, ob man nicht viel vermissen würde in einem Wohnmobil, sagte Silvia: »Weißt du, Rosa, genau das ist es: Wenn man unterwegs ist, merkt man erst, dass man überhaupt nicht viel braucht im Leben. Glaub mir, so wird es dir auch gehen!« Günther stupste mich an und warf mir diesen »Siehst-du«-Blick zu. Ich versuchte zumindest so zu tun, als wäre das eine realistische Vorstellung für mich.

»Günther hatte uns ja schon gesagt, welchen Wagen ihr gemietet habt«, sagte Volker und nickte anerkennend. »Wir haben uns den mal angesehen: Alles richtig gemacht! Der Wagen ist perfekt. Klein und wendig, die Plätze sind ja manchmal doch etwas eng, und müsste gut anziehen!« Silvia sagte: »Wirklich toll!«

Der erste Akt endete mit einer Aussicht auf etwas Größeres. »Wisst ihr, so wie ihr haben wir auch mal angefangen«, sagte Volker. »Weißt du noch, damals?« Silvia nickte und lächelte verklärt. »Ich hab's dir ja schon gesagt, Rosa. Ihr leckt bestimmt Blut. Jeder, der einmal damit anfängt, bleibt auch dabei. Gut, es gibt natürlich immer welche, für die das nichts ist. Aber die meisten packt's! Aber so richtig! Wenn man bedenkt, wo wir gelandet sind…« Sie kicherte und Volker sagte: »Irgendwann will jeder mehr. Unser Schlachtross habt ihr ja schon gesehen. Wir haben sogar immer einen Motorroller dabei, wenn wir unterwegs sind.« Günther nickte jetzt ganz doll und sagte allen Ernstes: »Das kann ich mir ja auch super vorstellen. Aber wir fangen erst einmal klein an!«

Der zweite Akt oder: Gehen wir ins Detail

Silvia drückte uns beiden einen Zettel und einen Kugelschreiber in die Hand. »Wir haben da mal ein paar Tipps zusammengestellt«, sagte Volker. »Vielleicht wollt ihr euch ein paar Notizen machen?«

Wir wollten – und schrieben mit:

- Knöpfe von den Schubladen vor der Abfahrt immer zumachen.
- Während der Fahrt immer das Abwasser-Ventil schließen.

- Nicht zu spät auf einen neuen Platz fahren.
- Distanzen nicht unterschätzen! Nicht so weit fahren!
- Nur praktische Sachen mitnehmen!

Als Silvia irgendwann sagte: »So, und jetzt noch kurz zu den Gasflaschen«, antwortete Günther mit erkennbarem Stolz in der Stimme: »Wissen wir schon alles!«

Volker anerkennend: »Na, ihr seid ja schon top vorbereitet«, woraufhin Günther tatsächlich ein wenig rot wurde und sagte: »Man tut, was man kann.«

Der dritte Akt oder: Ach, du Sch...

Es hätte eigentlich so harmonisch weitergehen können, doch Volker sagte plötzlich den unheilvollen Satz: »Okay, das nächste Thema ist jetzt nicht ganz so appetitlich, aber es gehört nun mal dazu.« Er lachte, und Silvia schob hinterher: »Wir Camper sind da nicht so zimperlich. Und ihr seid ja bald welche von uns.« Sie zwinkerte mir zu.

»Ihr habt ja in eurem Mobil so eine Toilettenkassette«, sagte Volker, und mir schwante Böses. (Hatte das Thema bisher ausgespart. Die Aussage, dass wir eine Toilette an Bord haben, reichte mir eigentlich ...)

»Ihr müsst euch unbedingt Sanitärzusätze kaufen, wenn ihr es noch nicht gemacht habt«, sagte Volker, und ich sah, wie Günther brav »Sanitärzusätze« notierte und ein Ausrufezeichen dahinter machte. »Wisst ihr«, machte Volker unverblümt weiter, »sonst stinkt das einfach viel zu doll.« Er lachte. Und wir lachten noch höflich mit. »Wichtig ist aber, dass ihr das Zeugs nie über den Schieber einfüllt, das kann den Tank angreifen, immer nur von außen über diese Stutzen«, sagte Silvia.

»Wo ist denn der Schieber?«, fragte Günther. (Er hatte sich anscheinend auch noch nicht so richtig mit dem Thema befasst.)

»Herr im Himmel, sie kennen den Schieber nicht«, sagte Volker zu Silvia und verdrehte gespielt die Augen. »Ich seh schon, wir müssen von ganz vorne anfangen.« Silvia lachte.

»Mit dem Schieber öffnet ihr doch den Boden der Toilette«, sagte sie. »Ich will jetzt mal ganz direkt sein: Ihr setzt euch, erledigt euer Geschäft, schiebt das Ding auf und es rutscht runter in die Kassette!«

»Wobei viele ja auch machen, wenn der Schieber offen ist«, wandte Volker ein. Silvia nickte. »Ja, klar, das muss jeder für sich rausfinden. Ich mag's halt nicht, wenn man da direkt durchgucken kann. Ich will jetzt mal ganz direkt sein: Wenn der Schieber offen ist, ist es wie im Dixi-Klo. Man macht auf den ganzen Haufen, der schon da ist. Also, ich mach den Schieber immer erst hinterher auf und ruckel das dann immer auf und zu. Dann kriegt man eigentlich auch alles runtergespült.«

Ich schielte zu Günther rüber. Jetzt ging es ja doch seeeeehr ins Detail. Für mein Empfinden sagte Silvia ein klein wenig zu oft »Ich will jetzt mal ganz direkt sein«.

»Habt ihr euch denn schon informiert, wie ihr das Ding entleert?«, fragte Volker, und Günther schüttelte stumm den Kopf.

»Alsooo, auf diesem Bedienfeld gibt es so eine kleine Leuchtdiode, da kann man immer direkt sehen, wie voll die Kassette ist. Aber macht euch keinen Kopf, auch wenn die schon rot leuchtet, kann der Tank noch zwei Liter aufnehmen. Wir wissen jetzt natürlich nicht, wie… äh… nun… wie viel das bei euch ist, aber bei uns sind das etwa zwei Toilettengänge.« Großer Gott, hätten wir das auch geklärt.

»Ich will mal ganz direkt sein«, sagte Silvia (und bei mir klingelten alle Alarmglocken), »aber Volker und ich haben abgemacht, dass wir die Toilette nur für das kleine Geschäft nutzen.«

»Gut, dass du das noch sagst!« Volker tippte Günther an und bedeutete ihm mitzuschreiben. »Das ist wirklich wichtig. Ohne ins Detail gehen zu wollen, aaaaber, wenn ihr da alles erledigt, was man so zu erledigen hat, kommt ihr in Teufels Küche.« Silvia nickte. Da Günther immer noch etwas traumatisiert vor sich hin starrte, tippte Volker ihn wieder an, und ich sah, wie Günther mit etwas zittriger Hand »nicht groß machen« notierte. Herr im Himmel!

Danach ging es noch eine gefühlte Ewigkeit um das Entleeren der Kassette. Ich musste noch den Teil davor verdauen, deswegen hörte ich nur mit halbem Ohr hin. Das Ausleeren war wohl Männersache, und Günther muss den Tank zu irgendeiner Entsorgungsstation ziehen und da gründlich ausspülen. Oder auch mal schütteln und rütteln, damit sich »Reste lösen«.

Der Rest des Abends ist schnell erzählt. Günther und ich versuchten zwar, optimistisch zu wirken, doch irgendwie müssen wir einen verstörten Eindruck hinterlassen haben.

Silvia sagte auffallend oft »Das wird schon«, und Volker klopfte Günther mehrfach aufmunternd auf die Schulter. Kurz bevor wir gingen, drückten sie uns noch drei eng beschriebene DIN-A4-Blätter in die Hand. »Huch, das hätten wir ja ganz vergessen«, sagte Silvia. »Wir haben noch eine Packliste zusammengestellt, auch nur mit ein paar Basics.«

Brachten das Wort »Basics« zwar nicht mit diesem epischen Werk zusammen, doch wir bedankten uns artig für die vielen Tipps und versprachen den beiden, sie zu einem Fotoabend einzuladen, wenn wir wieder zurück sind.

Wir stiegen ins Auto, und Silvia und Volker standen in der Tür und winkten. »Wird schon!«, rief Silvia, und Volker lachte.

Freitag, 20. April, noch elf Tage bis zur Abfahrt

Wir haben uns die Packliste von Silvia und Volker angesehen.

Es gibt jetzt zwei Möglichkeiten:

1. Silvia und Volker glauben, dass wir eine jahrelange Weltreise machen wollen.
2. Silvia und Volker glauben, dass wir eine jahrelange Weltreise machen wollen.

Ein paar Highlights unter insgesamt 98 (!) Positionen:

Klappspaten
Ersatzwasserpumpe
Leim
Fünf-Meter-Schwachstromkabel, zweiadrig
Womo-Pfannenknecht

Sogar Günther, der nun wirklich immer alles bis ins letzte Detail durchplant, war irritiert. »Die machen ja ganz andere Reisen als wir. Ich glaub, wir können das ignorieren.«

Sonntag, 22. April, noch neun Tage bis zur Abfahrt

Großer Gott, das ist jetzt wirklich privat. Aber ich muss immer noch dran denken, dass wir im »Womo« nicht groß machen dürfen. Ich glaube, Günther belastet das auch. Bilde mir ein, dass er irgendwie verstört dreinschaut, wenn er auf die Toilette geht. Unter uns: Man sitzt ganz anders, wenn man weiß, dass man bald nicht mehr darf. Sobald ich im Bad bin, habe ich das Lied »Abschied tut weh« von Vicky Leandros im Kopf.

Montag, 23. April, noch acht Tage bis zur Abfahrt

E-Mail von Julia bekommen:
»Hallo ihr zwei, guckt mal, das hat mir Lars bzgl. der Reiseapotheke geschrieben. Ich leite euch das mal weiter. Ist doch nett, dass er sich so viel Mühe gegeben hat, oder?!

›Liebe Julia, wie schön, von dir zu hören! Ich hoffe, es geht dir gut. Das freut mich ja, dass deine Eltern verreisen. Ich habe ein paar Basics zusammengestellt. Sie können sich auch gerne melden, wenn sie noch Fragen haben. Oder du meldest dich und richtest es ihnen aus. Ich freue mich, wenn ich euch helfen kann. Liebe Grüße, Lars.

Hier meine Vorschläge:

- Pflaster
- Blasenpflaster
- Schmerztabletten
- Wundspray
- Insektenschutzmittel
- Fieberthermometer
- Wund- & Heilsalbe
- Nasenspray
- Halstabletten
- Hustensaft
- Magnesium
- 2x Augentropfen (f. Bindehautentzündung u. gegen trockene Augen)
- entzündungshemmende Ohrentropfen
- antibakterielle Mundspüllösung

- Elektrolyte
- Hefetabletten gegen Durchfall
- Mittel gegen Erbrechen
- Breitbandantibiotikum (verschreiben lassen!)
- Antihistaminikum gegen allergische Reaktionen
- Tiger-Balm
- Pinzette
- Desinfektionsspray und -tücher
- sterile Pads und Handschuhe
- Dreiecktuch
- Wundverband
- Mullbinde & Verbandsklammern
- Mittel zur Wasserentkeimung‹«

Es gibt jetzt zwei Möglichkeiten:

1. Dr. Friedrichsen glaubt, dass wir eine jahrelange Weltreise machen wollen.

2. Er hat nur so viel aufgeführt, um wieder mehr Kontakt zu Julia zu bekommen. Aber Medikamente als Symbol für eine amouröse Annäherung? Darauf kann auch nur ein Arzt kommen!

Dienstag, 24. April, noch sieben Tage bis zur Abfahrt

Großes Vorpacken. Wir haben schon mal alle Sachen rausgelegt, die wir mitnehmen wollen.

Günther auf seiner Betthälfte, ich auf meiner.

Wenn sich jetzt jemand unsere zwei Stapel angucken würde, würde er nie im Leben draufkommen, dass da zwei Leute für exakt denselben Urlaub gepackt haben.

Günthers Motto scheint zu sein: »Praktisch, praktischer, Wohnmobil«. Ich sehe drei Paar Socken (für zwei Wochen???), einen Mini-Haufen Unterhosen (für zwei Wochen???), unkomplizierte T-Shirts (auch nicht viele, wie bitte will er damit auskommen?!), eine Shorts, zwei Fleecejacken, eine Regenjacke, einen Schlafanzug und Badelatschen.

Er scheint einer dieser Waldmenschen werden zu wollen, die jahrelang ein und dieselbe Klamotte tragen und dann davon bei *Stern TV* erzählen.

So fassungslos ich auf seinen Haufen starre, so entgeistert sieht er auf meinen ... nun ja ... vielleicht doch etwas größeren Berg.

Ich weiß, wir sind nur drei Wochen unterwegs. Aber da ich a) im Urlaub nicht schlimmer rumlaufen möchte als zu Hause und wir b) nach Italien fahren (jeder weiß, dass die Italiener die elegantesten Menschen auf dieser Erde sind!), hatte ich eine etwas andere Packphilosophie. Habe mich für vier Seidenblusen entschieden (sehen schick aus und kühlen, wenn es sehr warm wird), zwei Röcke (A-Linie und Bleistift), mehrere Oberteile, die ich dazu kombinieren kann, einen Blazer, zwei Kleider (sommerlich und festlich) und zwei Paar hohe Schuhe (wir fahren nach ITALIEN!). Dazu kommen noch ein paar praktische Teile, die ich ja vor allem nur im Wohnmobil tragen werde: Schlafanzug (die blaue Schlumpfhose aus meinem Traum kommt mit), eine Shorts, eine Jogginghose (für abends) und Badelatschen (für die öffentlichen Duschen, mir graut jetzt schon davor).

»Ach, Rosa«, seufzt Günther. »Wie sollen wir das denn alles mitkriegen? Wir sind in einem WOHNMOBIL!«

»Du hast doch gesagt, dass wir Hängeschränke haben.«

»Ja. Ein paar.«

»Ich habe mich doch schon reduziert.«

»Wir fahren auf einen Campingplatz!«

»Ja, aber nach Italien!«

Kurz: ein Urlaub – zwei Meinungen. Abbruch der Verhandlungen. Kamen auf keinen grünen Zweig mehr.

Abends

Konnte Günther bequatschen, zumindest *ein* gutes Hemd mitzunehmen.

Günther hat mich bequatscht, meine alte Fleecejacke mitzunehmen. Gewinnt zwar keinen Schönheitspreis, aber damit sieht mich ja keiner. Werde sie nur im Womo tragen. Rest kommt komplett mit! Ha!

Donnerstag, 26. April, noch fünf Tage bis zur Abfahrt

Packen, die Zweite: Haben Geschirr und »Womo-Kram«, wie Günther es nennt, rausgelegt. Ich glaube zwar nicht, dass wir jemals auf diesem Mini-Gaskocher irgendwas zubereiten werden (wir fahren nach ITALIEN!), aber ich habe nichts gesagt, als Günther mehrere Pfannen und Töpfe zusammengestellt hat. Zusammen mit Besteck, Kaffeezubehör und einer ersten Lebensmittelration haben wir zwei große Plastikboxen von Ikea voll bekommen. Günther hat doch tatsächlich drei Dosen Ravioli eingepackt. Essen wir nie. Ich glaube, er meint das ironisch.

Freitag, 27. April, noch vier Tage bis zur Abfahrt

O Gott. Vier Tage bis zur Abfahrt?!?!?!?!?!?!?!?

Samstag, 28. April, noch drei Tage bis zur Abfahrt

Ute und Wolfgang und Kurt und Irene waren zum Abendessen da. Der ganze Abend stand unter dem Motto unserer bevorstehenden Reise. Wir hatten italienischen Rotwein gekauft und kleine Schnittchen zubereitet; in jedes hatten wir Fähnchen aus den Ländern gesteckt, durch die wir reisen: Deutschland, Schweiz, Österreich und Italien. »Köstlich! So stell ich mir das Essen auf dem G9-Gipfel vor«, kicherte Irene.

Als Gastgeschenk überreichten uns die vier ein Miniaturwohnmobil. Ute stupste mich an.

»Man kann hinten sogar die Tür aufmachen.«

Mit den Fingerspitzen gelang es mir, den winzigen Griff zu fassen zu bekommen. Zum Vorschein kamen mehrere Geldscheine, die auf Kleinstformat zusammengefaltet im Innern des Mobils lagen.

»Ein kleiner Zuschuss zur Reisekasse«, sagte Wolfgang. »Nicht, dass ihr euch von Dosenravioli ernährt.« Alle lachten, und Günther wurde rot.

Der Abend wurde nett und lang.

Doch irgendwann kamen wir auf das scheinbar harmlose Thema »Reisekleidung« zu sprechen – und darauf, dass weder Günther noch ich eine Trekkinghose besitzen.

»Waaaaaassss?«, rief Irene und schlug sich entgeistert die Hände vor den Mund. »Die braucht ihr doch!!!« (Nur für den Fall, dass ich mich wiederhole: Irene ist diejenige, die vor Patagonien noch nicht einmal in den Harz gefahren ist.)

»Und was bitte wollt ihr dann tragen?«

»Na ja, normale Hosen«, sagte Günther. »Wir gehen doch auch überhaupt nicht wandern, Irene!«

»Keine Funktionsware …«, sagte Irene tonlos und kippte vor lauter Schreck den Rest in ihrem Weinglas auf ex runter.

Nachdem auch Kurt (der Kurt, der vor Patagonien noch nicht einmal … ommmm … lassen wir das) ein flammendes Plädoyer für Trekkinghosen gehalten hatte, entwickelte sich zwischen ihm und Irene ein absurder Streit über das Modell, das wir uns bitte lieber gestern als morgen hätten zulegen sollen.

Irene: »Ich würde den beiden diese braune empfehlen, die ich im versteinerten Wald anhatte, weißt du noch?«

Kurt: »War die nicht aus Softshell?«

Irene: »Ja, genau.«

Kurt: »Ausgerechnet *die* würde ich ja nun nicht nehmen.«

Irene: »Hast du jetzt etwas gegen Softshell? Die Hose war doch klasse! Hat nicht einen Windstoß durchgelassen.«

Kurt: »Die brauchen doch eher was mit UV-Schutz. Ich hatte doch diese dunkelblaue, die war gut.« Und an uns gewandt: »Ich such nachher den Hersteller raus und schick euch die Artikelnummer.«

Irene: »Die dunkelblaue? Da konnte man doch nicht einmal unten die Beinweite verstellen. Das war ja gar keine richtige Trekkinghose!«

Kurt: »Natürlich!«

Irene: »Überleg doch mal, die beiden fangen ja ganz bei null an. Da würde ich doch die braune nehmen, die ist auch wasserabweisend. Die dunkelblaue war doch viel zu simpel.«

Kurt: »Bei dir piept's wohl. Das war die beste! An den Knien hatte die auch noch diese Extrapartien.«

Irene: »Aber meine braune war doch viel robuster. Weißt du noch, wie wir durch dieses Gestrüpp gelaufen sind?«

Kurt: »Ja, weiß ich. Vor allem weiß ich, dass du hinterher gejammert hast, weil sie unten offen war und deine Knöchel voller Striemen waren. Meine hat dagegen einen Tunnelzug!«

Während sich die beiden ernsthaft zofften, sah ich, wie es in Günther arbeitete. Konnte förmlich in seinen Kopf hören: »Brauchen wir etwa doch Trekkinghosen???«

Ute moderierte die Diskussion schließlich galant ab. »Die zwei Abenteurer hier werden den Tatort Campingplatz wohl auch in Baumwolle überstehen«, sagte sie und lachte.

Haben uns dann noch bis in die Puppen über Gott und die Welt unterhalten (außer über das Thema Trekkinghosen), bis die zwei angehenden Abenteurer ziemlich k.o. in ihr Bett fielen. Vorletzte Nacht auf einer Sieben-Zonen-Komfort-Matratze. Die Tage im Paradies sind gezählt.

Montag, 30. April, noch 1 Tag bis zur Abfahrt

Was für ein stressiger Tag. Günther war morgens in der Stadt und hat ein kleines Vermögen für eine Trekkinghose und eine Trekking-Shorts ausgegeben. Beide haben überall furchtbar viele kleine Taschen und Reißverschlüsse. Der Verkäufer habe gesagt, dass man damit – O-Ton – »für jedes Gelände« gerüstet ist. Ich glaube, Günther hat ihm verschwiegen, dass wir auf einen Campingplatz am Gardasee fahren.

Nach dem Mittagessen ins Heim gefahren und uns von Tante Lotti und Wilhelm Reinke verabschiedet. Wilhelm Reinke hat sieben Strophen von dem Gedicht »Der frohe Wandersmann« von Eichendorff rezitiert, und Tante Lotti hat vor Rührung geweint.

Danach noch im Computerclub gewesen und Tschüss gesagt. Haben so eine Stange geschenkt bekommen (sieht aus wie ein kleiner Golfschläger), an der man das Handy anbringen kann, um Fotos zu schießen. Himmel, wir werden cool!

Abends dann Ute und Wolfgang unseren Zweitschlüssel vorbeigebracht und einen genauen Plan, welche Blume wann gegossen werden soll. Kurz panisch geworden, weil Ute mich veräppelt hat. »Jaja, Rosa, ich hab's verstanden: Wichtig ist, dass ich die Orchideen mindestens dreimal am Tag ordentlich gieße.«

Jetzt gerade mit letzter Kraft aufs Sofa geschleppt. Die letzten Minuten ausspannen. Beine hochlegen.

Morgen geht's los.
Um Hape Kerkeling zu zitieren: Wir sind dann mal weg.

Zwei Stunden später

Zufälliger Blick aufs Etikett von Günthers neuer Hose geworfen: Sie heißt »Nordwand Pro«. Ohne Worte.

MAI

Limoncello auf vier Rädern

Dienstag, 1. Mai

Es ist 23 Uhr. Wir stehen mit unserem Wohnmobil auf einem dunklen Parkplatz irgendwo in einem Industriegebiet in Süddeutschland. Ich denke viel an die Kreuzfahrt und Günther an Silvias und Volkers Rat: Fahrt nicht zu spät auf einen neuen Platz. Und wahrscheinlich teilen wir beide diesen Gedanken: Ist das unser Urlaub?

Dabei fing der Tag genau nach Plan an. Um Punkt 12 Uhr erreichten wir die Hymer-Zentrale, wo wir unseren Wagen in Empfang nehmen sollten. Schon am Ortseingang zeigten uns riesige Schilder den Weg dorthin, andere führten ins hauseigene Museum. Der ganze Ort schien von der Firma bepflastert zu sein, oder wie Günther es ausdrückte: »Hier sind Profis am Werk.« Sobald wir auf der Straße ein Wohnmobil oder augenscheinlich Camper sahen, zwickte er mich voller Vorfreude in die Seite, also ziemlich oft. Nachdem wir unser Auto auf dem großen Parkplatz abgestellt hatten, folgten wir den Menschenmassen Richtung Ausstellungshalle. Plötzlich waren wir Teil einer Bewegung.

Die Halle war gefühlt so groß wie mehrere Fußballfelder zusammen. In Reih und Glied standen Wohnmobile, riesige und nicht ganz so riesige. Alles blitzte und blinkte.

Dazwischen liefen – dass Menschen mal so klein aussehen können – interessierte Besucher. Einige hielten Verkaufsbroschüren in den Händen, viele hatten dieses mysteriöse Funkeln von Günther in den Augen – und alle staunten. Bis auf mich. Ich meine, die Mobile waren auf jeden Fall eindrucksvoll, aber wenn es nach mir ging, eindeutig *zu* eindrucksvoll. So langsam wurde mir bewusst, dass es ernst wurde. Worauf hatten wir uns bloß eingelassen? »Wir gehen campen«, das sagt sich so leicht. Aber dass es dann bedeutet, ganz konkret dieses Gefährt durch Europa zu schiffen und währenddessen nicht groß machen zu dürfen (der Gedanke lässt mich nicht los) – vielleicht hätte es eine Pauschalreise ja doch anstatt dieser Schnapsidee von Urlaubswette getan.

Während ich noch darüber sinnierte, was wir uns alles mit Griechenland-all-inclusive hätten ersparen können, wurde Günther neben mir plötzlich ganz aufgeregt. »Da drüben!« Er zeigte auf einen Serviceschalter auf der linken Seite, an dem reges Treiben herrschte. Wahrscheinlich war das der Umschlagplatz für große Träume (Günther) bzw. Albträume (ich). Wir sahen, wie Paare Schlüssel abgaben, andere Verträge unterschrieben und wieder andere in einer langen Schlange auf den großen Moment warteten. Wir reihten uns brav ein. Und nach einer halben Stunde konnte Günther endlich die befreienden sechs Worte sprechen: »Schmidt. Wir haben ein Wohnmobil reserviert.«

Danach ging alles ganz schnell – zumindest der Beginn. Uns wurde ein Einweiser zur Seite gestellt, der uns das Mobil erklären sollte. »Dann kommen Sie mal mit«, sagte er und bewaffnete sich mit einem Klemmbrett, das mit Ach und Krach etwa geschätzt 30 eng beschriebene Seiten zusammenhielt.

»Und das sollen wir jetzt wohl alles lernen«, sagte ich und zeigte grinsend aufs Klemmbrett. (Sollte ein Scherz sein.)

Doch der Hymer-Mann verzog keine Miene, sondern nickte ernst: »Ja, genau!«

Die Einführung begann mit Dingen, die ich mir mit ein bisschen Übung auch noch zugetraut hätte. Er zeigte uns, wie man das Bett ausklappt, wie man die Leiter ansteckt, um in das Faltdach klettern zu können, und wie man den Fahrersitz umdreht, damit man am Tisch sitzen kann. Machbar.

Dann aber kam der technische Teil. Und der Albtraum begann. Da war der Frischwassertank, der Abwassertank, die Batterie hinten mit vier Anzeigen, die Wasserpumpe für die Spüle und Toilette, links das Gassteuergerät. Warmwasser und Heizung im Winterbetrieb oder nur Warmwasser im Sommerbetrieb. Hauptsicherungskasten unter dem Sitz. Ich gestehe, dass ich irgendwann nur noch Bruchstücke aufschnappte. Wasser an der Spüle entlüften, Eco-Betrieb, Boost für irgendwas. Von Anfang an hatte ich mit Blick auf diese ganze Reise schwarzgesehen. Nun sah ich schwärzer. Einen VW Golf mit fünf Gängen beherrschen wir. War das hier nicht alles eine Nummer zu groß? Überall gab es Schalter, Leitungen, Hebel – mir wurde ganz schwindelig. Das war ja ein reines Höllenfahrtskommando, uns damit über die Alpen zu schicken!

Der Einweiser sprach am Anfang höflicherweise noch uns beide an, doch nachdem ich etwa 20 Mal hintereinander zu Günther »Merkst du dir das?« gesagt hatte, war ich raus. Ganz offen hieß es jetzt: »Herr Schmidt, gucken Sie mal, hier entlüften Sie das Wasser. Wichtig ist, dass Sie es richtig gut durchziehen lassen.« Günther hörte interessiert zu und vergewisserte sich in regelmäßigen Abständen – einmal Streber, immer Streber –, ob er auch alles verstanden habe: »Dann geht der Herd also nur an, wenn die Bordbatterie aktiviert ist, oder?« Der Einweiser lobte ihn prompt. »Ja, genau richtig, Herr Schmidt, super!«

Kurz: zwei Ingenieure und ein Auto – und die Ehefrau als fünftes Rad am Wagen.

Da ich merkte, dass ich hier keine große Hilfe mehr sein würde, setzte ich mich ab. Neben dem Eingang zur Ausstellungshalle hatte ich einen Imbisswagen mit Schupfnudeln entdeckt. Und was könnte es Besseres als Einstimmung auf den Urlaub im Süden geben?!

Ich tippte Günther auf die Schultern, der gerade auf Knien neben dem Einweiser vor den Gasflaschen hockte. »Ich bin mal da hinten«, flüsterte ich, doch Günther brummte geistesabwesend nur »Mmh«.

Fünf Minuten später ließ ich mir an einem Stehtisch mit Plastikdecke leckere Schupfnudeln mit extra vielen Röstzwiebeln schmecken. Wenn schon, denn schon. Aus sicherer Entfernung beobachtete ich Günther und den Einweiser, die gerade das Wohnmobil von außen inspizierten. Der Einweiser machte überall kleine Klappen auf, redete ununterbrochen, und Günther nickte hoch konzentriert. Das soll er sich mal alles schön merken, dachte ich und musste grinsen. Ich merke mir dafür, um welche Uhrzeit das Captain's Dinner anfängt. Hihi. Ich glaube, dass Günther auch nicht damit gerechnet hatte, dass ein Wohnmobil so komplex ist. Sah, wie er sich den Schweiß von der Stirn wischte und ein wenig angestrengt wirkte.

Geschlagene 50 Minuten später (hatte mich inzwischen auf der Bierbank niedergelassen und war zwischenzeitlich zu dem Schluss gekommen, dass diese Einweisung nieeeemals enden würde), kam mir Günther entgegen. In seiner rechten Hand hielt er den Wagenschlüssel und ließ ihn wie in einer Werbung für schlüsselfertige Häuser in der Luft baumeln.

»Schau mal, was ich hier habe«, rief er. »Ich würde sagen …« Er imitierte einen Tusch. »Ready for take off!«

»Günther Schmidt, ich kenne dich jetzt seit 43 Jahren. Das hast du noch nie gesagt!«

»Einmal ist immer das erste Mal«, flötete er und hielt mir den Schlüssel direkt vor die Nase. »Genau wie das Abenteuer hier!« Er strahlte über das ganze Gesicht. Ich glaube, er freute sich wirklich.

»Los, komm, wir können beladen!«

Wenn man das Wort »beladen« hört, denkt man ja zwangsläufig an riesige Ladeflächen, an Schiffscontainer oder Lkws. Meinetwegen auch an richtige Hängeschränke, die mir ja auch von Günther versprochen wurden. Nicht aber an diese »Schränkchen«. Fassungslos starrte ich auf die sechs Mini-Kästchen (blöd, wenn man ständig »-chen« schreiben muss), in die wir nun ernsthaft drei Wochen Italien reinbekommen sollten. Obwohl Günther sofort großzügig die Aufteilung zwei für ihn und vier für mich vorschlug, hatte ich … nun … äh … doch eher für andere Ausmaße gepackt. Die folgende Stunde versuchte ich, meinen riesigen Reisekoffer in vier kleine Schränkchen aufzulösen. Es war wie bei diesem Holzspielzeug für Kleinkinder, mit dem sie die verschiedenen Formen lernen sollen.

Wie oft hat man schon ein Kind gesehen, das voller Ausdauer versucht, ein Dreieck in ein kreisrundes Loch zu bekommen? Man fragt sich ja immer, ob die geistigen Fähigkeiten in dem Alter wirklich so schlecht sind. Jetzt weiß ich genau, wie sie sich fühlen: Sie merken zwar, das wird nix, aber sie wollen es einfach nicht wahrhaben.

Das Gleiche bei mir: Ich sah ein, dass vier Seidenblusen, zwei Röcke, mehrere Oberteile, ein Blazer, zwei Kleider, zwei Paar hohe Schuhe, der Schlafanzug, die Shorts, die Jogginghose und die Badelatschen nicht in Einklang mit der Realität zu bringen waren. Aber was nicht passt, wird passend gemacht, dachte ich – und stopfte los. Am Anfang hatte ich noch den Anspruch, meine sorgfältig zusammengelegten Sachen ordentlich in die Fächer zu legen. Doch auf diese Art und Weise kam ich nicht weit. Während ich also versuchte, wie David Copperfield durch telepathische Fähigkeiten Räume zu vergrößern, gab Günther seine beliebtesten Sprüche noch einmal zum Besten: »Ich hab's dir gleich gesagt. Wir haben nicht so viel Platz.« »Wir campen, Rosa! Cam-pen!« »Das wird keine Modenschau.« »Alle sind da praktisch angezogen.«

»Aber wir fahren nach Italien!!!«, rief ich verzweifelt und krumpelte meine teuerste Seidenbluse irgendwie noch in das letzte Fach rein.

Als alles verstaut war, hatten wir auf jeden Fall schon ordentlich Verspätung – und waren beide mit den Nerven am Ende. Wir setzten uns ins Fahrerhaus und das Abenteuer konnte beginnen. Theoretisch. Denn Günther bestand vorher darauf, mit einer Wetter-App die Aussichten zu checken.

»Mist … genau das wollte ich vermeiden«, sagte er nach einer Weile und starrte zerknirscht auf sein Handy.

»Was ist denn?«

»Nachher zieht ein Unwetter auf, mit Regen und Gewitter.« Er sah mich vorwurfsvoll an. »Genau das wollte ich vermeiden.«

»Das sagtest du schon.«

»Ich will nicht im Regen fahren. Wirklich nicht. Wir kennen das Mobil noch nicht, und ich hatte die Strecke so gut berechnet.« Er sah mich wieder an. »Genau das wollte ich vermeiden.«

»Das sagtest du ...«

Bevor wir uns noch weiter im Kreis drehen konnten, entdeckten wir unseren Einweiser, der gerade einem anderen Paar ein noch größeres Mobil erklärte. Das war bestimmt noch komplizierter zu bedienen als unseres. Die Armen, was es für Schicksale gibt.

»Ich frag mal, wie er die Sache einschätzt.« Günther und ich eilten rüber. »Wenn wir kurz stören dürfen ...«, sagte Günther in die Runde, und ich bildete mir ein, dass zumindest die Frau sehr erleichtert war, mal eine Verschnaufpause zu bekommen.

»Wir haben gesehen, dass später noch ein Unwetter aufziehen soll. Eigentlich wollten wir ja heute noch nach Südtirol ...«, sagte Günther. Doch er kam gar nicht weiter. Denn der Einweiser schüttelte sofort den Kopf. »Keine Chance.«

»Und nach Österreich?«

Der Einweiser schüttelte den Kopf zwar nicht mehr so vehement wie zuvor, aber es war eindeutig ein Schütteln. »Schwierig. Ich würde abraten.«

Lange Rede, kurzer Sinn: Wir fuhren noch etwa anderthalb Stunden über Landstraßen Richtung Süden und landeten schließlich auf dem Parkplatz hier im Nirgendwo.

Der Rest des Tages ist schnell erzählt: Günther krabbelt in sein Faltdach, ich lege mich aufs Bett im Heck. »Gute Nacht!«, rufe ich hoch. »Gute Nacht!«, ruft Günther runter. Mit einem brummenden Kühlschrank direkt neben mir und dem Gedanken an Schiffsstewards, goldene Handschuhe, Samtvorhänge und Five o'Clock Tea auf dem Oberdeck schlafe ich irgendwann ein.

Mittwoch, 2. Mai

11 Uhr

Immer noch auf dem Parkplatz. Bin zwar nachts gegen den brummenden Kühlschrank gerollt, aber ehrlich gesagt habe ich so tief und fest geschlafen wie seit Langem nicht mehr.

Günther sitzt im Fahrerhaus und hat auf dem Lenkrad, der gesamten Konsole und dem Beifahrersitz Landkarten und Notizblöcke verteilt. Lesebrille auf der Nase, Stift zwischen den Zähnen, um die Hände fürs Organisieren frei zu haben. Man könnte denken, Magellan plant seine Weltumsegelung. Dabei will ein Rentner aus Deutschland nur an den Gardasee.

Mehrfach hat er heute Morgen schon telefoniert. Ich glaube das Motto der Reise hat sich über Nacht von »Wir sind so frei und lassen uns treiben« zu »Wir planen doch lieber alles komplett durch« verändert.

»So, jetzt hab ich's«, sagt er nach einer Ewigkeit.

»Heute fahren wir durch Österreich und dann noch über den Brenner nach Südtirol. Bei Bozen gibt es einen kleinen Platz, wo ich schon angerufen habe und eine Parzelle für zwei Nächte reserviert habe. Damit haben wir die halbe Strecke geschafft und…«, er sieht auf die Uhr, »exakt übermorgen um diese Zeit sehen wir den See!«

»Und da hast du hoffentlich auch schon einen Platz reserviert«, sage ich und zwinkere. (Soll ein Scherz sein.)

»Exakt!« Günther strahlt. »Fünf Tage in Malcesine. Dann müssen wir nicht ständig umziehen, sondern kommen mal zur Ruhe.«

14 Uhr

Wie er mir gebeichtet hat, hat er auch nach Malcesine (ich sag immer Mandarine, hihi) schon einen neuen Platz gebucht. Damit ist unser Urlaub komplett durchgeplant. Wehe, wenn er später behauptet, bei der Kreuzfahrt würde ihm die Spontaneität fehlen.

15 Uhr

Gut, das ist jetzt schon schön. Wir sind irgendwo in Österreich, Berge, blauer Himmel, Kühe mit Glocken um den Hals. Schließe für einen kurzen Moment die Augen. Wenn ich mich nur stark genug konzentriere, schaffe ich es, mir einzubilden, dass Günther gleich sagt: »Noch zehn Minuten, dann haben wir unser kleines Wellnesshotel erreicht.«

16 Uhr

Jetzt müsste irgendwann der Brenner kommen. Günther hatte im Vorfeld jedem, der uns über den Weg lief, stolz erzählt, dass wir während unserer Campingreise auch über den Brenner fahren. Ich meine, das klingt ja auch eindrucksvoll: Wir fahren über den Brenner! Das ist schon eine Leistung à la: »Wir haben den Kilimandscharo bestiegen«. Das muss man sich erst einmal trauen, über den Brenner zu fahren. Dumm nur, dass wir das irgendwie gar nicht so richtig mitkriegen. Auf den Schildern steht zwar »Brenner«, aber streng genommen ist das lediglich eine Autobahn, die noch nicht einmal eine große Steigung hat. Zwanzig Minuten Verunsicherung. »Jetzt gleich kommt der Brenner.« »Sind wir schon drüber?« »Das ist doch Wahnsinn, dass wir über den Brenner fahren, oder?« »Wann kommt der denn?« »War der schon?« »Kann nicht sein.« »*Wir* fahren über den Brenner.« »Da kommt nichts mehr.« »Das war der.« »Meinst du?« »Wir fahren über den Brenner.« »Fahren wir zurück auch über den Brenner?« »War der schon?« »Nee.« »Das war's.« »Tatsache.« »Komisch.«

18 Uhr

Wir haben endlich unsere erste Miniheimat erreicht: einen kleinen Campingplatz in Südtirol. Nachdem wir zweimal an der Einfahrt vorbeigefahren sind, entdecken wir ihn schließlich in einer Kurve zwischen großen Bäumen. In einem kleinen Häuschen vor einer Schranke melden wir uns an, und eine nette ältere Frau bestätigt uns in gebrochenem Deutsch, dass ein »Signor Günther« einen Platz reserviert hat. Numero 135, dritte Reihe, vorletzte Parzelle hinten rechts.

Die Fahrt war doch anstrengender als gedacht, und ich erinnere mich wieder an Silvias und Volkers Worte: »Unterschätzt die Distanzen nicht.«

Gut, dass wir hier zwei Nächte haben, dann können wir uns ein wenig ausruhen. Vielleicht können wir morgen auch einen Tagesausflug nach Bozen machen, sind nur 30 Minuten mit dem Auto. Würde ich ja schon gerne sehen, wenn man schon mal hier ist.

Donnerstag, 3. Mai

9 Uhr

»Kinder, wie steht ihr denn hier? Ihr seid ja ganz schief! Habt ihr keine Keile dabei? Das müssen wir mal gerade machen. In dem Ding habt ihr geschlafen? Da wird einem doch ganz schwindlig im Wagen. Seid ihr nicht nach vorne gerollt? Hahaha, das kann ich ja gar nicht mit ansehen. Ach ja, ich bin der Achim.«

»Der Achim« ist der Mann von »der Marlene« – und unser Nachbar. Er steht an der kleinen Hecke, die uns von ihnen trennt, hat die Hände in die Hüften gestemmt und schüttelt immer wieder lachend den Kopf. »Das glaubt man ja nicht, Marlene, guck mal, nee, ich kann nicht mehr!« Weder Günther noch ich finden, dass unser Mobil sonderlich schief steht, aber Achim ist offensichtlich anderer Meinung.

9.15 Uhr

Haben Achim gesagt, dass dies unsere erste Tour mit dem Wohnmobil ist und erst unsere zweite Nacht. Jetzt ergebe alles einen Sinn, lachte Achim. Achim lacht viel. Weiß nicht, was er mit »alles« meint.

10 Uhr

Achim hat mehrere Leute zusammengetrommelt, um den Plan »Günthers und Rosas Wohnmobil soll gerade stehen« in die Tat umzusetzen. In unserer Heckklappe findet Günther zwar gelbe Plastikkeile, aber Achim sagt, dass man mit denen »nicht so gut arbeiten« kann. Der Nachbar von gegenüber (Name vergessen) findet unsere Auffahrkeile gut. Achim besteht auf Stufenkeile. Die er auch gerade benutzt und uns deswegen leider nicht leihen kann. Achim schnauft ratlos. »Nun lass sie doch die Auffahrkeile nehmen«, sagt der Nachbar von gegenüber. Bekommt Schützenhilfe von einem anderen Mann, der hinzugekommen ist. »Gegen die Auffahrkeile ist nichts zu sagen.« Achim entrüstet: »Auf Stufenkeile kannste doch viel besser fahren.« Drei fremde Männer diskutieren inzwischen über unsere gelben Auffahrkeile, und Achim sagt zu Günther beziehungsweise mehr zu sich selbst: »Mensch, was machen wir denn jetzt?« Günther, der das Problem ja gar nicht sieht (auch nach mehrfachem Begutachten finden wir beide nach wie vor, dass das Mobil gar nicht schief steht), schweigt ratlos. Achim interpretiert Günthers Schweigen so, dass Günther der Verzweiflung nahe ist, denn er klopft ihm aufmunternd auf die Schulter. »Mach dir keinen Kopf. Wir finden schon eine Lösung!«

10.23 Uhr

Achim ruft plötzlich: »Hat Dieter nicht noch welche?« Stapft, ohne eine Antwort abzuwarten, mit großen Schritten davon.

10.45 Uhr

Achim ist zurück. Mit einem kleinen, dicken Mann an der Seite, der Dieter sein muss. Jeder trägt zwei blaue Auffahrkeile (sehen unseren verdächtig ähnlich).

»Ich kann euch die Dinger leihen«, sagt Dieter zu uns. »Es kommt aber drauf an, wie lange ihr bleibt.«

»Nur noch eine Nacht«, sagt Günther, und Achim ballt die Faust. »Yes!«

»Dann geht das«, sagt Dieter und drückt uns die Keile in die Hand.

10.55 Uhr

Ein junger Mann kommt mit aufblasbaren Keilen rübergerannt. »Ich hab hier noch die Flat-Jack. Ganz neu. Würd' supergerne mal sehen, was die so taugen.«

11.10 Uhr

»Stopp, zurück, leicht nach rechts, nein, stopp, noch weiter nach rechts, nein, das ist zu weit, stopp, zurück, jaaaa, Lenkrad jetzt gerade, geradeee, nein, weiter nach links, einschlagen, einschlagen, ja, jetzt sieht's gut aus, und vor, vor, vor, ja, nicht zu weit, stopppp, vorsichtig.« Das Auffahren auf Dieters Stufenkeile entpuppt sich als eine Wette bei *Wetten, dass …?* Achim und die anderen schreien auf Günther ein, der schwitzend hinter dem Lenkrad sitzt. Ich bin mir sicher, dass gleich Thomas Gottschalk um die Ecke kommt und die Telefonnummer durchgibt, unter der man Günther zum Wettkönig küren kann.

Danach das ganze Prozedere »zum Spaß« mit den aufblasbaren Keilen von dem jungen Mann. (Einhellige Meinung der Umstehenden: Ist eine Alternative, kann man mal ausprobieren.) Danach wieder zurückgerollt und wieder auf die von Dieter. Günther inzwischen vollkommen schweißgebadet und ich sehe unauffällig auf die Uhr. Na ja, man muss ja auch nicht den ganzen Tag einen Ausflug machen.

12 Uhr

Uns fällt auf, dass wir noch gar keinen Strom angeschlossen haben.

12.15 Uhr

Unser Verlängerungskabel, das wir in einer weiteren Klappe im Heck finden, reicht nicht bis zur nächsten Steckdose. »Mensch Kinder, mit euch macht man was mit!«, sagt Achim und stapft wieder von dannen.

Gucke wieder auf die Uhr. Na ja, dann fahren wir eben am Nachmittag nach Bozen.

13 Uhr

Achim ist zurück. »Das war schwierig.« Er drückt uns aber ein Verlängerungskabel in die Hand. »Das ist jetzt das von Thomas. Der hat das von Mark, aber weil die heute schon wieder losfahren, haben wir es umgesteckt und das von Uwe genommen. Der hatte seins von Dieter geliehen, aber er sagt ihm Bescheid, dass er es jetzt an Thomas gibt.«

Der Ausdruck »nur Bahnhof verstehen« nimmt eine ganz neue Dimension an.

»Und wem geben wir das morgen zurück?«, frage ich schließlich verdattert.

»Drückt es einfach mir in die Hand. Ich regel das dann.«

Auf Achim ist Verlass.

14 Uhr

Achim ruft über die Hecke. »Frischwasser habt ihr aber schon?«

Frischwasser? Ist das nicht schon in dem Ding drin? Günther und ich sehen uns an.

Weil wir nicht sofort »Ja klaaaar« rufen, kommt Achim rüber. »Das ist jetzt nicht euer Ernst. Leute, das war, wie nennt man das, eine rhe-tho-rische Frage.« Er lacht und schüttelt den Kopf. Immer abwechselnd. »Ihr habt wirklich kein Frischwasser? Na, dann kommt mal mit.«

Mit dem Ausflug könnte es wohl knapp werden.

15 Uhr

Damit Günther nicht wieder von Dieters Auffahrkeilen fahren muss (eigentlich müssten wir mit dem Mobil an die Frischwasserstation ranfahren), drückt Achim ihm eine Gießkanne in die Hand. »Dann müssen wir jetzt ein paarmal laufen.«

Mit dem Ausflug wird das wohl nichts mehr.

16 Uhr

Zum dritten Mal Handkehrer von Marlene geliehen. Man schleppt permanent Gras, Staub und Schmutz in den Wagen ein. Warum haben wir so ein Ding eigentlich nicht mitgenommen? Das dürfen Silvia und Volker nie erfahren!

18 Uhr

Hunger. Günther studiert die Checkliste, wie man den Herd anmacht. Zum ersten Mal Gasflaschen anwerfen. Angespannte Stimmung. Günther will Achim nicht fragen. »Das ziehen wir jetzt allein durch.«

18.30 Uhr

Günther hat tatsächlich den Herd anbekommen. Ich rechne zwar fest damit, dass wir jeden Moment in die Luft fliegen, aber die Dosenravioli blubbern unbeschwert vor sich hin.

19 Uhr

Sitzen vor dem Mobil, haben uns ein Bier aufgemacht und essen die Ravioli. Schmecken hervorragend. Das haben wir uns nach diesem Tag aber auch verdient!

»Gut, dass wir keinen Ausflug gemacht haben«, sagt Günther. »Hätten wir ja gar nicht geschafft.«

Ausflug? Welcher Ausflug?

Freitag, 4. Mai

8 Uhr

Wieder hervorragend geschlafen. Sage aber Günther nichts. Nicht, dass er sich schon zum Sieger unserer Urlaubswette kürt.

9 Uhr

Große Verabschiedungszeremonie von Marlene und Achim, als hätten wir eine jahrelange Freundschaft aufgebaut. Telefonnummern und Adressen ausgetauscht. »Mensch Kinder«, sagt Achim, während wir einpacken. »Kann man euch denn überhaupt allein lassen?« Wir fahren zum Ausgang, und die beiden laufen neben uns her. Bis ganz hoch zur Schranke. Winken, bis sie nicht mehr zu sehen sind. Gänsehaut. Solche Szenen kennt man sonst nur aus *Rosamunde Pilcher*.

12 Uhr

Gerade haben wir unseren Platz in Mandarine am Gardasee erreicht. (Günther macht es wahnsinnig, dass ich immer »Mandarine« sage. »Mal-ce-si-ne« verbessert er mich jedes Mal aufs Neue.)

Von »Alleinsein« kann keine Rede sein. Denn kaum haben wir geparkt, sind wir schon wieder von kontaktfreudigen Menschen ohne Nachnamen umringt (ich glaube inzwischen, Camper haben gar keine!). Links von uns stehen Ingrid und Klaus, ein nettes Ehepaar in unserem Alter aus Duisburg. Seit geschlagenen 34 Jahren stehen sie auf diesem Platz, und seit geschlagenen 16 Jahren in genau dieser Parzelle. »Nein!«, rufe ich, woraufhin Ingrid rot wird. Die Lokalpresse hat wohl auch schon über sie berichtet. Nach dem Hautton von Klaus – tiefstbraun – zu urteilen, könnte man meinen, sie stehen seit 34 Jahren durchgehend hier, aber sie schwören, dass es jedes Jahr nur fünf Wochen im Sommer sind.

Auf der anderen Seite stehen Sascha und Claudia mit drei Kindern (Anton fährt Fahrrad auf dem Schotterweg, Jolina sitzt breitbeinig auf dem Boden und spielt mit einem Bratenwender, drittes Kind nicht zu sehen). Sie haben ein viel kleineres Mobil als wir (die müssen sich doch stapeln da drin!), und prompt habe ich ein schlechtes Gewissen, weil ich mit vier Schränkchen nicht ausgekommen bin. Ob der Camper-Knigge wohl empfiehlt, dass der mit dem größeren Mobil dem mit dem kleineren anbietet, noch was für ihn zu verstauen? Großer Gott, dann haben wir ein Problem. Obwohl sich die Frage wahrscheinlich erübrigt hat. Die Hecken zwischen den Parzellen sind so niedrig, dass die Stellplätze streng genommen gar nicht voneinander abgetrennt sind, sondern wir zu dritt eine große Kommune bilden. Meins, deins? Eher unser!

12.30 Uhr

Wir können für etwa eine halbe Stunde den Eindruck aufrechterhalten, absolute Campingprofis zu sein.

- Günther begutachtet unseren Wagen und sagt extralaut: »Hoho, hinten links könnte das Rad wohl einen Keil gebrauchen.« Klaus hat mit einem Schritt das Heckchen überwunden und geht fachmännisch einmal um das Mobil herum. Dann sagt er zu Günther: »Da hat jemand aber ein gutes Auge! Ich würd auch sagen: Dann bocken wir den Hintern mal auf.« Er lacht, Günther zuckt kurz, lacht dann aber abgeklärt mit.
- Günther schließt den Strom an. Unser Verlängerungskabel reicht bis zur Steckdose. Habe wieder Gänsehaut. Es klappt gerade wirklich alles.
- Günther sagt zu Klaus: »Du, Klaus, Thema Frischwasser.« Klaus erklärt uns, wo die Station ist. »Hundert Liter für einen Euro. Einfach Schlauch anschließen und dann gib ihm!« Wollen morgen zusammen hochfahren. Beide sind sich einig, dass es heute »zu stressig« wäre.

13 Uhr

Unsere Fassade fängt an zu bröckeln. Ich muss mir bei Claudia einen Handkehrer leihen, weil der Wagen schon wieder so staubig ist, und Claudia fragt: »Habt ihr etwa keinen mit?« Günther muss Klaus fragen, warum das Licht im Wagen nicht angeht. Klaus guckt nach, ob ein Schalter in so einem Kasten gekippt ist. Ist er nicht. »Na, das muss ja sein, sonst läuft ja nichts.« Er runzelt misstrauisch die Stirn.

13.30 Uhr

Die zwei Hochstapler wurden enttarnt. Sascha fragt: »Wie oft seid ihr eigentlich unterwegs?« Haben wahrheitsgemäß geantwortet.

14 Uhr

Irgendwie ist es auch eine Art Befreiung, denn wir können jetzt ganz offen fragen, wie das hier alles so funktioniert. Claudia erklärt uns in aller Ruhe, wo die Abwaschhäuser sind (hatte mich ehrlich gesagt schon gefragt, wie man im Wagen abwaschen soll), wo die Duschhäuser sind (mir graut davor) und wo die Toiletten sind. »Haus Nummer 13 hinter dem Kiosk, ist diesen Sommer renoviert worden. Man läuft zwar ein wenig weiter, aber der Weg lohnt sich. Ich meine, ihr habt ja auch bestimmt den Deal, nicht drinnen das große Geschäft zu machen, oder?«, sagt sie, ohne mit der Wimper zu zucken. »Ja klar«, sage ich schnell, befürchte aber, meine Gesichtszüge nicht so ganz unter Kontrolle zu haben.

»Stimmt's«, sagt sie und nimmt Jolina auf den Schoß. »Wir machen nicht Kacka im Wagen, ne?« Jolina grinst und fängt an zu lachen. Wie ein Rasenmäher, den man anwirft, kommt sie langsam in Fahrt. »Nich kackackacka, nich kackacka, nicht kackackacka«, wiederholt sie immer wieder und kann sich nicht mehr einkriegen vor Lachen.

»Ach ja«, sagt Claudia. »Jolina macht manchmal Pipi in diese kleine Hecke bei euch hinten.« Sie kitzelt Jolina in die Seite. »Obwohl diese junge Dame weiß, dass man das nicht machen soll, ne?« Jolina fängt wieder an hysterisch zu lachen. »Das ist nämlich gar nicht gut«, sagt Claudia gespielt streng, und Jolina prustet immer wieder: »Ganichgut, ganichgut, ganichgut, ganichgut.«

Während ich mir noch die Frage stelle, warum zivilisierte Menschen gerade im Urlaub auf das Mindeste vom Mindesten verzichten, kommt Ingrid aus dem Wagen. Sie hält eine Plastikschüssel in den Händen, darin türmt sich schmutziges Geschirr. Sie schnauft und japst zu uns rüber: »Ich mach mal los, bis später.« Mit gebücktem Kreuz schleppt sie sich von dannen.

Auch auf die Gefahr, dass ich mich wiederhole: WARUM???

Wir können zum Mond fliegen, wir haben WhatsApp erfunden, es gibt den Thermomix. In allen Bereichen wollen wir uns das Leben angenehmer machen. Leichter. Und beim Camping reißen wir alles wieder ein. Alles wieder auf null. Bin ratlos.

15 Uhr

Günther ist wieder am Hantieren, weiß nicht, was er genau macht, aber irgendwas ist ja immer. Habe den Klappstuhl aufgebaut und will mal in Ruhe Ute und Julia anrufen. Es klingt verrückt, aber wir hatten in den letzten Tagen keine freie Minute.

Ute geht gleich nach dem zweiten Klingeln ran. »Ach Mensch, das ist ja schön, dass du dich endlich mal meldest! Wie ist es denn?«

»Ganz interessant, aber schon gewöhnungsbedürftig«, erzähle ich.

»Wie schläft man denn in so einem Teil?«

»Wenn man nicht gerade gegen den brummenden Kühlschrank rollt, ganz gut.«

Ute lacht. »Das ist ja köstlich! Für mich wäre das ja nichts.«

»Man ist auch den ganzen Tag nur am Wischen, weil alles permanent schmutzig ist. Frag mal nach meinem Sagrotan-Verbrauch.«

Ute lacht wieder und kiekst: »Für mich wäre das nichts.«

»Und auf die Toiletten hier setz ich mich nicht. Ich hab schon Krämpfe in den Beinen, weil ich mich wie so ein Skispringer über die Schüssel hocke.«

Ute muss so lachen, dass sie sich verschluckt. Schließlich bringt sie raus: »Für mich wäre das ja nichts«, woraufhin ich etwas zu laut sage: »Für mich ist das auch nichts!« Claudia sieht rüber. Mist. Hat sie etwa alles mitgehört? Sollte man annehmen aus zwei Metern Entfernung Luftlinie. Sage schnell in den Hörer: »Für mich ist das auch nichts, wenn es zu warm ist.«

Ute fragt irritiert: »Wovon redest du?«, aber ich kann nicht weiter drauf eingehen, denn Claudia guckt immer noch rüber. Verabschiede mich wie eine Gefangene, die abrupt das Telefonat beenden muss, weil der Geiselnehmer mit einer Waffe droht: »Ich muss Schluss machen, Ute, ich melde mich, versprochen!«

Danach noch kurz Julia angerufen. Mit zusammengekniffenen Zähnen leise die zentralen Botschaften durchgegeben. »Campingistnichtsfürmichaberichversuchemichdran zugewöhnen. AllessorummeligimWagenundschlafenkann ichauchnichtgutundeinrichtigesKlofehltmir.«

Julia lacht. »Sei doch nicht so spießig, Mama! Mach dich mal locker! Warum versteht man dich eigentlich so schlecht?« Kann nicht offen antworten. Wieder abrupte Verabschiedung.

16 Uhr

Endlich, endlich, endlich: Wir sind einmal über den ganzen Campingplatz gelaufen und haben – einen Tusch, bitte – den Gardasee gesehen. Ruhiges Wasser wie in einer Badewanne, malerische Bergkulisse, schöner Kieselstrand, dazu strahlend blauer Himmel. Leider hat Günther keine Ruhe, sich ein paar Minuten niederzulassen. »Muss noch viel regeln.« Am Kiosk noch Baguette und Käse fürs Abendbrot gekauft. Wollen gerade wieder zurück zum Wagen gehen, als uns zwei Frauen ansprechen. »Saget amol, sen ihr net die mit dem Grand Canyon?«, fragt die eine und streckt uns sofort die Hand entgegen. »Natalie, das ist Simone.« Sie zeigt auf die andere Frau, die uns ebenfalls die Hand gibt. »Hab euch scho beim Neifahre gseha«, sagte Simone und grinst. »Mir hen au en Grand Canyon!«

»Das ist ja was«, sagt Günther. »Tolles Modell, oder?«

»Aber wie!« Simone strahlt. »Sag mol, dürfe mer vielleicht amol zum Gucke bei euch vorbeikomme?«

»Natürlich«, sage ich etwas steif, wobei ich nicht weiß, was genau sie angucken wollen. Ich meine, sie kennen den Wagen ja.

»Na, das ist ja schön«, freut sich Natalie. »Bis bald, ihr Lieben!«

Abends
Bin ich wirklich spießig???

Samstag, 5. Mai

Interessant, wie unterschiedlich Menschen auf ein und dieselbe Situation reagieren. Ich habe das mal in so einer Doku über einen Entführungsfall gesehen: Manche Geiseln sind daran zerbrochen und waren nach ihrer Befreiung tief traumatisiert, andere haben es so gut weggesteckt, dass sie froh und munter einfach weitergelebt haben, als wäre nie etwas passiert.

Gut, wir sind jetzt nicht von der italienischen Camping-Mafia entführt worden, aber irgendwie muss ich doch immer wieder an diese Doku denken: Während ich oft auf dem Klappstuhl sitze und auf der Suche nach dem großen Sinn vor mich hin starre, hat sich Günther wie ein Chamäleon perfekt akklimatisiert. Morgens wirft er sich demonstrativ gut gelaunt ein kleines Handtuch über die Schulter und stapft mit Duschgel in der Hand zu den Waschhäusern. Am Anfang trug er noch ein T-Shirt. Seit gestern geht er oben ohne. Nur in Badehose, Bauchansatz vorne drüber. Was ist nur aus dem Ingenieur geworden, der mit akkurat gebügeltem Hemd am Schreibtisch saß und den Kugelschreiber im rechten Winkel zum Notizblock legte? Ich glaube, ich bin Zeugin einer großen Verwandlung. Oder er will mich nur provozieren, weil er glaubt, seine Urlaubswahl ohne Wenn und Aber gut finden zu *müssen*. Vielleicht würde er schluchzend zusammenbrechen und gestehen, dass er auch viel lieber ins Hotel möchte, wenn ich ihm anbiete, dass wir diese ganze Urlaubswette auch sein lassen können.

Ich schiele zu Günther rüber, der gerade mit Klaus an unserem Hinterrad steht und leidenschaftlich über den Auffahrkeil spricht. Klaus sagt etwas, Günther lacht und schlägt ihm kumpelhaft an den Oberarm. Beide tragen nur Badehosen. Und Adiletten. Es ist mir alles ein Rätsel.

Ich muss ja gestehen, dass ich noch nicht duschen war, seitdem wir unterwegs sind. Zwei mehr oder weniger entschlossene Versuche habe ich unternommen: Aber einmal waren so viele schwarze Haare in der einzig freien Duschkabine, dass ich sofort wieder rückwärts raus bin, und beim zweiten Mal saßen auf Kopfhöhe zwei riesige Schnaken an der Wand. Ich hätte mich also hinhocken müssen, um nicht Gefahr zu laufen, dass eine auf mich draufkrabbelt. Und das machen meine Knie nicht mehr mit.

Lange Rede, kurzer Sinn: Mein Deoroller läuft bei fast 30 Grad auf Hochtouren!

Mein Ich-bin-ja-so-unkompliziert-Ehemann macht seit Neuestem Druck. Dusch-Druck.

»Willst du nicht auch mal duschen?«, fragte Günther heute Morgen, als er zurückkam.

»Ach, geht noch.«

»Du schwitzt doch.«

»Nö!«

Günther kam näher und zeigte auf meine Stirn. »Ich seh es doch. Da, zwei richtige Rinnsale Schweiß. Ich will mal ganz offen sein: Ich würde es begrüßen, wenn du mal duschen gehst. Wir leben ja hier auch auf sehr engem Raum zusammen.«

Wenn jemand »Ich will mal ganz offen sein« sagt, läuten bei mir spätestens seit Silvia alle Alarmglocken. Habe mich irgendwie rausgeredet und ihn vertröstet. Aber er hat ja recht. Die Zeit und die Temperatur spielen gegen mich. Irgendwann muss ich wohl. Aber heute noch nicht! Und jeder Tag ist ein gewonnener Tag. Auf der Kreuzfahrt dusch ich dafür morgens und abends! Mit Vergnügen!

Ach ja, heute Mittag waren übrigens Natalie und Simone da. Zum Wohnmobilangucken. Gibt es dieses Wort? Kann mir richtig vorstellen, wie Camper das in offiziellen Fragebögen angeben: *Hobbys: Reisen, Kochen, Wohnmobilangucken.* Mir leuchtet es ja auch ein, dass es interessant ist, sich so ein Riesengefährt wie das von Silvia und Volker anzusehen. Aber so ein kleines und unspektakuläres wie unseres? Noch dazu, wenn man *exakt* dasselbe Modell fährt? Der Sinn der Aktion erschloss sich mir nicht auf Anhieb, aber ommmmmm, ich darf nicht 24 Stunden die Sinnfrage stellen.

Ich war gerade mal wieder dabei, den Wohnraum auszufegen (Klappe, die 40.), als ich zwei Stimmen hörte. »Klopf-Klopf, dürfe mir reinkomme?« Eine Sekunde später sah ich die Köpfe von Natalie und Simone in der Eingangstür. »Huhu, Rosa, mir sen do«, rief Natalie. »Mer sen ja scho sooo gschbannt.« Worauf, war mir immer noch nicht ganz klar, aber die beiden wirkten richtig aufgeregt.

Simone ging einen Schritt zurück und drückte von außen ihre Hände an die Fensterscheibe des Fahrerhauses, um besser sehen zu können. Natalie guckte neugierig an mir vorbei, um einen Blick auf das Bett zu erhaschen. Langsam kam ich mir vor, als würden wir mit dem Bernsteinzimmer von Friedrich I. rumfahren und keinen blassen Schimmer haben, um welchen Schatz es sich handelt. Auf einmal wirkten die beiden enttäuscht. »Sag mol, isch dr Günther net da?«, fragte Simone.

Wahrscheinlich ahnten die beiden, dass nur mit Günther eine adäquate Wohnmobilbegehung möglich wäre.

»Günther ist gerade beim Abwaschen«, setzte ich an, als er plötzlich um die Ecke kam. Mit hochrotem Kopf schleppte er eine riesige Plastikschüssel, in der sich unser sauberes Geschirr türmte. Unter dem Arm hatte er mühsam zwei Geschirrhandtücher eingeklemmt. Irgendwie berührte mich der Anblick, und ich musste an unseren schönen Geschirrspüler zu Hause denken.

»Da isch er ja«, rief Simone. »Mir hätta gern a Führung«, fügte Natalie kokett hinzu. »Mir scharre schon mit de Hufe!« Sie lachte.

Günther stellte schnell die Schüssel auf dem Campingtisch ab und strahlte. »Gerne! Immer rein in die gute Stube!«

Die nächste halbe Stunde stand unter dem Motto »Finde die zehn Fehler«. Es war wie bei diesen Rätseln in der *Apotheken Umschau*, wo zwei scheinbar exakt identische Bilder nebeneinanderstehen und man erkennen muss, wo sich kleine Abweichungen versteckt haben. Bis auf den Unterschied: Unser Grand Canyon war natürlich *wirklich* identisch mit dem Grand Canyon von Natalie und Simone. Doch die beiden sahen es gar nicht ein, sich durch diese Lappalie das Spiel verderben zu lassen. Wie zwei Detektivinnen schauten sie sich alles genau an und kommentierten.

»Ah ne, guck mol, da hen ihr au a Uffstelldach, wie bei uns.«

»Guck mol, Natalie, den Fahrersitz kammer wie bei uns au drehe, des isch doch perfekt.«

»Na, un hier hen ihr dr Kühlschrank, wie mir.«

»Des Waschbecka isch ja au weggklappbar, genau wie bei uns.«

»Simone, die henn ja au zwei Küchaschublada!«

Hochzufrieden, dass sie sich den Grand Canyon ansehen konnten, verließen die beiden irgendwann den Wagen. »Hach, desch war riiiiichtig nett«, sagte Natalie und seufzte. »Da hen ihr a riiiiiichtig schönes Mobil.« Günther errötete ein wenig, und ein Außenstehender hätte annehmen können, dass er der Ingenieur war, der dieses Fahrzeug konstruiert hat. Als wir alle vier vor dem Wagen standen und »sein Baby« anschauten, schnappte Natalie plötzlich nach Luft. »Sag mol, Simone«, sagte sie ganz irritiert. »Guck mol, die Türgriffe. Kann des sei, dass die bei uns in Weiß sin?« Simone riss weit die Augen auf, kurz davor, einem großen Geheimnis auf die Spur zu kommen. Sie ging zur Tür, sah sich die schwarzen Griffe genauer an und stockte. »I glaub, da hasch recht!«

Die beiden waren ganz von den Socken, dass sie doch noch einen »Fehler« gefunden hatten, und selbst Günther rief aufgeregt: »Na, das ist ja was, dass die eine andere Farbe bei euch haben!«

Als sie die Türgriffe einigermaßen verdaut hatten, fragte Natalie: »Isch des eigentlich euer erschte Tour mit dem Granny?«

»Das ist unsere erste Campingtour überhaupt«, klärte ich auf, woraufhin Simone Natalie in die Rippen knuffte. »Hab i's dir net gsagt, des sin Novizen!«

»Ach nee«, lachte Natalie. »Und wie gfallt's euch?«

»Super«, sagte Günther im selben Moment, als ich »Ja, doch, also, es hat schon, äh, ist ganz interessant« sagte. Beide lachten.

»Hab i's dir net gsagt«, kicherte Simone. »Rosa ist noch net ganz hier angekomme.«

Jetzt lachte auch Günther.

Nachdem ich versichert hatte, dass ich Camping ganz, ganz, ganz toll finde (was tut man nicht alles für den Platzfrieden?!), große Abschiedszeremonie.

»Bis bald, ihr zwei«, rief Natalie und winkte. »Ihr könnt ja amol bei uns vorbeikomme und den Granny angucke!«

Hätte schwören können, dass Günther mich jetzt unauffällig in die Seite zwicken und irgendwas à la »Jetzt drehen sie ab« murmeln würde.

Doch er streckte den Daumen nach oben und rief aufrichtig: »Machen wir!«

Sonntag, 6. Mai

Riesige Spinne im Bett entdeckt.

Vor lauter Schreck Kopf am Hängeschrank gestoßen. Beule.

Halb gare Nudeln gegessen (Herdplatte zu früh ausgemacht, wäre zu umständlich gewesen, das ganze System wieder anzuwerfen).

Vergessen, Fliegengitter im Seitenfenster hochzuziehen. (Konsequenzen noch nicht absehbar.)

Alle Handtücher von Wäscheleine gefallen, meins ist direkt auf Jolinas Pinkel-Hecke gelandet.

Auf den Gemeinschaftstoiletten wieder Krampf in den Oberschenkeln bekommen.

Im Campingkiosk für zwölf (!) Euro eine neue Miniflasche Sagrotan gekauft.

Gehört, wie Ingrid Blähungen hat.

Gehört, wie Klaus Ingrid fragt, ob es wohl am Blumenkohl liegt.

Gehört, wie Ingrid Klaus sagt, dass sie heute mal Lefax nimmt.

Montag, 7. Mai

Mehrfach folgenden »Dialog« mit Günther gehabt.

Ich: »Ist Hotel eigentlich ausgeschlossen?«

Günther: »Wir campen durch!«

Dienstag, 8. Mai

Heute war der Tag der Tage. Ich war duschen.

Ich versteh nicht, wie all die anderen es hinbekommen, schon frühmorgens mit frisch gewaschenen Haaren gut gelaunt am Frühstückstisch zu sitzen. Bei mir war das Ganze eine Halbtagsunternehmung.

9.00 Uhr: Erkenntnis: Duschboykott ist keine Option mehr.

9.10 Uhr: Erzähle Günther von meinen Duschplänen.

9.11 Uhr: Günther streckt die Arme gen Himmel und ruft: »Jesses Maria, dass ich das noch erleben darf!« (So einen emotionalen Ausbruch habe ich seit dem WM-Sieg 1990 nicht mehr bei ihm gesehen.)

9.15 Uhr: Ich fange an, die Sachen zusammenzupacken. Zwei Handtücher (Haare, Körper), Duschgel, Shampoo, neue Unterhose, neues Unterhemd, neues T-Shirt, Badelatschen. Zwei große Jutebeutel werden voll. Als würde ich umziehen wollen.

9.16 – 9.24 Uhr: Ich vergewissere mich, ob ich alles habe.

9.25 Uhr: Fasse mir ein Herz und gehe los. Links und rechts einen Beutel. Günther, der sich gerade an der Ekel-Hecke mit Klaus unterhält, nickt mir aufmunternd zu. Ich weiß, das ist jetzt ein bisschen pathetisch, aber ich muss in dem Moment denken: »Ein kleiner Schritt für die Campingfamilie, ein großer für Rosa Schmidt.«

9.35 Uhr: Bin gerade beim Abwaschhäuschen, als mir eine Frau mit nassen Haaren entgegenkommt, nur in einem Badehandtuch eingewickelt. Großer Gott, ich habe ja den Föhn vergessen! (Sobald ich mit nassen Haaren rausgehe, erkälte ich mich.) Kehre um.

9.45 Uhr: Bin wieder am Wagen. Günther zum Glück weit und breit nicht zu sehen. Schleiche mich in den Wagen und suche den Föhn. Wieder los.

9.51 Uhr: Nein! Kamm vergessen! Kehre um.

9.57 Uhr: Bin wieder am Wagen. Günther kommt plötzlich um die Ecke und bekommt einen Heidenschreck, als er mich sieht. »Huch, schon wieder zurück?« »Hab nur was vergessen!« Halte den Kamm hoch, bevor ich ihn in den Beutel fallen lasse.

»Bis man dich mal los hat«, sagt Günther und schüttelt den Kopf. Zum Glück hat er Umkehr I nicht mitbekommen!

10:11 Uhr: Ankunft bei den Duschhäusern. Vier Frauen vor mir in der Schlange. Alle haben nur ein Handtuch oder eine kleine Kulturtasche dabei. Und ich schlepp die zwei Beutel an… Versuche, selbstbewusst und wie ein alter Hase zu wirken.

10.25 Uhr: Bin endlich an der Reihe. Die letzte Tür ganz hinten rechts wird aufgestoßen, und eine fröhliche Frau in meinem Alter kommt raus. Setze mich in Bewegung und nicke ihr optimistisch zu, als wir uns in der Mitte treffen. Der Moment der Wahrheit ist gekommen.

10.26 Uhr: Mache die Tür auf. Und sehe Haare. Schwarze Haare. Überall. Großer Gott, ich kann nicht…

10.27 Uhr: Bin zurück in der Schlange. Brabbele unkoordiniertes Zeug vor mich hin. Die anderen Frauen gucken mich irritiert an, bis schließlich eine in die Kabine geht, die ich gerade fluchtartig verlassen habe – und kurz darauf höre ich die Dusche plätschern. Wir bewerten die Haare wohl doch etwas unterschiedlich.

10.33 Uhr: Die nächste Kabine wird frei. Wieder kommt eine fröhliche Frau raus. Jetzt aber! Gehe schnellen Schrittes hin. Mache die Tür auf – und würde am liebsten gleich wieder umkehren. Auf der Bank vor der Dusche, wo man seine Sachen hinlegen kann, sehe ich mehrere nasse, zerknüllte Taschentücher. Gott, was mach ich nur?

10.34 Uhr: Eigentlich wäre es an der Zeit für eine große Aussprache. Ich müsste mich vor die wartenden Frauen stellen und ihnen reinen Wein einschenken: »Liebe Mitcamper, hört zu, ich gehe heute zum ersten Mal duschen. Deswegen brauche ich optimale Bedingungen. Ich werde jetzt in aller Ruhe jede einzelne Kabine inspizieren und mich dann für eine entscheiden. Bitte habt Geduld. Danke, dass ihr an meiner Seite seid.«

10.35 Uhr: Geht nicht.

10.36 Uhr: Okay, es wird die Taschentuchkabine.

10.37 – 10:42 Uhr: Umständliches Ausziehen. (Kleidung darf auf keinen Fall Boden berühren, Taschentuch muss umschifft werden, Sohle der eigenen Badelatschen darf auf keinen Fall eigene Kleidung berühren.)

10.43 – 10.53 Uhr: Umständliches Duschen. (Dusche geht automatisch nach 30 Sekunden aus. Muss immer wieder neu aktiviert werden. Wirft mich jedes Mal im Duschprozess zurück.)

10.54 – 11.01 Uhr: Umständliches Anziehen. (Kleidung darf auf keinen Fall Boden berühren, Taschentuch muss umschifft werden, Sohle der eigenen Badelatschen darf auf keinen Fall eigene Kleidung berühren, nasse Handtücher möglichst gut von restlichen Sachen trennen.)

11.02 – 11.13 Uhr: Haare föhnen bei den Steckdosen neben den Waschbecken. Überall Haare. Ommmmmmm.

11.14 Uhr: Rückkehr von der Heldenreise.

11.25 Uhr: Nass geschwitzt am Wagen.

Den restlichen Tag mit CDD (Camping-Dies-und-Das) verbracht. Markise klemmte (mithilfe von Klaus geölt), Frischwasser nachgefüllt, Wagen ausgefegt (drei Mal), abgewaschen (zwei Mal), die Dänen aus der engen Parzelle rausgelotst, Schweizer zwei Stunden später reingelotst.

Jetzt ist es 22 Uhr. Sitzen im Wagen und spielen noch eine Runde »Phase 10«. Zu Hause schauen wir ja jeden Abend fern, hier haben wir noch nicht einmal ein Radio. Zum Glück war Günther so geistesgegenwärtig und hat im letzten Moment noch das Kartenspiel eingepackt. Obwohl ich ja den ganzen Tag nicht wirklich Stress hatte, bin ich doch froh, endlich mal ein paar ruhige Minuten zu haben.

22.20 Uhr

O Gott, ich hab ein ganz dummes Gefühl…

Eine Sekunde später
Nein, das darf nicht wahr sein …

Eine Sekunde später
Grundgütiger …

Eine Sekunde später
Ich muss mal …

Eine Sekunde später
… auch das noch …

Eine Sekunde später
… groß!

Eine Sekunde später
Und ich schaff's nie und nimmer bis zu den Toilettenhäusern …

Eine Sekunde später
Zwei schnelle Schritte und ich bin in *unserer* Toilette. Das Gute kann so nah sein. Ziehe die Tür zu. Ich will's mal so sagen: Punktlandung.

Höre, wie Günther sagt: »Das ist jetzt nicht dein Ernst.«

Mittwoch, 9. Mai

15 Uhr

Konnte die ganze Nacht kein Auge zumachen. Was habe ich bloß getan? Mache mir schreckliche Vorwürfe. Vielleicht hätte ich es ja doch bis zu den Toiletten geschafft. Andererseits merkte ich ja sofort, dass da was Größeres im Anmarsch war. Und wenn es sich erst mal mit Schwung ankündigt … O Gott, Silvia und Volker dürfen das alles niemals erfahren! Was sag ich? Das darf *niemand* je erfahren! Günther hat bis gerade das Thema totgeschwiegen. Hat so getan, als hätte das »Ereignis« nie stattgefunden. Aber anscheinend hat er alles mit sich selbst ausgemacht. Denn gerade sagte er ohne Vorwarnung: »Nützt ja nichts, ich leer das Ding dann mal aus.«

Spüre, wie mir das Herz in die Hose rutscht. Erste Toilettenausleerung. Und dann auch noch mit … O Gott, es ist ein einziger Albtraum. Warum konnte ich es nicht einfach zurückhalten? Pobacken zusammenkneifen und schnell rüber. Aber das sagt sich im Nachhinein so leicht.

Günther kramt wortlos die Gummihandschuhe aus unserer Haushaltsbox hervor und streift sie über. Er sieht mich an.

»Es tut mir so leid«, jammere ich. Keine Reaktion. »Vielleicht ist es ja auch gar nicht so schlimm.« Keine Reaktion. »Ich komm auf jeden Fall mit.«

Günther gibt einen undeutlichen Laut von sich (»Das weiß ich sehr zu schätzen, Liebes« war es definitiv NICHT) und geht einmal um den Wagen rum. Da ist sie, die Klappe des Grauens. Wie uns der Hymer-Mann es erklärt hat, drückt Günther zeitgleich oben und unten die Knöpfe ein – und der Deckel springt auf: Die Klokassette kommt zum Vorschein. Günther atmet wie bei einer Hypnosesitzung tief ein und aus und greift schließlich beherzt zu. Doch anscheinend hat er das Gewicht unterschätzt, denn er kann den Tank kaum halten und taumelt nach hinten. Wie ein Amboss schwingt die Kassette durch die Luft, bis Günther es irgendwie schafft, sie mit zwei Händen mehr oder weniger kontrolliert am Boden abzustellen.

»Grundgütiger!«, rufe ich. »So schwer?«

Er sieht mich lange an und sagt: »Ja.«

O Gott, es ist alles ein Albtraum. Wie kann denn dieses Ding so schwer sein? Ich merke, wie mir schwindlig wird. Kommt das alles nur von mir???

Günther war schon immer ein eher schweigsamer Zeitgenosse. Doch der Weg zur Entsorgungsstation hinter dem Toilettenhäuschen toppt noch einmal alles bisher Erlebte. Ohne auch nur ein Wort zu wechseln, gehen wir drei nebeneinander her. Die schuldige Ehefrau, der Mann, der die Suppe auslöffeln muss, und dazwischen unsere Toilette. Wie einen Trolley kann man dieses Ding hinter einem herziehen. Wenn man es nicht besser wüsste, könnte man denken, es wäre ein normaler, harmloser, unschuldiger Rollkoffer. Doch leider sind wir ja im Bilde…

Ich schiele zu Günther rüber, aber er starrt nach vorne. Keine Regung. Stumm schreiten wir weiter. Das wird unser Gang nach Canossa, denke ich. Irgendwie versuche ich mich gedanklich aufs Kreuzfahrtschiff zu versetzen. Aber es gelingt mir nicht. Bei jeder Unebenheit im Boden höre ich im Klokanister die große Masse hin und her schwappen. Gott bewahre.

Was mich ernsthaft irritiert: Immer wieder kommen uns gut gelaunte Männer entgegen, die ebenfalls einen Klo-Trolley hinter sich herziehen. Keine Spur von Angst oder Panik ist in ihren Gesichtern zu sehen. Im Gegenteil: Denen scheint das Ganze überhaupt nichts auszumachen. An einer Weggabelung stehen sich sogar zwei Männer gegenüber und unterhalten sich angeregt. Jeder (!) hat einen Klo-Trolley dabei. Irgendwie beruhigt mich die ganze Szenerie aber auch. »Wahrscheinlich ist es gar nicht so schlimm, wie wir jetzt denken«, sage ich möglichst optimistisch, aber Günther gibt keinen Ton von sich.

Inzwischen haben wir die Entsorgungsstation erreicht, die aus zwei nebeneinanderliegenden Kabinen besteht. Günther atmet einmal tief ein und sagt, ohne mich anzusehen: »Daran kann man ja nur wachsen.« Tapfer stößt er eine der beiden Schwenktüren auf und verschwindet.

Die nächsten 15 Minuten kommen mir wie eine Ewigkeit vor. Ich tigere den Sandweg vor dem Entsorgungshäuschen auf und ab und fühle mich wie eine Angehörige, deren Mann gerade am offenen Herzen operiert wird. Was muss Günther wohl gerade durchmachen? Das ist ja wirklich ein Albtraum. Für die Zukunft sehe ich nur zwei Möglichkeiten:

1. Wir finden ein unerschrockenes Camperkind, das gegen einen Zehner das Ding ausleert.
2. Wir vergraben die Toilette irgendwo und kaufen fortan jedes Mal eine neue, wenn sie voll ist.

Und in jedem Fall: NICHT MEHR GROSS ... Ich komme nicht mehr dazu, den Gedanken, der mich wahrscheinlich mein Leben lang fortan begleiten wird, zu Ende zu denken. Denn: Die Schwingtür springt auf, und ein Mann mit leerem Blick und komplett beschlagener Brille kommt raus. Es ist Günther. Mit schnellen Schritten eile ich rüber, doch Günther scheint mich gar nicht richtig wahrzunehmen. Er stellt den Kanister ab und wischt sich mit dem Oberarm, die Hände weit von sich gestreckt, umständlich die Brillengläser frei.

»War es sehr schlimm?«, frage ich leise.

»Ich zitiere mal Peer Steinbrück: Ich habe in den Abgrund geblickt.«

Donnerstag, 10. Mai

11 Uhr

Günther und ich hüllen den Mantel des Schweigens über gestern. Wir tun so, als hätte es die Ausleerung – sowie den Grund dafür – nie gegeben. Günther ist draußen wieder am Hantieren (Irgendwas ist immer!), und ich räume ein bisschen auf. Beziehungsweise: Ich kämpfe gegen Windmühlen. Wer es schafft, ein Wohnmobil ordentlich zu halten, müsste das Bundesverdienstkreuz bekommen. Wirklich, es ist ein Ding der Unmöglichkeit. Ständig liegt überall irgendetwas rum. Selbst Günther, der ja nun wirklich nicht im Verdacht steht, das Thema Camping schlechtreden zu wollen, sagte gestern Abend erschöpft: »Rosa, wir wühlen uns fest.«

Als wir bei Silvia und Volker eingeladen waren, hatte Silvia ja die gewagte These aufgestellt, dass man auf einer Campingreise merken würde, dass man gar nichts brauche im Leben. Wie sag ich es, ohne den beiden auf den Schlips zu treten? Ich versuch's mal so: Silvia muss irgendwelche Drogen nehmen. Aus dem Stegreif könnte ich eine seitenlange Liste zusammenstellen mit all den Dingen, die ich brauche! Dringend! Was würde ich nur für einen Geschirrspüler geben? Für einen Abstellraum? Für ein großes Abwaschbecken mit Abtropffläche? Für vier Herdplatten? Für Warmwasser, das einfach so aus der Leitung kommt? Für ein großes Badezimmer? Für eine eigene Dusche? Für ein richtiges Bett? Schnief.

Apropos Dusche: Heute Morgen – es ist noch heißer geworden, und mein Deo stößt zugegebenermaßen auch irgendwann an seine Grenzen – bin ich wieder duschen gewesen. Alles lief mehr oder weniger glatt (dauerte auch alles in allem nur eine Stunde), aber als ich gerade die Kabine verlassen wollte, wäre ich fast in Ohnmacht gefallen: Was krabbelte da, direkt zu meinen Füßen? Eine riesige Zecke! Das fehlte mir gerade noch: mit Hirnhautentzündung in einem italienischen Krankenhaus zu landen. Sah schon die Schlagzeile: »*Pechvogel des Jahres: Deutsche Touristin träumte von Kreuzfahrt und erlag Zeckenbiss auf Campingplatz.*«

Als ich zurück am Wagen war, rief ich panisch nach Günther. »Bitte guck mal, ob dieses Viech mich gebissen hat.«

Günther, der ja neuerdings einen auf abgehärteten Naturburschen macht, winkte ab. »Rosa, hab doch nicht immer gleich so Angst. Nimm doch Flora und Fauna einfach mal so an, wie sie sind. Da sieht man mal wieder, wie verwöhnt wir sind. Die Städter sind überhaupt nicht mehr lebensfähig.«

Konnte ihn schließlich doch überzeugen, meinen Körper nach einem Zeckenbiss abzusuchen. Wir ließen sämtliche Rollos vom Wagen runter, ich zog mich bis auf die Unterhose aus, und *dottore* Günther begutachtete mit seiner Lesebrille jede einzelne Pore. Fühlte mich wie beim Hautarzt bei der Hautkrebsvorsorge. Das ist immer der unangenehmste Termin im Jahr. Ich meine, mit 20 lass ich mir das Ganze ja noch gefallen, aber mit über 60? Sollte man nicht lieber das Hautkrebsrisiko in Kauf nehmen, anstatt sich so zu erniedrigen? Das Schlimme ist, dass mein Hautarzt vor Kurzem in Rente gegangen ist und die Praxis von so einem jungen Burschen übernommen wurde. Ich möchte nicht ins Detail gehen, aber es ist schlichtweg entwürdigend. Ich versuche immer – für uns beide – das Ganze mit Small Talk zu überspielen. Dann ist er vielleicht abgelenkt und denkt anstatt an meinen Körper im Nachhinein: »Ach, das war doch die, mit der ich mich so nett über meine Urlaubspläne unterhalten habe.« Auch dass Günther mir jetzt so auf die Pelle rückte, war mir nicht ganz geheuer. Aber ich konnte ja schlecht fragen: »Und was haben Sie am Wochenende so vor?«

Auch Günther war die ganze Situation mehr als unangenehm – aber eher wegen der Nachbarn. »Was denken die denn, was wir hier drinnen machen?«, stöhnte er, während er gerade bei meinen Oberschenkeln zugange war. »Am helllichten Tage die Rollos runter – Mensch, das fällt doch auf!« Er sollte recht behalten. Als wir irgendwann verschwitzt mit hochrotem Kopf die Tür wieder öffneten, hängte Ingrid gerade Handtücher auf und fragte rüber: »Ist alles in Ordnung bei euch?«

»Alles in Ordnung«, rief Günther vorsorglich in alle Himmelsrichtungen.

17.59 Uhr

Kurz vor Schließung im Campingkiosk eine Flasche Limoncello gekauft. Ich glaube, ich brauche jetzt Alkohol.

20 Uhr

Letzter Abend in Mandarine, Wahnsinn, wie schnell die Woche rumgegangen ist. Haben die anderen zum Limoncello-Trinken zu uns eingeladen. Jeder hat einen Klappstuhl mitgebracht und Sascha zudem ein Radio. Wir sitzen in einer Runde vor unserem Wagen, hören italienische Musik, Ingrid und Klaus erzählen noch mal davon, wie sie vor ein paar Jahren für den Artikel in der Lokalzeitung interviewt wurden, und Claudia zeigt auf dem Handy Fotos von ihrem Haus, das sie gerade gebaut haben. Ich gebe zu: Das ist jetzt schon gemütlich. Wieder Adressen und Telefonnummern ausgetauscht. Wenn wir so weitermachen, haben wir bald mehr Freunde vom Campingplatz als in der normalen Welt.

Freitag, 11. Mai

10 Uhr

Das war's. Ich habe eine Gehirnhautentzündung. Der Kopf dröhnt, ich kann ihn kaum bewegen, und schwindlig ist mir. Ist das nicht ein schreckliches Ende? Hat die Zecke mich gestern also doch gebissen! Liege mit geschlossenen Augen auf dem Bett und warte darauf, dass Günther endlich herausfindet, wie die italienische Notrufnummer lautet. Frage mich, ob der Krankenwagen hier auf den engen Wegen überhaupt durchkommt, um mich abzutransportieren. Und was heißt »Zecke« überhaupt auf Italienisch? Zeckaggi oder so? Kurz: Es gäbe viel zu tun, um mein Dahinsiechen noch irgendwie abzuwenden, doch was macht mein sich sorgender Ehemann? Sitzt im Fahrerhaus mit einer Landkarte auf dem Lenkrad und plant unsere Tour für heute. Wir haben heute ja wieder einen Platzwechsel, den letzten auf dieser Reise. Oder den letzten im Leben, meinem Kopf nach zu urteilen.

Gedanklich scheinen sich unsere Wege tatsächlich zu trennen: Ich sehe uns ins nächste Krankenhaus fahren, Günther will »so schnell wie möglich« auf den neuen Platz, denn nach dem Mittag soll ein Wetterumschwung kommen.

Er findet es übrigens – Zitat – »urkomisch«, dass ich solche Kopfschmerzen habe. Seiner Meinung nach liegt es nämlich ausschließlich am Limoncello von gestern Abend. Als Beweise führt er an, dass er a) keinen Stich gefunden habe und b) Ingrid »mit einem Schädel wie seit 30 Jahren nicht mehr« (Klaus) ebenfalls flachliegt. »Akzeptiert es, wie es ist: Ihr habt einfach zu viel getrunken«, lacht Günther im Abstand von drei Minuten. »Und wahrscheinlich ist der Alkohol, den es in Campingkiosken zu kaufen gibt, auch nicht von höchster Qualität.« Anstatt den Notarzt zu rufen, drückt Günther mir eine Tablette Ibuprofen in die Hand. Schlucke sie ohne Widerworte runter. Nehme jetzt jeden Strohhalm, den mir der Himmel reicht.

Beziehungsweise ein ignoranter Ehemann.

11 Uhr

Günther packt alle Sachen zusammen, ich liege immer noch auf dem Bett, schaffe es aber irgendwie, Julia anzurufen. Gespräch eher nicht zufriedenstellend.

Julia (flüstert): »Gibt's was Wichtiges?«

Ich (weinerlich): »Mama hat eine Gehirnhautentzündung.«

Julia: »Wer ist Mama?«

Ich: »Na, ich!«

Julia: »Du redest doch nie von dir als ›Mama‹.«

Ich (weinerlich): »Mama geht es gar nicht gut.«

Julia (panisch): »O Gott, hast du wirklich eine Gehirnhautentzündung? Dann musst du ins Krankenhaus! Wo seid ihr denn überhaupt? Ist Papa da? Soll ich was organisieren?«

Ich: »Papa sagt, ich hab zu viel getrunken.«

Julia: »Mama, ich arbeite und kann nicht telefonieren. Bist du jetzt krank oder hast du zu viel getrunken?«

Ich (schniefend): »Weiß nicht …«

Julia: »Gib mir Papa doch mal.«

Ich: »Der packt gerade.«

Julia: »Du, ich muss weitermachen. Sag bitte, ob du wirklich was hast, dann brech ich hier ab.«

Ich: »Weiß nicht. Mein Kopf tut so weh. Weißt du, wir haben diesen Limoncello, das ist so ein Zitronenlikör…«

Julia: »Mama, ich bin bei der Arbeit!« Höre, wie Julia nach hinten ruft: »Komme gleich, war nichts Wichtiges.«

12 Uhr

»So, wir sind abfahrbereit«, sagt Günther und verstaut die letzten Handtücher von der Wäscheleine. »Jetzt müsste sich die feine Dame nur nach vorne bewegen, damit ich das Bett zusammenklappen kann. Die Straße ruft!«

Da sind irgendwie viele Wörter dabei, die ich nicht einordnen kann. »Abfahrbereit«, »feine Dame« und »Die Straße ruft?«. Wer ist dieser Mann???

Schleppe mich nach vorne auf den Beifahrersitz und Günther klappt das Bett zusammen.

Zum Glück wirkt die Ibuprofen langsam, und der Kopf schmerzt nicht mehr so sehr. Bin aber noch furchtbar lichtempfindlich und halte es nur mit großer, dramatisch anmutender schwarzer Sonnenbrille aus. Ist es nicht eigentlich Wahnsinn, eine Gehirnhautentzündung mit Schmerzmitteln zu übertünchen?

12.10 Uhr

Abfahrt. Klaus lotst Günther aus der Parzelle, Ingrid (trägt wie ich auch riesige Sonnenbrille) und die anderen stehen am Zaun und winken. Winke in kleinen, schwachen Bewegungen zurück. Mit gutem Willen komme ich mir vor wie Grace Kelly. Oder eben wie eine Rentnerin, die Limoncello für sich entdeckt hat.

13.15 Uhr

Wir können nur etwas schneller als Schritttempo fahren, weil es inzwischen so stark regnet, dass man kaum etwas sieht. Der Scheibenwischer gibt sein Bestes, und Günther hat sich so weit nach vorne gelehnt, dass er fast die Scheibe berührt. Und natürlich steht für ihn fest, wem wir es zu verdanken haben, dass wir so spät losgefahren sind.

Dialog in Endlosschleife:

Günther: »GENAU das wollte ich vermeiden.«

Ich: »Entschuldige bitte, dass *ich* eine Gehirnhautentzündung habe.«

Günther: »Du hast einfach zu viel getrunken.«

Ich: »Du hattest Bier!«

Günther: »Wir kommen hier auf keinen grünen Zweig.«

14.50 Uhr

Haben endlich den neuen Platz erreicht. Es regnet immer noch Bindfäden, und ein Ende scheint nicht in Sicht zu sein. Stellen unser Mobil auf dem Parkplatz vor der Schranke ab und sprinten (für unsere Verhältnisse) zum Häuschen mit der Rezeption. Obwohl es nur ein paar Meter sind, kommen wir fast klatschnass an. Super, jetzt fangen wir uns auch noch eine Erkältung ein.

»Ciao!«, begrüßt uns die junge Frau hinter dem Tresen und strahlt. Sie sieht so nett aus, dass ich ihr am liebsten alles erzählen würde: dass Günther und ich eine Urlaubswette haben, dies unsere erste Tour ist, ich nie campen wollte, im Herbst mit einer Kreuzfahrt nachziehe, ich von einer Zecke gebissen wurde, die Symptome gerade aber mit Ibuprofen überdecke und Günther mich nicht ernst nimmt, weil er es auf den Alkohol von gestern Abend schiebt.

Doch ich befürchte, mein Italienisch ist zu schlecht dafür – und ihr Deutsch auch. Denn als Günther munter drauflosplappert, dass wir einen Platz reserviert haben, auf den Namen Schmidt, vor zwei Wochen schon, wir uns leider aber wegen des Regens verspätet haben und er hoffe, das sei kein Problem, bricht sie in Gelächter aus. »Lentamente, lentamente«, sagt sie und macht beschwichtigende Handbewegungen. »Langsame«, wiederholt sie und lacht schon wieder. »Ho un'idea!«, ruft sie plötzlich und reißt ein Blatt Papier von einem Zettelblock ab. »Können Sie scrivere Ihre nome?« Sie tippt auf das Blatt Papier. Günther antwortet »Sì, claro« – wo hat er das nun schon wieder her?! – und schreibt »Schmidt«.

Die junge Frau tippt unseren Namen in den Computer ein und nickt plötzlich. »Sì, sì, Signor Schmidt, qui l'ho trovato, ich gefunde!«

Eine Sekunde später hat sie die Landkarte von Italien vor uns ausgebreitet. Nun, streng genommen ist es nur die vom Campingplatz, aber sie nimmt wahrlich biblische Ausmaße ein. Ich sehe ein Geflecht aus Wegen, Unmengen an Parzellen, Gabelungen, Gebäuden und sogar mehreren Swimmingpools! Dagegen war der andere Campingplatz ja ein Vorgarten.

Günthers »Si, claro« muss sie so interpretiert haben, dass zumindest ein paar Italienischkenntnisse vorhanden sind, denn wie ein Wasserfall erklärt sie uns die Karte. Auf Italienisch. Wir verstehen nur Bahnhof, aber ich sehe aus den Augenwinkeln, dass Günther regelmäßig nickt. Wie man's dreht und wendet: Dieser Mann ist ein Hochstapler!

Die junge Frau kreist mit einem roten Stift verschiedene

Parzellen ein. »Dove?«, fragt sie immer wieder. «Voglio dire … wo wolle Sie sein?«

»Ich glaube, dass das die freien Parzellen sind und wir uns jetzt für eine entscheiden können«, dolmetscht Günther allen Ernstes für mich.

»Ach nee, so weit war ich auch schon.«

»Und welche nehmen wir?«

Wir starren auf die Karte. Bisher wurden uns ja immer Plätze zugewiesen. Dass man jetzt auswählen kann, ist zwar schön, aber es überfordert mich auch prompt. Ich kann mich doch ohnehin so schlecht entscheiden (Milchkaffee oder Latte-Dings kann mich Stunden beschäftigen!), und nun soll ich einfach so unser Schicksal besiegeln?! Vielleicht könnten wir ja mal mit den Nachbarn der jeweiligen Parzellen sprechen. Und uns den Ausblick ansehen. Und Pro-und-Kontra-Tabellen für jeden Platz anfertigen. Ich starre auf die roten Kringel. Das ist ja so wie damals, als wir uns für unser Baugrundstück entschieden haben!

Zugegeben, streng genommen geht es nicht um die nächsten 20 Jahre, sondern sieben Tage. Und eigentlich springt uns vor allem eine Parzelle direkt ins Auge: In der ersten Reihe am See hat die junge Frau auch einen roten Kringel eingezeichnet. So ein Logenplatz – das wär's natürlich.

Ich nicke Günther zu, Günther tippt auf den Kringel und sagt: »Basta«. Ich muss kichern. Wahrscheinlich ist das das einzige italienische Wort, das ihm gerade eingefallen ist. Na ja, zum Glück hat er nicht Pasta gesagt.

Die junge Frau lacht auf jeden Fall, ruft »Perfetto!« und fängt an, irgendwelche Formulare auszufüllen und mit Zetteln zu hantieren.

»Ai«, ruft sie plötzlich. »Una cosa … la via … also, Ihre Straße … è un po' … inclinato« Sie winkelt ihren Unterarm so ab, dass er wie eine Skisprunganlage aussieht. »Inclinato … un po' …«

»Sie sagt, dass unser Weg etwas abschüssig ist«, flüstert Dolmetscher Günther.

»Un po' inclinato«, wiederholt die junge Frau und macht schon wieder diese beunruhigende Handbewegung.

Während ich noch überlege, ob das eine gute Idee ist, höre ich, wie Günther neben mir bestimmend sagt: »Inclinato nehmen wir!«

15.20 Uhr

Ich weiß jetzt, was die junge Frau mit »abschüssig« meint. Schon der Hauptweg von der Rezeption zu unserer Reihe ist ein einziges Auf und Ab. Der Wagen wird ordentlich durchgeschüttelt, und wir und mein Kopf sind mittendrin. Komme mir vor wie bei der Rallye Dakar. Während ich mich an dem Haltegriff oben an der Decke festhalte, merke ich, wie Günther richtig aufdreht. Bilde mir ein, dass er vor jedem Huckel noch mal extra Gas gibt. »Jahaaa, das ist hier noch Natur und nicht so platt betoniert. Ich glaub, wir haben einen Glückstreffer gelandet.« Er strahlt und mir wird schlecht.

Als wir »unsere« Reihe erreichen, wird mir noch schlechter. Gleich auf der ersten Parzelle steht ein großer Kombi, mitsamt Wohnwagen hinten dran. Dadurch kommt das ganze Gespann auf eine beachtliche Länge – und versperrt mal eben die Hälfte der Einfahrt. Die andere Hälfte ist aber nie im Leben breit genug für unser Mobil. Uns bleibt nur ein Umweg über einen Hügel gegenüber, der dem Wort »abschüssig« eine ganz neue Dimension verleiht.

Selbst Ingenieur Günther, der wahrscheinlich schon längst alle Maße im Kopf hochgerechnet hat, kommt zu einem ernüchternden Ergebnis: »Hmpf.«

Wir starren noch hilflos nach vorne, als es plötzlich bei mir an der Scheibe klopft. Sehen einen typischen Camper: Shorts, T-Shirt, kleiner Bauch, wenig Haare, mittelalt, mittelgroß, braun gebrannt und vor allem: gut gelaunt. Was nehmen die bloß alle?

Ich kurbele die Scheibe runter.

»Dit is ne Begrüßung, was?« Der Mann zeigt auf den Kombi mit dem Wohnwagen und lacht. »Dit is'n Pole, heute Morgen jekommen. Ick weeß nich, wo der steckt. Sonst hätt ick ja gesacht: Junge, lass ma de Neuen rin.« Er lacht. »Aber so? Ick gloob, ihr müsst da rumfahrn. Komm, gucken ma!« Er signalisiert Günther, dass er aussteigen soll.

15.40 Uhr

Günther und der Mann stehen vor unserem Wagen und sehen abwechselnd auf den Hügel und unser Mobil.

»Doch, dit könnta riskieren«, sagt der Mann schließlich.

Günther runzelt die Stirn. »Ja? Mir kommt das ja doch schon sehr schräg vor.«

»Ach wat, mit Schwung drübba. Dat müsste der wuppen.«

Günther steigt wieder ein und sagt zu mir: »Dann mal los.«

16 Uhr

Günther gibt Gas, und ich sehe, wie sich der Mann bekreuzigt.

Ohne-Raum-und-Zeit

Wahrscheinlich sind es nur wenige Sekunden, aber mir kommt es vor wie eine Ewigkeit. Der Wagen neigt sich zur Seite, neigt sich, neigt sich und neigt sich. Und ich muss an diesen Elchtest denken, den einige Autos nicht überstehen. Mein letzter Gedanke, als der Motor aufheult und wir mit einem Satz den Hügel überqueren: »Aaaaaaaaaaaaaaaaaaaahhh.«

16.05 Uhr

Wir haben unsere Parzelle erreicht. Und stehen. Der Wagen hat zwar auch hier ordentlich Schlagseite (anscheinend ist der ganze Platz doch sehr inclinato), aber Günther will die Nummer mit den Keilen erst morgen machen, wenn es trockener ist. »Jetzt stehen wir erst mal«, ist sein neues Motto. Und wahrscheinlich merkt er, dass ich ein weiteres Hin und Her nicht verkraften würde. Spüre, wie die ganze Anspannung mit einem Mal von mir abfällt und mir eine Träne die Wange runterläuft.

Günther versteift sich zu der Aussage, dass zu keiner Zeit eine Umkippgefahr bestanden habe, doch ich sehe, dass auch er etwas mitgenommen ist. Gut, dass wir keinen Limoncello mehr an Bord haben. Es hätte kein gutes Ende genommen.

16.30 Uhr

Günther hat mir das Bett ausgeklappt, und ich starre mit einer Melange aus Kopfschmerzen und dem dankbaren Gefühl, überlebt zu haben, die Verkleidung an der Decke an. Rolle immer wieder gegen den Kühlschrank, weil der Wagen so schief steht.

»Guck mal«, sagt Günther und drückt mir sein Handy in die Hand. »Kleine Aufheiterung, hat Klaus gerade geschickt.« Ich schaue auf den Bildschirm und sehe ein Foto, wie Ingrid mit großer Sonnenbrille wie tot unter einem Sonnenschirm liegt. Der Kommentar von Klaus darunter: »Der Likör zimmert noch ... hahahahahahahahaha«. Günther lacht und sieht mich erwartungsvoll an, ob ich auch lache. Manchmal haben Männer einen komischen Humor.

17 Uhr

Ich muss viel an die Kreuzfahrt denken.

17.30 Uhr

Es schüttet wieder wie aus Kübeln, und am Himmel wird es schwarz. Gleich kracht es bestimmt ordentlich. Ich sitze am Tisch, und gegen die Fenster peitscht der Regen. Der Wagen trotzt dem Wind, so gut es geht, und trotzdem wanken wir leicht. Sehe durch die Vorderscheibe auf die Parzelle schräg gegenüber. Da steht doch tatsächlich ein Zelt! So ein kleines Iglu-Zelt, das wir für Julia und ihre Freundin mal im Garten aufgebaut haben, als sie klein war. Das können die mir nun wirklich nicht erzählen, dass das jetzt ein schöner Urlaub ist, im Unwetter in diesem Zelt zu liegen. Vor allem, weil dieser Platz richtig teuer ist. 70 Euro zahlen wir pro Nacht. Dafür könnten die sich doch locker ein Hotel leisten! Oder ist das so eine Art Selbstkasteiung??? Aber wofür? Liegen da Schwerverbrecher, die auf diese Art und Weise Buße tun wollen?

17.35 Uhr

Sehe, wie plötzlich der Reißverschluss des Zeltes aufgeht und ein kleines Mädchen zum Vorschein kommt. Es legt den Kopf in den Nacken, streckt die Zunge raus, wird über und über nass und lacht sich anscheinend tot. Wird von einer nett aussehenden Frau, die auch lacht, wieder reingezogen. Es ist mir alles ein Rätsel.

18 Uhr

Kontrolliere zum zehnten Mal, ob die Handbremse auch gut angezogen ist. Günther legt mir beruhigend die Hand auf die Schulter. »Keine Sorge. Ich habe das Lenkrad extra so eingestellt, dass wir im Zweifelsfall kontrolliert gegen den Baum da hinten rollen.«

Hilfeeeeeeeeeeeeeee.

19 Uhr

Jetzt wird es auch noch kalt im Wagen. Genau das wollte *ich* vermeiden: dass wir die Heizung anstellen müssen. Aber ich befürchte, es geht nicht ohne. Habe meine Fleecejacke an und noch die von Günther drüber, und trotzdem ist es kühl. Jetzt müssen wir wieder an die Gasflaschen ran. Und eigentlich hatte ich mir schon bei der Einweisung geschworen, dass wir die Heizung schön Heizung sein lassen. Aber es konnte ja keiner ahnen, dass es plötzlich so einen Wetterumschwung gibt. Wie man's dreht und wendet: Ich friere.

»Vielleicht sollten wir doch mal die Heizung anstellen«, sage ich vorsichtig, und Günther horcht prompt auf. Er lässt den Reiseführer sinken, in den er gerade vertieft ist, und sagt: »Sehr, sehr gute Idee! Das haben wir gleich.« Ich glaube, er freut sich, so einen wichtigen Auftrag bekommen zu haben.

19.05 Uhr

Günther kniet unter dem Bett vor der Luke mit den Gasflaschen. Wie ein Zahnarzt (»Jetzt pikt es gleich mal kurz«, »Ich ziehe jetzt die Fäden«) spricht er jeden einzelnen Arbeitsschritt laut aus.

»Ich mache jetzt die Tür auf.«

»Jetzt mache ich das Sicherheitsventil auf.«

»Jetzt drücke ich auf den roten Knopf.«

»Jetzt ziehe ich den Schieber weg.«

»Jetzt drehe ich die Gasflasche auf.«

»Jetzt drehe ich ganz auf, bis zum Anschlag.«

Ich weiß nicht, ob er auch ein bisschen Muffensausen hat und sich selbst Mut machen will, indem er alles laut ausspricht. Oder will er sich nur vergewissern, dass ich einschreite, wenn er irgendwas falsch macht? Aber wie soll das gehen? Ich hab doch bei der Einweisung nicht aufgepasst! Werde panisch und Günther kommt wieder unter dem Bett hervorgekrabbelt.

»So, erster Teil ist geschafft, jetzt geht's zum Thermostat.«

Er drückt ein paarmal auf dem Thermostat neben der Tür rum. Komischerweise ohne irgendwas zu kommentieren.

Doch schließlich dreht er sich um und sagt stolz:

»Rosa, gleich wird's warm. Das Gas kommt von allen Seiten!«

Ich fasse zusammen: Ich habe eine Gehirnhautentzündung, und jeden Moment explodiert der Wagen. Wenn wir nicht vorher gegen den großen Baum rollen.

Kurz: Es ist aus. Der Tiefpunkt ist erreicht.

Samstag, 12. Mai

9 Uhr

Wider Erwarten muss ich gestern Abend eingeschlafen sein, gerade bin ich mit dem Kopf am Kühlschrank aufgewacht. Wange an Kühlelement sozusagen. Krabbele langsam aus dem Bett und schiebe das Rollo über der Küchenzeile hoch. Das Wetter ist besser, sehe ich. Durch die Bäume blinzelt sogar leicht die Sonne. Aber der ganze Boden ist noch nass vom Unwetter. Was das wieder für ein Gewische wird, wenn wir nicht konsequent die Schuhe vor dem Wagen stehen lassen. Und auch die restliche Szenerie ist Marke Und-täglich-grüßt-das-Murmeltier: Günther ist von mehreren Männern umringt, die wahlweise ein Kabel oder einen Auffahrkeil in der Hand haben. Alle haben kleine Bäuche und gucken hoch konzentriert.

Wissen Sie was? Ich lass es jetzt laufen!

Wir sind nicht gegen den Baum gerollt, die Gasflaschen sind über Nacht nicht explodiert, ich habe keine Gehirnhautentzündung: drei Gründe, um zu feiern. Beziehungsweise: ins Leben wieder einzusteigen. Ins Campingleben.

Jetzt aber richtig.

Drei Stunden später

Meine Verwandlung hat begonnen. Ich habe mich bei unseren Nachbarn mit »Ich bin Rosa« vorgestellt. Sonst habe ich immer »Rosa Schmidt« gesagt, da man das ja so intus hat, immer den Nachnamen mitzusagen. Doch inzwischen weiß ich: Echte Camper kennen keine Nachnamen!

Unsere neue Truppe für die nächsten acht Tage:

- Die Trotz-Unwetter-gut-gelaunten-Zeltjünger von gegenüber heißen Carina und Sebastian, ihre kleine Tochter mit den blonden Locken heißt Anna, ein richtiges Campergewächs, wie Carina lachend erzählte. Sowohl sie als auch Sebastian waren früher mit den Eltern immer am Gardasee campen. Und natürlich gebe man diese »Leidenschaft« an die nächste Generation weiter. »Wir können ja auch gar nicht anders«, ergänzte Sebastian. »Einmal Camper, immer Camper. Oder wie ist das bei euch?« (Habe irgendwas Undefinierbares genuschelt, was man im Zweifel nicht gegen mich verwenden konnte.)
- Unser Einweiser, der uns über den Hügel gelotst hat, heißt Olaf. Ebenfalls hart gesottener Camper aus Berlin, steht mit einer spektakulären Zeltkonstruktion am Ende unserer Reihe. Er muss mit seinem gestrigen »Doch, dit könnta riskieren« zuversichtlicher gewirkt haben, als ihm in Wahrheit zumute gewesen war. Den ganzen Abend habe er noch an unsere »Amokfahrt« (!) gedacht.

»Alter Schwede, dit war aber wirklich verschärft.« Olaf, um die fünfzig, hat auch eine Familie, haben sie aber noch nicht gesehen. (»Die Mädels lernt ihr früh genug kennen, diese Chaostruppe.«)

- Direkt neben uns stehen Heike und Jürgen in einem Wohnmobil, das unserem ähnelt. Ich glaube, bei den beiden kommen Günther und ich ganz groß raus. Heike entschuldigt sich in gefühlt jedem zweiten Satz, dass sie keine Ahnung vom Camping habe, da dies a) ihre erste Wohnmobiltour und b) ihr erster Platz sei. Habe sie im Unklaren gelassen und nicht gesagt, dass dies auch unsere erste Tour ist. Soll ich Ihnen was sagen? Sie himmelt mich ein bisschen an. Mit den banalsten Informationen kann ich bei ihr punkten. »Wirklich?« hier, »Was du alles weißt!« da. Es gipfelte in dem Ausspruch: »Ach, Rosa, ich bin so froh, dass ihr hier seid. Dann könnt ihr uns immer ein bisschen was zeigen.«

Günther sagt, ich soll das alles aufklären und beichten, dass wir auch keine Ahnung haben. Aber ach Gottchen, jetzt ist mal Zeit, die Lorbeeren der letzten Wochen einzuheimsen, finde ich. Außerdem liegen anscheinend wirklich Welten dazwischen, ob es der erste oder – wie bei uns – der dritte Platz ist. Wirklich, Heike und Jürgen wissen gar nichts. Günther (!) hat Jürgen schon beim Verkabeln geholfen, und ich habe Heike erklärt, wie man die Markise ausfährt. Ich sag Ihnen: Ich werd noch die Mutter der Kompanie.

Heike stellte sich übrigens so bei uns vor: »Wagner. Heike Wagner, freut mich.« Habe ihr gesagt, dass »wir« Camper (hihi) die Nachnamen weglassen.

19 Uhr

Feierabendbier bei Olaf, wobei das wohl eher Urlaubsabendbier heißen müsste. Haben seine Zeltkonstruktion nun in ihrer ganzen Schönheit bewundert und sind immer noch fassungslos. Olaf und seine Familie haben kein normales Zelt aufgebaut, nein, es müsste eher Zeltstadt heißen! Hinter dem riesigen Vorzelt liegt der Eingang zum Flur. Von dort gehen mehrere Zimmer ab (Olaf sagt »Kammern«, aber es sind eindeutig Zimmer!). Olaf und seine Frau Anita teilen sich ein Schlafzimmer, und Tochter Laura (14) hat ein eigenes. Im Verbindungszimmer waren mehrere Einbauschränke aufgebaut. Mehrere Kommoden mit Schubladen, Kleiderstangen, Schuhschränke – alles da. Günther und ich standen mit offenen Mündern da. Olaf gestand nicht ohne Stolz in der Stimme, dass es jeweils zwei volle Tage dauere, allein diese Schränke auf- und abzubauen. Glaubte ich sofort. Eine Pax-Schrankwand von Ikea war nichts dagegen! Aber, wie sagte Anita: »Ein bisschen Einrichtung muss schon sein.« »Ein bisschen«, wiederholte ich tonlos, und Anita wurde etwas rot. »Man tut eben, was man kann.« Der Stolz der Camper.

Das Vorzelt schmückte – einmal außen rum – eine Lichterkette, die automatisch in wechselnden Farben erstrahlte (Disco!). Hinzu kam ein riesiger Beamer (»Wat denn, wat denn, ick will doch nich auf Fußball verzichten«) und eine komplette Lounge-Ecke mit Polstern. (Esstisch, sechs Stühle, einen Grill und drei Sonnenliegen gab es natürlich auch noch.)

Die mussten doch ins Fernsehen!

»Das ist ja wirklich sehenswert, was deine Eltern hier aufgebaut haben«, sagten wir zu Laura, um sie ins Gespräch miteinzubeziehen. »Mmmmh«, brummte sie, ohne von ihrem Handy aufzusehen. Sie lag in sehr, sehr, sehr kurzen Hosen und bauchfreiem Top in der Lounge-Ecke und war so geschminkt wie Models in der Werbung (für wen bloß???). Alle paar Minuten rief sie »Menno, dieser Scheißempfang bricht dauernd ab« oder stieß wahlweise einen Die-Welt-ist-so-ungerecht-Seufzer aus.

»Eigentlich ist sie der totale Campingfan«, flüsterte Anita. »Aber in diesem Alter muss sie natürlich rebellieren. Ist vielleicht das letzte Jahr, dass sie mitkommt. Wobei sie im Herzen eigentlich noch ein Kind ist.«

Wir schauten beide zu Laura rüber, die just in dem Moment hochguckte und motzig fragte: »Is was?« Wir mussten lachen. »Teenies!«, kommentierte Anita und rollte mit den Augen. Olaf holte aus dem riesigen Kühlschrank, der im Vorzelt vor sich hin brummte und gegen die italienische Sonne sein Bestes gab, mehrere Bierflaschen raus. »Jetzt aber ran an die Buletten.« Er drückte jedem von uns eine Flasche in die Hand.

»Stößchen«, gackerte Anita und hielt ihre Flasche in die Mitte, damit wir uns zuprosten konnten. Und Laura stöhnte im Hintergrund: »Stößchen! Mamaaaaa!«

Olaf erzählte gerade von seinem Equipment, das er für die nächste Saison kaufen will (»Muss ja weiterjehen«), als ein Mann am Zelt vorbeiging. »Stehen geblieben«, rief Olaf, und der Mann hielt an.

»Darf ick vorstellen«, Olaf wandte sich an Günther und mich, »dit is der Panzerknacker, warum ihr so krumm und schief in die Parzelle fahren musstet.«

Der »Panzerknacker« saß eine Minute später mit am

Tisch und hatte sich in gebrochenem Deutsch vorgestellt. Er kam aus Polen, machte allein zwei Wochen Campingurlaub, hieß irgendwas mit K (nicht verstanden) und entschuldigte sich mehrfach dafür, dass er sein Auto nicht vom Wohnwagen abgekoppelt und uns so den Weg versperrt hatte. »Is ja noch mal jut jegangen«, sagte Olaf und drückte ihm ein Bier in die Hand. »Nasdrowje, ach nee, dit war jetzt russisch, oder?« Wir mussten alle lachen.

Der Rest des Abends ist schnell erzählt. Anita holte irgendwann mit den Worten »So jung kommen wir nicht mehr zusammen« eine Flasche Grappa aus dem Kühlschrank, und wir starteten noch mehrere Versuche, den Namen des Polen zu entziffern. Er schrieb ihn für uns sogar extra auf. Krzysztof, lasen wir. Gesprochen bestand er nur aus Zischlauten, und es war ein Ding der Unmöglichkeit, ihn korrekt nachzusprechen. (Sosehr wir uns auch bemühten, der Pole schüttelte jedes Mal streng den Kopf und sagte: »Nicht gaaaanz richtig.«) Irgendwann beschloss Olaf: »Weeßte, du heißt jetzt Christoph.« Alle erleichtert. Und Christoph war einverstanden.

Die Ersten, die sich absetzten, waren Anita und Laura. Olaf schnarcht so laut, dass er den beiden immer eine Stunde Vorsprung lässt. »Dann sind se einjeschlafen und ick kann schnarchen, bis der Arzt kommt«, lachte er.

Haben die Stunde mit ihm noch ausgehalten und stumm Mau-Mau gespielt.

Sonntag, 13. Mai

Punkt 9 Uhr hat mich Heike, bepackt mit zwei großen Jutebeuteln, zum Duschen abgeholt. Ich bin inzwischen auf einen Beutel runter und kam mir wie ein Profi vor. »Ich schlepp immer so viel mit«, stöhnte Heike, woraufhin ich mich neumalklug sagen hörte: »Das wird weniger, je mehr Erfahrung man hat.«

Neidisch und gleichzeitig bewundernd guckte sie auf meinen kleinen Beutel. »Wie kommst du bloß mit so wenig aus?«, fragte sie und flüsterte, während wir die Reihen entlanggingen: »Ich finde ja, dass dieses ganze Duschen so viel Zeit jeden Tag wegnimmt. Was das für ein Aufwand ist! Am liebsten würde ich das Duschen ja ganz einstellen. Aber da macht Jürgen nicht mit.«

Sagte nichts, wollte das jetzt durchziehen, einmal obenauf zu sein.

In der Dusche konnte ich dann tatsächlich den nächsten Trumpf ziehen. So richtig sauber waren die Kabinen nicht, aber ich sprach Heike Mut zu (»Augen zu und rein, Heike«) und ging selbst ohne mit der Wimper zu zucken in eine Kabine, in deren Ecke doch tatsächlich eine Spinne saß. Fühlte mich wie Reinhold Messner und dieser unerschrockene Naturfilmer in Personalunion.

Langsam komm ich rein.

Montag, 14. Mai

Ganzen Tag am Rödeln gewesen. Abends wieder Bier bei Olaf. Heike und Jürgen und Carina und Sebastian waren auch dabei. Und natürlich Christoph. Die Gruppe vergrößert sich. Laura hat sich sogar ganz lieb um die kleine Anna gekümmert und für eine Weile ihr Handy vergessen.

»Und was für Ausflüge macht ihr immer so, wenn ihr hier seid?«, fragte ich in die Runde. »Was müssen wir uns angucken?« Olaf und Anita fahren schließlich schon 34 Jahre auf diesen Platz. Wenn die keine Insidertipps haben, wer dann?

Olaf runzelte die Stirn. »Ausflüge? Dit machen wa nich viel. Wir ham hier doch allet!« Anita nickte. »Hier ist es doch am schönsten!«

»Ihr könnt doch nicht drei Wochen nur auf dem Campingplatz sein«, sagte selbst Günther.

»Jehen tut dit«, lachte Olaf. »Aber Momentchen, da fällt mir wat ein.« Er wandte sich an Anita: »Weeßte noch, einmal ham wa uns Räder jemietet und sind damit nach Lazise. Ihr gloobt nich, wat da passiert ist.« Allein schon die Erinnerung daran ließ ihn nach Luft japsen. »Uff der Promenade platzt doch meen Reifen. Ne Frau konnte gerade noch zur Seite springen. Dit war so laut, alle dachten, dit war ein Terroranschlach.«

Mussten den ganzen Abend immer wieder über Olafs geplatzten Reifen lachen, vertieften das Thema »Ausflüge« ansonsten aber nicht weiter. Christoph verstand das Wort »Ausflug« auch nicht.

Dienstag, 15. Mai

Wir verlottern. Ich trage nur noch Shorts, T-Shirts, Adiletten und Fleecejacke in Dauerschleife. Ist wohl nicht übertrieben, dass ich fast hundert Prozent meiner guten Kleidung, die ich dabeihabe, nicht einmal aus den Schränken geholt habe. Beichte (das muss jetzt aber wirklich unter uns bleiben!): Gestern hatte ich sogar meine blaue Schlumpf-Schlafanzughose an. In der Öffentlichkeit! Habe darin Wäsche aufgehängt, und niemand hat mich komisch angeguckt. Ich mag es gar nicht schreiben: Aber ich finde es gar nicht soooooo schlecht. Ich mag sogar inzwischen das Klacken der Adiletten. Wenn man damit läuft, schlupst es beim Abrollen hinten so raus, und die Hacke schlägt mit dem Plastik zusammen. Klack, klack, klack schlurft man über den Platz. Wenn ich bald wieder feste Schuhe anhabe, werde ich mich fremd im eigenen Körper fühlen.

Heute Abend stand großes Grillen auf dem Programm. Olaf hatte eingeladen, und jeder hat etwas beigesteuert. Carina und Sebastian hatten es irgendwie fertiggebracht, in ihrem Zelt einen wunderbaren Kartoffelsalat zu zaubern (Camper sind mir ein Rätsel!). Christoph wartete mit klein geschnittenem Gemüse auf, und wir hatten Grillfleisch am Kiosk gekauft (kamen uns etwas blöd vor, weil wir nichts Selbstgemachtes dabeihatten). War ein toller Abend, und Heike sagte die ganze Zeit: »Ich hätte nicht gedacht, dass Campen so gemütlich ist.« Günther knuffte mich jedes Mal in die Seite und flüsterte: »Du auch nicht, was?« Er glaubt, er hätte unsere Wette jetzt schon gewonnen. Pfff!

Christoph erwies sich übrigens als der ironischste Mensch, den wir kennen. Wir haben inzwischen herausgefunden, dass er eigentlich immer das Gegenteil meint von dem, was er sagt.

»Ich muss noch essen Wuurst«, sagte er und nahm sich eine vom Grill. »Ich noch nix habe gegessen.«

Bei uns ratterte es. Christoph hatte schon zwei Würstchen und ein ganzes Nackensteak verputzt.

Kurze Pause.

Wie meint der das jetzt?

Und dann alle: Ach so, haha!

Als ich ihn fragte, ob er eigentlich eine Partnerin habe, guckte er mich mit Unschuldsmiene an: »Ich haben dort im Wohnwagen zehn Frauen. Und zwanzig Kinder!«

Kurze Pause.

Wie meint der das jetzt schon wieder?

Und dann alle: Ach so, haha!

Irgendwann hatten wir seinen Humor halbwegs verstanden, und die Pausen zwischen unseren Lachanfällen wurden kürzer.

»Der is mir ne Marke!«, rief Olaf und klopfte Christoph so stark auf die Schultern, dass dieser sich am Kartoffelsalat verschluckte und mindestens fünf Minuten hustete.

Wir saßen so lange draußen, dass es irgendwann richtig kühl wurde. Jeder holte sich eine Wolldecke aus seinem Wagen und wickelte sie sich um die Füße. Wie richtige Abenteurer saßen wir unter dem Sternenhimmel Italiens, na ja, unter Olafs Vorzelt mit der blinkenden Lichterkette, und genossen das Zusammensein.

Kurz vor dem Zubettgehen noch eine SMS an Julia geschrieben.

»Noch wach? Kurz tel?«

Sofort klingelte das Handy, und Julia fragte mit besorgter Stimme: »Mama, was ist los? Geht's euch gut?«

Ich verzog mich hinter den Wagen, sodass Günther mich nicht hören konnte.

»Wollte nur kurz sagen, dass ich das alles hier doch gar nicht so blöd finde«, flüsterte ich.

»Mama«, stöhnte sie. »Und deswegen rufst du mich um kurz vor zwölf an?«

»Ich wollte es doch nur kurz durchgeben. Weil ich am Anfang … du weißt schon … ein wenig skeptisch war.«

»Aber das ist doch schön. Freu dich doch! Papa ist doch bestimmt auch ganz happy darüber, oder?«

»Bist du verrückt?«, rief ich und schlug mir sofort die Hand vor den Mund. Ich flüsterte weiter: »Das sag ich Papa doch nicht. Wir haben doch die Wette.«

»Jetzt sei doch nicht albern, Mama. Ihr seid doch keine zwölf mehr. Und diese Wette ist doch auch gar nicht so ernst …«

»Kommt gar nicht infrage!«

Bevor wir auflegten, nahm ich ihr noch ein Schweigegelöbnis ab. Wehe, sie verpetzt mich bei Günther!

Mittwoch, 16. Mai

Ich habe mich auf die Toilette gesetzt. Im öffentlichen Klohäuschen. Mit beiden Backen voll drauf. Ich glaube, ich bin angekommen.

Donnerstag, 17. Mai

21 Uhr

Wir kommen gerade aus Verona zurück. Das ist die Stadt, in der sich Romeo und Julia ewige Liebe schworen – und ich den Glauben an die Liebe endgültig verlor. Doch der Reihe nach.

Heute Morgen bekamen Günther und ich, nun gut, vor allem ich, Hummeln im Hintern. Wir können doch nicht drei Wochen in Italien unterwegs sein, ohne einen einzigen Ausflug gemacht zu haben! Wie sollten wir das denn Ute und Wolfgang erklären? Oder Kurt und Irene? *»Freunde, entschuldigt, aber wir hatten immer so viel zu tun, dass wir es einfach nicht geschafft haben. Man ist ja permanent nur am Verkabeln und Wischen und Fegen und Abwaschen und wieder Wischen. Gut, wenn wir ein halbes Jahr unterwegs gewesen wären, hätten wir sicher mal einen Ausflug gemacht. Aber so? Was sind denn schon drei Wochen?! Nichts! Gaaaaaaar nichts!«* Ogottogottogott.

Günther hätte von sich aus nicht unbedingt einen Ausflug gemacht, denn wie sagt man so schön? Ein Campingplatz ist ihm genug. Aber während des Frühstücks drängelte ich so lange, dass er irgendwann sagte: »Na schön, dann gucken wir uns mal Verona an.«

Verona liegt nicht einmal eine Autostunde von unserem Platz entfernt, und allein das Wort klingt doch nach Bella Italia: Freiluftoper, Romeo und Julia, kleine Gassen ... Für mich war klar: Wenn schon Ausflug, dann Verona! Da ist man schon mal so nah dran, das kommt doch so schnell nicht wieder vor. »Das wird herrlich«, seufzte ich, während wir die Frühstückssachen wieder in den Kühlschrank räumten. Günther brummte irgendwas Undefinierbares vor sich hin, und ich verwandelte mich: von der Camping-Rosa zur alten Rosa. Auf Knien krabbelte ich unter das Bett und öffnete das kleine Schränkchen neben den Gasflaschen, in das ich bei unserer Abreise überstürzt meine guten Seidenblusen reingestopft hatte. Über zwei Wochen hatten sie das Licht dieser Welt nicht gesehen. Ich mochte gar nicht hingucken, wobei ich ohnehin nicht viel sah, denn ohne Taschenlampe war man hier unten ein Niemand. Ich tastete im Dunkeln das Schränkchen ab und bekam schließlich irgendwas Seidiges zu fassen. Da, die einst gute rosafarbene Bluse mit dem schönen Kragen kam völlig verkrumpelt aus den Untiefen zum Vorschein. Wenn ich nur daran dachte, wie ordentlich sie bei mir zu Hause im Schrank hängt, überfiel mich ein schlechtes Gewissen. Aber besser eine verkrumpelte Seidenbluse als T-Shirt und Fleecejacke. Wir fuhren immerhin nach Verona! Ich zog mich mühevoll um (Himmel, so ein Wohnmobil ist wirklich klein) und tauschte meine Adiletten gegen die Sandalen mit dem kleinen Absatz, die ich ebenfalls seit der Abreise nicht mehr gesehen hatte. Tattarattaaa, die alte Rosa war für eine Rückkehr in die Zivilisation bereit.

Ich kramte aus einem anderen Schränkchen das Hemd von Günther raus, das ich ihm noch aufgeschwatzt hatte mitzunehmen, und drückte es ihm in die Hand. »Wir fahren nach Verona!«, sagte ich streng, und Günther zog widerwillig das Hemd über. Es spannte arg über dem Bauch. Hatte es das vor zwei Wochen schon getan? Kann man innerhalb von zwei Wochen zunehmen? Oder hatte sich Günther in dieser Zeit einfach dran gewöhnt, nicht mehr den Bauch einzuziehen? Wie man's drehte und wendete: Irgendwie saß es merkwürdig. Aber wer im Glashaus sitzt, sollte nicht mit Steinen werfen. Denn ich fühlte mich auch nicht gerade wohl in den hohen Schuhen und der Bluse. Es zwickte hier und da, und das Gefühl erinnerte mich an damals, nach den großen Sommerferien. Wochenlang war man als Kind mit kurzen Hosen herumgesprungen, und plötzlich musste man wieder lang tragen. Guckte an mir herunter und dann auf Günther. Irgendwie sahen wir verkleidet aus. Dabei hatten wir einfach nur unsere normale Kleidung an.

»Fertig?«, fragte Günther schließlich – und uns wurde klar, warum hier niemand auf die Idee kam, Ausflüge zu machen. Man kommt ja gar nicht weg!

Mithilfe von Olaf schaffte es Günther zwar, umständlich von den Keilen zu fahren, ohne den Hang runterzurollen. (Dauerte insgesamt über eine halbe Stunde und Günther war anschließend schweißgebadet. Ich auch, weil ich die ganze Zeit nur an Verona denken konnte und auf Kohlen saß.) Als wir dann endlich beide im Fahrerhaus saßen und losfahren wollten, klopfte Olaf an die Scheibe. »Ihr wollt jetzt aber nicht so weg, oder?«

Günther und ich sahen uns an. »Wie meinst du das?«

»Na ja, wie soll ick dit jetzt sagen…«, er zeigte auf unsere Campingstühle, den Tisch, die aufgespannte Wäscheleine mit unseren Sachen, mehreren Eimern, Günthers Latschen… was sich eben alles so ansammelt.

»Dit janze Jedöns müsst ihr schon mitnehmen!«

»Aber Olaf, wir kommen doch wieder!«, rief ich, jetzt mehr als schweißgebadet, denn das alles einzuräumen würde ewig dauern.

»Dit is ja ooch jut und schön, aber wer soll denn druff aufpassen? Beim Reifen-Strasser war neulich die janze Parzelle leer. Wat nich niet- und nagelfest ist, nehmse mit.«

»Olaf, mach uns nicht schwach«, warf Günther ein. »Wirklich? Könnt ihr nicht ein Auge drauf haben? Ich meine, ihr seid doch den ganzen Tag…« Weiter kam Günther nicht, denn Olaf winkte ab. »Mal een Stündchen is okay, aber wie heißt dit so schön? Uff Garderobe wird keene Haftung übernommen.« Er lachte.

Eigentlich hatte ich mir bis dato keine Sorgen gemacht, dass unser Campingtisch geklaut werden könnte. Oder Günthers Latschen. Oder ein Eimer. Aber weil jetzt auch Anita angerannt kam und »Rosa, packt die Sachen ein!« rief, wurde ich irgendwie doch panisch. Wäre schon schade, wenn mein schönes Badehandtuch unseren Ausflug nach Verona nicht überleben würde.

Also räumten Günther und ich doch tatsächlich alles ein. Günther schnaubte, während ich spürte, wie meine Seidenbluse langsam feucht wurde. Und irgendwann sah die Parzelle aus, als hätte es uns nie gegeben.

»Und wenn jetzt jemand unseren Platz nimmt, während wir weg sind?«, fragte Günther, denn in der Parallelstraße sahen wir schon zwei Campingplatzmitarbeiter in einem Golfcar auf der Suche nach freien Plätzen umherfahren.

Olaf ging ans Heck und holte einen Klappstuhl wieder raus. Er stellte ihn in der Mitte der Parzelle auf und salutierte. »Den verteidigen wa mit unserem Leben! Und jetzt macht, dat ihr loskommt!« Ich kam mir vor wie im Wilden Westen. Die damaligen Eroberer steckten Flaggen in den Boden, um ihr Land zu markieren. Und Camper ihre Klappstühle.

»Was für eine Aufregung!«, rief Anita und schüttelte ungläubig den Kopf. »Warum kommt ihr auch auf die Idee, einen Ausflug zu machen?!«

Eigentlich dachten wir, dass wir damit den schwersten Teil unserer Unternehmung geschafft hatten. Wir hatten uns erfolgreich von Anita und Olaf losgerissen und winkten ihnen durch die Heckscheibe zu. Doch da hatten wir die Rechnung ohne die anderen gemacht.

Während wir uns unseren Weg zum Hauptweg bahnten, kamen von links und rechts die Rufe. »Fahrt ihr schon?« »Wolltet ihr nicht bis nächste Woche bleiben?« »Günther, was ist los?«

Was für ein Stress! An jeder Ecke nur am Feuerlöschen. »Wir machen einen Ausflug!«, riefen wir zurück. »Bis spääääter!« Wildfremden Menschen schrien wir »Wir kommen wieder!« entgegen.

Als wir die Buckelpiste zum Ausgang nahmen (und wussten, dass uns das ganze Prozedere heute Abend in umgekehrter Reihenfolge drohte), waren wir mit den Nerven am Ende, und Günther versah mich mit einem strengen »DUwolltest-einen-Ausflug-machen«-Blick. Als wäre das eine so absurde Idee, wenn man für drei Wochen in Italien ist! »Wir werden bestimmt belohnt«, sagte ich und drehte das Radio an. Es ertönte *Azzurro*, und ich war sofort guter Dinge.

Die hatten sich eine Stunde später leider in Luft aufgelöst. Denn wir kamen in Verona an. Und anscheinend waren wir nicht die Einzigen, die die zwei Wörter »Ausflug« und »Verona« heute in den Mund genommen (und leider auch in die Tat umgesetzt) hatten. Kurz: Die Stadt war voll. Proppenvoll. Obwohl wir es noch gar nicht bis ins Zentrum geschafft hatten, sahen wir überall nur Menschenmassen. Und Autos. Und hupende Motorroller. Günther war sauer, dass ich nicht im Vorfeld einen Parkplatz recherchiert hatte, und ich verstieg mich zu der waghalsigen These, dass wir bestimmt gleich einen sieben Meter langen und drei Meter breiten Platz finden würden.

Oh. Mein. Gott.

Ich habe mich ja immer gefragt, warum Camper zusätzlich zu ihrem Wohnmobil noch Fahrräder, Motorroller oder – wenn sie solche Schlachtrosse haben wie Silvia und Volker – sogar kleine Autos in den Urlaub mitnehmen. Jetzt wusste ich, warum sie es machen: Nur damit sind Ausflüge überhaupt möglich! Das ist doch Wahnsinn, was wir hier machen, dachte ich, während wir das Mobil irgendwie durch die engen Straßen bugsierten. Wären wir doch nur auf dem Campingplatz geblieben!

Als wir um die gefühlt tausendste Kurve fuhren, Günther entnervt vor sich hin schnaubte und ich beruhigend auf ihn einredete, dass bestimmt gleich eine Lücke käme (woran ich ja selbst nicht glaubte), geschah das kleine

Wunder. Beziehungsweise große: Ein riesiger Parkplatz lag zu unserer rechten Seite, darauf standen viele Wohnmobile und sogar Reisebusse. Und das Beste: Es gab noch jede Menge Platz. »Herrschaftszeiten«, rief Günther. »Rettung in letzter Sekunde.« Er bremste ab, setzte den Blinker und bog auf den Schotterplatz ein. Doch unsere Freude währte nur kurz. Wieder einmal an diesem Tag. Denn schon am Eingang lungerte eine Gruppe komischer Gestalten herum. Junge Männer, die merkwürdige Bauchtaschen tragen, zu viel Zeit haben und Wohnmobile beobachten: keine gute Kombination. »Denkst du, was ich denke?«, zischte ich Günther zu, während wir im Schritttempo an ihnen vorbeifuhren. »Mmmh«, brummte Günther. »Wir stellen uns ganz nach hinten.«

Im Rückspiegel sah ich, wie die jungen Männer zwar so taten, als wäre es ihnen völlig egal, dass Frischfleisch auf den Platz gekommen war, sie uns aber in Wahrheit mit Argusaugen verfolgten.

Günther fuhr bis ans Ende und parkte unser Mobil hinter einem großen Reisebus aus Schweden. Links von uns war nur noch eine Hecke.

Mich überkam ein mulmiges Gefühl. »Hier haben die ja erst richtig Ruhe, unser Auto aufzubrechen, oder?«, fragte ich.

Günther runzelte die Stirn. »Du hast recht, wir parken um.«

Er ließ den Motor wieder an und fuhr zurück. In der Mitte vom Platz war zwischen zwei Wohnmobilen noch eine Lücke frei.

»Die nehmen wir«, sagte Günther. »Der Platz ist auch gut von der Straße einsehbar. Die werden schon nicht so blöd sein und am helllichten Tag hier was aufbrechen.« Ich glaube, er wollte sich selbst Mut zusprechen.

Je länger man darüber nachdachte, desto aberwitziger war das doch alles: Da packen wir extra alles ein, weil die klitzekleine Wahrscheinlichkeit besteht, dass ein Eimer geklaut wird, wenn Olaf mal gerade nicht am Platz ist. Und nun fahren wir mit unserem gesamten Hab und Gut durch die Gegend und lassen alles einfach so auf einem öffentlichen Parkplatz stehen.

»Sollen wir nicht doch lieber zurückfahren?«, fragte ich vorsichtig, doch Günther schüttelte entrüstet den Kopf. »Also wirklich, Rosa. Nun sind wir so weit gekommen. Jetzt gucken wir uns das auch an.« Ich glaube, er wollte sich selbst Mut zusprechen. Schon wieder.

»Wir gehen einfach selbstbewusst an ihnen vorbei. Gerader Rücken und Schultern zurück. Dann wird schon nichts passieren«, gab er mir letzte Instruktionen, bevor wir das Mobil abschlossen und zum Ausgang gingen.

Mich überkamen leichte Zweifel an seiner Strategie. Ich meine, wenn die Bande wirklich was im Schilde führen sollte, würde sie wohl kaum ihre Pläne verwerfen, nur weil zwei Rentner Stunden zuvor mit geradem Rücken an ihnen vorbeigegangen waren.

Als wir auf Höhe der Gruppe waren (für die war das Wort »verschlagen« wie gemacht), überkam auch mich ein gewisser Aktionismus, und ich wollte noch irgendetwas tun, um das Schlimmste zu verhindern. Gerader Rücken hin oder her, da musste es doch noch mehr geben.

»Lohnt sich das überhaupt, jetzt noch in die Stadt zu gehen?«, fragte ich laut und sah, wie Günther die Stirn runzelte. Noch lauter sagte ich: »Ich meine, wir sind ja gleich wieder da. Nur zehn Minuten.«

Gut, die Wahrscheinlichkeit, dass die Männer Deutsch verstanden, war sehr gering. Aber ich betonte extra die einzelnen Silben von »Mi-nu-ten« in der Hoffnung, dass das Wort auf sämtlichen Sprachen dieser Welt ähnlich klang. Minuti und so!

Kurz: Günther und ich hatten unser Bestes gegeben. Und doch konnten wir nicht richtig abschalten, als wir die Innenstadt erreichten.

Unser Nachmittag in Verona im Schnelldurchlauf:

- permanent ein schlechtes Gewissen gehabt, weil die Italiener so schick angezogen waren und ich die Krumpelbluse trug und Günther ein zu enges Hemd.
- in einer Seitenstraße eine trockene Pizza für sage und schreibe 18 Euro gegessen. Kellner unfreundlich, Teller schmutzig, Wasser aus kleinen Plastikflaschen, die ohne Glas auf den Tisch gestellt wurden. Kaum waren wir da raus, direkt um die nächste Ecke (Luftlinie zehn Meter) eine süße, kleine Trattoria entdeckt. Rot-weiße Tischdecken, lachende italienische Familien mit hübschen Kindern, das volle Programm. Hätte heulen können.
- alle halbe Stunde diesen Dialog geführt:
  Ich: »Meinst du, unsere Sachen sind sicher?«
  Günther: »Ja, klar.«
  Schweigen.
  Günther: »Wir können ja bald aufbrechen.«
- Kirche angesehen. Mit gefühlt 500 anderen Touristen. Als wir endlich wieder draußen waren, hörten wir, wie eine Frau zu einer anderen sagte: »Also die Fresken sind schon sehenswert.« Wir haben keine Fresken gesehen.

- an einem Marktstand einen Rüschenrock gekauft. Überhaupt nicht mein Fall. Klassischer Fall von Urlaubsfehlkauf. Weiß ich jetzt schon. Vor G. aber so getan, als würde ich ihn schön finden. Sonst sagt er wieder, ich schmeiße das Geld zum Fenster raus.

Auf dem Weg zurück zum Parkplatz wollten wir (nun gut, vor allem ich) noch einen Abstecher zu diesem berühmten Balkon machen. Laut Shakespeare hat Julia einst darauf gestanden und Romeo sie von unten angeschmachtet. Im Reiseführer habe ich gelesen, dass sich dieser Balkon inzwischen zu einer Hauptattraktion Veronas entwickelt hat. Das können wir uns doch nicht entgehen lassen! Gut, Günther sah das anders (er hat einfach kein Gespür für Romantik), aber immerhin kam er mit.

Wir folgten den Schildern, und irgendwann wurden die vollen Gassen der Altstadt noch voller. Aus einem Strom von Touristen hatte sich eine zähflüssige Masse entwickelt. Es gab weder ein Vor noch ein Zurück mehr. Ob Jung oder Alt: Alle wollten anscheinend diesen Balkon sehen. Eingekeilt zwischen einer Gruppe junger Asiatinnen, ließen wir uns treiben und kamen ohne Massenpanik schließlich an einem kleinen Torbogen an. Dies war der Eingang zu einem Innenhof, der voller Menschen war. Dahinter musste sich der Balkon verstecken! Zum Glück kam uns just in dem Moment eine komplette Reisegruppe entgegen und machte so Platz für den neuen Ansturm. Und uns.

Zugegebenermaßen war ich enttäuscht und berührt gleichermaßen. Der Balkon war klein und unspektakulär. Ich guckte einmal rauf und staunte dann, wie alle anderen gebannt raufguckten. Sahen sie, was ich nicht sah? Was ich aber wirklich schön fand: Die gesamte Mauer unterhalb des Balkons war voll von Liebesbotschaften – auf Zettelchen geschrieben, die in die Fugen gesteckt oder mit Tesa auf die Steine geklebt waren. Paare aus aller Welt hatten sich hier verewigt, überall waren aufgemalte Herzen zu sehen. Und auch wenn das hier im wahrsten Sinne eine Massenveranstaltung war (ich wurde fast von einer Gruppe hysterischer Amerikanerinnen erdrückt), hatte es irgendwie was Romantisches. Stellte mir für einen kurzen Moment sogar vor, wie es wäre, »Rosa und Günther« in einem Herz zu lesen. Doch Günther dachte natürlich nicht im Traum daran, einen Stift herauszuholen und »Ti amo, Rosa« zu schreiben. Er hatte sich durch die Menge gequetscht und stand direkt unter dem Balkon. Sah, wie er den Kopf schüttelte und immer wieder nach oben sah. Als er sich wieder zu mir zurückgekämpft hatte, war er außer sich. »Soll ich dir was sagen? Die veräppeln hier alle. Der Balkon ist NIE UND NIMMER aus dem 18. Jahrhundert. Der wurde nachträglich angebaut, und alle fallen drauf herein. Komm, wir gehen.«

Ich fand zwar nicht, dass hier jemand veräppelt wurde (und wenn, dann ja mit etwas Schönem!), aber ich stimmte zu, dass wir gehen sollten. Dachte immer noch an die finsteren Gestalten, die wahrscheinlich schon den ganzen Wagen leer geräumt hatten und immer noch über die naiven Rentner aus Deutschland lachten.

Wir wollten gerade aufbrechen, als mein Blick auf ein Pärchen in der gegenüberliegenden Ecke des Innenhofs fiel. Er, geschätzt Mitte 30, sie Ende 20, beide am Strahlen. Mit so einem Golfschläger machten sie gerade ein Foto von sich und schmiegten sich aneinander. Großer Gott, da fällt mir ein, dass wir vom Computerclub ja auch so ein Ding geschenkt bekommen und es noch nicht einmal benutzt haben. Werde gleich morgen den ganzen Campingplatz mit uns fotografieren.

Huch, ich schweife ab.

Ich sah noch mal rüber und wurde den Eindruck nicht los, dass ich den Mann kannte. Aber woher? Ich ging alle möglichen Kontexte durch: Nachbarschaft, nein. Günthers Arbeit, nein. Weitere Verwandtschaft, nein. Bank, nein. Volkshochschule, nein. Computerclub, nein.

Sobald ich ganz sicher weiß, dass ich jemanden kenne, ihn aber an einem Ort sehe, wo er eigentlich nicht hingehört, bin ich auf einmal total gesichtsblind. Im Alter, also, wenn ich richtig alt bin, werde ich wahrscheinlich nicht einmal mehr Günther erkennen, wenn ich ihn zufällig in der Stadt treffe (und nicht in unserem Wohnzimmer).

Ich kniff also die Augen zusammen, und in meinem Kopf ratterte es. Wer war das? Plötzlich hörte ich förmlich, wie die Erkenntnis im Gehirn platzte: Gott bewahre, das war Dr. Friedrichsen! Der Dr. Friedrichsen, der Wilhelm Reinke im Krankenhaus behandelt hatte. Mit dem sich Günther wegen Dr. Google angelegt hatte. Und vor allem: der Dr. Friedrichsen, der Julia Hoffnung gemacht hatte. Und nun stand der da mit einer Blondine unter dem Balkon von Romeo und Julia. Ich schnappte nach Luft. Aber vielleicht lag ich auch falsch. (Man darf nie die Hoffnung aufgeben!)

Ich stupste Günther an und zischte: »Jetzt guck bitte nicht in die rechte Ecke …«, woraufhin Günther natürlich sofort in die rechte Ecke guckte. (Zum Glück war das Pärchen so ins Fotografieren versunken, dass es ihn nicht bemerkte.)

»Ach nee…«, rief Günther laut, und ich stieß ihn in die Seite. »Schsch, bist du ruhig.«

»Das ist doch Dr. Friedrichsen«, flüsterte Günther.

Hatte ich also doch recht. Leider.

»Wer ist bloß die Frau an seiner Seite?«

Wir sahen rüber. Beide hatten ihre Köpfe inzwischen zur Wand gedreht und lasen sich die Liebesbotschaften auf den Zetteln durch.

»Ist das nicht unmöglich? Ich meine, macht der hier in aller Seelenruhe mit einer Frau Urlaub, und Julia ahnt nichts.«

»Wir wissen doch gar nicht, wer das ist«, sagte Günther. In diesem Moment nahm Dr. Friedrichsen die Frau in den Arm und machte noch ein Foto mit dem Golfschläger.

Jetzt schnaubte auch Günther.

Angestrengt überlegten wir, wie wir herausfinden konnten, wer die Frau war.

Das beste, nun, einzige Szenario bestand darin, dass ich eine Ohnmacht vortäuschte, Günther »Ein Arzt, wir brauchen einen Arzt!« schreit, Dr. Friedrichsen herbeigeeilt kommt, ich dann wieder zu mir komme und möglichst authentisch benommen sage: »Nein, Dr. Friedrichsen, das ist ja was, Sie hier! Sind Sie allein? Nein, Sie sind in Begleitung. Wer ist denn das?«

Nun, haben diese Idee schnell verworfen. Und eine andere ist uns leider nicht eingefallen.

Vollkommen aufgewühlt zurück zum Parkplatz gelaufen. (Wagen noch da und nicht aufgebrochen. Konnte mich nicht richtig freuen, da ich nur an Dr. Friedrichsen denken musste.)

Zurück zum Campingplatz gefahren.

Dort wieder die Buckelpiste zur Parzelle genommen.

Umständlich auf Keile gefahren.

Stühle, Tisch, Eimer, Latschen, Handtücher ausgeräumt.

»Wir sind wieder daaa!« in alle Himmelsrichtungen gerufen.

22 Uhr

Während des Zähneputzens ist mir gerade die Zahnbürste runtergefallen. Mit den Borsten kopfüber runter auf den Gang. Da, wo wir immer mit unseren schmutzigen Füßen laufen. Und Günther gestern mit seinen Adiletten reingeschlurft ist. Soll ich Ihnen was sagen? Ich habe die Bürste oberflächlich abgespült und sofort wieder in den Mund gesteckt.

Entweder bin ich noch völlig paralysiert von Dr. Friedrichsen. Oder ich bin abgehärtet.

Fakt ist: Diese Reise hinterlässt erste Spuren.

Freitag, 18. Mai

10 Uhr

Sitze mit Anita vor unserem Wagen und erzähle ihr von Verona. »Und dann rate mal, wen wir da unter diesem Balkon sehen«, sage ich, und mir fällt ein, dass Anita das ganze Drama um a) Julias Männer im Allgemeinen und b) Dr. Friedrichsen im Speziellen ja noch gar nicht kennt.

»Stopp, ich muss weiter ausholen.«

Dieser Satz fällt noch vier weitere Male.

Schließlich beginne ich mit den Worten: »Im Sommer 1983 habe ich Julia bekommen.«

Anderthalb Stunden später habe ich ihr unsere gesamte Lebensgeschichte erzählt, und Anita seufzt: »Männer!«

Samstag, 19. Mai

Sitzen wieder in großer Runde zusammen, und ich denke mehrfach »Ist ja doch ganz gemütlich hier«. Habe prompt ein schlechtes Gewissen. Weil ich das denke und weil Julia zu Hause sitzt und nichts von Dr. Friedrichsens Abenteuer in Verona ahnt.

Zwei Frauen, zwei Schicksale.

Ich kann sie doch nicht so im Unklaren lassen!

»Ich ruf sie jetzt an«, entfährt es mir. Anita nickt (»Kann ich voll verstehen«), Günther ist unsicher (»Nun mach doch keine Pferde scheu«) und Olaf sagt nur: »Eieieieieieiei.«

Für mich steht der Entschluss fest, und wir überlegen, wie ich mich im Gespräch langsam an das Thema rantasten kann, ohne gleich mit der Tür ins Haus zu fallen.

Heike macht den Vorschlag, dass ich ja sagen kann, dass sie heute einen Arzt gebraucht habe (»Schieb es ruhig auf mich, Rosa«). Bei dem Wort »Arzt« werde Julia bestimmt von sich aus auf Dr. Friedrichsen kommen und erzählen, ob sie in letzter Zeit mal wieder etwas von ihm gehört hatte. Und dann soll ich ihr mit den Worten (Vorschlag Heike) »Mensch, apropos Dr. Friedrichsen, da fällt mir ein …« reinen Wein einschenken.

»Ich weiß ja nicht …«, sage ich wenig überzeugt.

»Glaub mir, es muss nur das Signalwort ›Arzt‹ fallen«, macht mir Heike Mut. »Sag es sonst auch ruhig mehrmals hintereinander.«

Stelle mir vor, wie das Gespräch ablaufen könnte, wenn es nach Heike geht:

Ich (völlig ohne Zusammenhang): »Arzt, Arzt, Arzt.«

Julia: »Ist alles in Ordnung, Mama? Brauchst du einen Arzt?«

Ich: »Arzt, Arzt, Arzt, klingelt da was?«

Julia: »Du machst mir Angst.«

Kurz: Nein! Aber irgendwas fällt mir schon ein. »Wie dem auch sei, ich mach es jetzt.« Ich schnappe mir mein Handy und gehe zu unserem Wagen rüber, damit ich meine Ruhe habe. Sehe aus der Ferne, wie Anita und Heike die Daumen drücken.

Dummerweise geht Julia sofort nach dem zweiten Klingeln dran. Ich starte mit Small Talk, erzähle vom Campingplatz, unseren Nachbarn, dem Wetter, dem Essen und davon, dass der Wagen trotz Auffahrkeilen immer noch etwas schief steht und ich jeden Tag mit dem Kopf am Kühlschrank aufwache. Julia lacht. »Ich kann mir dich da gar nicht vorstellen.«

»Ich mich auch nicht«, antworte ich. »Aber ich kann dir versichern: Ich zieh das hier voll durch.« Ich lache nervös und versuche irgendwie beiläufig zu sagen: »Ach ja, gestern waren wir übrigens in Verona …« Ich komme gar nicht weiter, denn Julia ruft: »Echt? Du glaubst nicht, wer auch da war! Da kommst du nieee drauf. Komm …«, sie wirkt ganz aufgeregt. »Wir machen jetzt Personenraten.«

»Ich möchte lösen«, sage ich. »Dr. Friedrichsen?«

»Was? Wie kommst du denn darauf?«

»Wir haben ihn gesehen«, druckse ich. (Gleich muss ich sagen, mit wem wir ihn gesehen haben. O Gott, wie bring ich ihr das nur schonend bei???)

»Das ist ja ein Zufall! War er mit Bettina unterwegs?«

»Bettina?«

»Ist seine Schwester, die ist doch Unternehmensberaterin und hat gerade in Verona zu tun.«

Bei dem Wort »Schwester« fallen mir etliche Felsbrocken vom Herzen. Erleichtert schreie ich laut: »Schwester!« Sehe, dass Günther und die anderen es gehört haben, denn Anita reißt in Siegerpose die Arme in die Luft.

»Mama, schrei doch nicht so«, sagt Julia. »Mein Trommelfell platzt.«

»Aber sag mal«, frage ich aufgeregt, »woher weißt du das alles eigentlich? Habt ihr etwa Kontakt?«

»Jaaa«, flötet Julia. »Ich wollte es dir eigentlich erst erzählen, wenn ihr zurück seid. Denn es haben sich ein paar Sachen ergeben. Hast du kurz eine Minute? Also: Nachdem er euch die Packliste zusammengestellt hat, haben wir wieder gemailt. Und sogar telefoniert. Na ja, und letzte Woche habe ich ihm gebeichtet, dass die SMS an Silvester doch für ihn war. Und weißt du, was er gesagt hat? Dass er sich darüber freut!«

»Waaaaas?! Das ist ja eine Wendung!«

»Mehr ist da aber noch nicht, aber irgendwie fühlt es sich gut an, dass er es jetzt weiß. Anke hatte mir neulich eine Postkarte geschickt. ›Liebe wird aus Mut gemacht‹ stand da, und irgendwie dachte ich: Recht hat sie. Weißt du, man muss auch mal was riskieren.«

»Ich freu mich so für dich«, sage ich gerührt und muss fast eine Träne unterdrücken. So gelöst habe ich sie schon seit Langem nicht mehr erlebt.

Wir legen auf, und ich gehe zurück zu den anderen. Im Schnelldurchlauf alles erzählt. Was für eine überschwängliche Freude, und Heike sagt: »Ich hab heute am Kiosk Limoncello gekauft. Hat jemand Lust?«

Sonntag, 20. Mai

Morgen ist unser Abreisetag, es geht zurück nach Deutschland. Heute noch Adressen mit allen ausgetauscht und alles noch ein letztes Mal gemacht. Letztes Mal geduscht, letztes Mal einen Handfeger von Anita geliehen und letztes Mal Spaghetti auf dem Gasherd gekocht.

Günther wehmütig geworden.

Ich auch.

Montag, 21. Mai

14 Uhr

Sind gerade in der Hymer-Zentrale angekommen, um das Wohnmobil abzugeben. Es kommt mir vor, als wären wir ein halbes Jahr unterwegs gewesen, aber streng genommen waren es wohl wirklich nur drei Wochen. »Da sind Sie ja wieder«, ruft der Mitarbeiter hinter dem Tresen (derselbe, der bei der Abholung den ganzen Papierkram für uns gemacht hatte) und nimmt den Schlüssel entgegen. Wundern uns, dass er uns erkennt. Sind wir nicht ganz andere Menschen geworden?

Zusammen gehen wir mit ihm zum Womo, und der Mitarbeiter checkt alles kurz durch. Dann sind wir entlassen. Time to say goodbye. Wir winken dem »Granny« zum Abschied zu (großer Gott, das darf ich keinem erzählen), gehen zu unserem Auto, setzen uns – und bekommen einen kleinen Schock. Huch, wie niedrig das ist! Und wie klein! Fühlen uns wie Cowboys, denen man die Pferde weggenommen hat.

Günther startet den Motor, und durch die Scheibe sehe ich, wie eine Frau in meinem Alter an dem kleinen Imbiss Schupfnudeln isst und ein Mann nickend einem Hymer-Mitarbeiter hinterherläuft.

Das sind die Neuen.

JUNI

Wieder da

Samstag, 23. Juni

Wiederankommensstress. Gibt es dieses Wort? Wir hatten ihn auf jeden Fall! Der Monat ist so schnell vorbeigegangen, dass ich bisher überhaupt nicht zum Schreiben gekommen bin. Ich versuche mal zu rekonstruieren, was so passiert ist:

Alsoooooo:

- Ich habe jeden Tag zwanzig Minuten warm geduscht und innerlich »Mmmmh« geseufzt. Keine Spinnen. Keine fremden Haare. Kein Draufdrücken alle paar Sekunden, damit Wasser kommt.
- Günther hat jeden Tag zwanzig Minuten warm geduscht. Wollte er aber nicht zugeben. Tat so, als hätte er irgendwas anderes im Bad gemacht, obwohl ich das Wasser selbst im Wohnzimmer noch gehört habe. Jeden Tag derselbe Dialog: »Ist schon schön, wieder eine eigene Dusche zu haben, oder?«, neckte ich ihn. »Ich seh keinen großen Unterschied«, erwiderte er grummelig. »Außerdem fandest du die Duschen auf dem Platz am Ende auch gut.« »Waaaaas?«, rief ich entsetzt. »Ich fand sie furchtbar. Bis zuletzt! Jawohl! Bis zuletzt!« (Jeder von uns versuchte, gesichtswahrend aus der Duschsache wieder herauszukommen.)

- Kurt und Irene haben uns tagelang in den Ohren gelegen, dass wir einen Fotoabend machen sollen.
- Ute und Wolfgang haben uns tagelang in den Ohren gelegen, dass wir einen Fotoabend machen sollen.
- Silvia und Volker haben uns tagelang in den Ohren gelegen, dass wir einen Fotoabend machen sollen.
- Bei Penny eine alte Bekannte getroffen. Habe ihr vom Campingurlaub erzählt. Sie: »Das wäre ja gar nichts für mich.« Habe Sachen wie »Ich bin da nicht so zimperlich« gesagt. Und: »So ein Weltenbummler-Dasein in der Natur ist schon was Feines.« Bin mir noch unsicher, ob ich *ihr* was vorgemacht habe oder mir selbst.
- Erkenntnis gehabt: Wir haben vor lauter Aufregung nur neun Fotos gemacht. In drei Wochen. Neun.
- Große Wiedersehensfreude im Computerclub. Sie haben in unserer Abwesenheit unsere gefahrene Strecke animiert, und wie in einem Computerspiel sind wir mit einem kleinen Wohnwagen um den Gardasee getuckert. Kamen wieder schöne Erinnerungen hoch. (Habe G. aber nichts davon gesagt.)
- Sind in drei neuen WhatsApp-Gruppen drin: »Südtirol«, »Malcesine« und »Freunde des Gardasees ❤«. Sozialstress pur! Achim schickt jeden Tag in »Südtirol« gefühlt hundert Fotos von seinem neuen Equipment rum (haben seinen neuen Grill aus allen erdenklichen Perspektiven kennengelernt). In »Malcesine« geht es vor allem um Enkelkinder (Ingrid und Klaus) und Kinder (Sascha und Claudia) und in »Freunde des Gardasees ❤« postet Olaf permanent Urlaubssprüche. »Wie herrlich ist es, nichts zu tun. Und dann vom Nichtstun auszuruhn.« Wie handyverrückte Teenager sitzen

Günther und ich nebeneinander auf dem Sofa und sind eigentlich permanent nur am Tippen. »Toll« hier und »Daumen hoch« da. Vollzeitjob!

- Einladung für Fotoabend rausgeschickt. O-Ton Günther: »Werden die neun Fotos einfach etwas aufblähen.«
- Mehrfach lange mit Julia telefoniert und ihr gebeichtet, dass ich den Campingurlaub wider Erwarten ziemlich gut fand. »Was mach ich denn jetzt?«, fragte ich verzweifelt. »Das darf Papa doch nicht erfahren.« Julia seufzte mehrfach und sagte am Ende: »Mama, ist das jetzt nicht ein wenig albern?«
- Tante Lotti und Wilhelm Reinke haben sich so gefreut, dass wir zurück sind, dass ich mir ernsthaft Sorgen um ihren Kreislauf gemacht habe. Ganzen Nachmittag von Reise erzählt. Tante Lotti hat so gejuchzt, dass sie irgendwann androhte: »Das nächste Mal kommen wir mit!« Ich glaube, sie meint das ernst. Sie hat schon überlegt, dass Zivi Tim uns ja begleiten könnte. »Gut, wir müssten natürlich drei Wagen haben. Einen für euch, einen für Wilhelm und mich, nicht wahr, mein Schatz, und einen für Tim. Aber wer fährt unseren? Wilhelm, du? Ich weiß nicht, vielleicht könnte Rosa auch …« Tante Lotti brabbelte eine Ewigkeit vor sich hin und Wilhelm Reinke streichelte ihr sanft den Arm. »Immer noch einen rebellischen Plan fassend, unsere Lotti. Mich erinnert sie manchmal an Franziska zu Reventlow.« Bis zuletzt bestand Tante Lotti darauf, dass es nur eine »Frage der Organisation« sei und sie auch nach Mandarine will. »Mandarine, köstlich, Rosa, köstlich!«
- In einem Ein-Euro-Shop (ich mag die Läden eigentlich nicht, aber wir sind da ganz dumm reingeraten)

durch Zufall Camping-Deko gefunden. Haben uns für den Fotoabend um Kopf und Kragen gekauft: Kork-Untersetzer mit Wohnmobil-Motiv drauf, zwölfteiliges Becherset mit Wohnmobilmotiv drauf und – es ist mir wirklich peinlich, aber wir waren eben in einem Rausch – eine Wanduhr mit dem Schriftzug »Camper ticken anders«.

- Fotoabend mit neun Fotos war ein voller Erfolg. Haben zu jedem Foto ohne Probleme über eine halbe Stunde was erzählt, und Ute lachte am Ende: »Gut, dass ihr nicht mehr Bilder gemacht habt.« Deko und Uhr wurden auch gelobt!
- Limoncello im Supermarkt entdeckt und vom Anschauen sofort wieder Kopfschmerzen bekommen.
- Julia und Dr. Friedrichsen haben sich getroffen und geküsst. Julia im siebten Himmel. Günther im »Wehe-wenn-der-wieder-nichts-Festes-will«-Stadium und ich irgendwo dazwischen. Freue mich sehr für sie. Aber noch ein Liebeskummerdrama verkraftet mein Herz nicht.

Juli

Ein Himmel voller Geigen

Dienstag, 3. Juli

Ich muss ja gestehen, dass das Thema Kreuzfahrt für mich so weit entfernt ist wie die Vorstellung, dass Günther freiwillig *Promi Shopping Queen* gucken will.

Nach unserer Campingtour wäre ein Survivaltrip im Wald wohl eher die logische Konsequenz als eine Fahrt auf einem Luxusliner mit schweren Samtvorhängen und Kellnern, die einem mit weißen Handschuhen kleine Köstlichkeiten reichen. Gefühlt hängen wir immer noch bei Dosenravioli fest. Andererseits will ich mich natürlich auch nicht kampflos geschlagen geben. Das wäre ja noch schöner! *»Lieber Günther, du hattest recht, Camping war keine schlechte Idee, ich verzichte auf die Kreuzfahrt, du hast gewonnen.«* Um Himmels willen: NEIN! Also: Eine Kreuzfahrt, die wird kommen! Bin gestern am Reisebüro am Markt vorbeigekommen. Im Fenster hatten sie sogar mehrere Kreuzfahrtwerbeplakate hängen (scheint gerade beliebt zu sein): Atlantiküberquerung, Aida im Mittelmeer, Flussfahrt in Ägypten. Ist es nicht merkwürdig? Normalerweise hätte ich doch sofort reinstürmen und voller Vorfreude eine Reise buchen müssen. Aber irgendwie hat noch nichts gezündet. Gedanklich sitze ich noch am Gardasee auf einem Klappstuhl und freue mich, dass in der Dusche keine Haarbüschel sind.

Vielleicht liegt es auch daran, dass ich immer noch nicht

richtig angekommen bin. Man sagt ja, dass die Seele so lange braucht, um sich zu Hause wieder einzufinden, wie man brauchen würde, um die gesamte Strecke zu Fuß zu gehen. Ich habe mir mal die Mühe gemacht, das nachzurechnen. 1200 Kilometer sind es vom Gardasee bis zu uns. Wenn man jeden Tag 15 Kilometer gehen würde, wäre man nach 80 Tagen endlich da. Heißt: Am 21. September versteht unsere Seele, dass wir uns wieder in Deutschland befinden. Sehe schon, wie ich an dem Tag aufgeregt jeden um mich herum informieren werde, dass ich endlich wieder zu Hause bin, und alle mich für verrückt erklären.

Günther fremdelt auch noch, obwohl er das sicher so nicht bezeichnen würde. Im Gegenteil: Wahrscheinlich würde er behaupten, dass ihm der Urlaub die Augen geöffnet und er endlich zu seinem wahren Ich gefunden hat. Er läuft permanent barfuß rum (auch auf den kalten Fliesen in der Küche) und schneidet die Hecke im Garten nur mit Shorts bekleidet, oben ohne. Baucheinziehen ist auch nicht mehr.

Freitag, 6. Juli

Julia hat angerufen, sie will in einer Woche zu Besuch kommen. So weit, so gut. Und, festhalten, sie hat vorgeschlagen, dass sie ja Dr. Friedrichsen mal zum Abendessen mitbringen könnte.

»Seid ihr denn überhaupt schon fest zusammen?«,

fragte ich doch etwas geplättet. »Wolltet ihr es nicht lieber langsam angehen?«

»Mama«, lachte Julia. »Er will doch nicht gleich um meine Hand anhalten. Aber wenn ich ohnehin hier bin, werde ich ihn auf jeden Fall treffen. Und vielleicht kann man das doch mit euch kombinieren. Ganz unkompliziert, mach doch nicht so eine große Sache draus.«

»Also, als ich Papa mit nach Hause gebracht habe, hatte er sein bestes Hemd an und hat vor deiner Oma einen Diener gemacht.«

»Ich glaube, das macht Lars nicht.«

»Wer ist Lars?«

»Mamaaaa, Dr. Friedrichsen!«

»Ach so«, lachte ich hektisch. Musste ihr versprechen, dass ich ihn nicht mit »Dr. Friedrichsen« anspreche, sondern bis dahin lerne, »Herr Friedrichsen« zu sagen. Julia meinte, wir könnten ihm ja auch das »Du« anbieten. Gott bewahre, doch nicht einem Doktor!

Sonntag, 8. Juli

Schwüles Wetter. Regen. Ganzen Tag nur drinnen gewesen. Haben eine Dokumentation über Elvis gesehen. Nach seinem Tod sind so viele Doubles von ihm entstanden, dass – wenn es so weitergeht – im Jahr 2040 jeder zehnte Mensch auf Erden ein Elvis sein wird.

Montag, 9. Juli

10 Uhr

Treffe mich mit Ute im Café Gottschalk zum Frühstück. Endlich mal wieder! Die Kellnerin begrüßte uns ganz schmallippig mit »Ach, auch mal wieder hier? Was darf's denn sein?«. (Sie weiß natürlich ganz genau, was wir immer nehmen, wenn wir zum Frühstück kommen. Aber sie ist ein bisschen beleidigt, dass wir uns so lange nicht mehr haben blicken lassen.) Ute hat sie ein wenig aufs Korn genommen und ganz ernst gefragt: »Würden Sie uns noch mal die Karte bringen?« Die Kellnerin schnappte nach Luft, und Ute lachte: »Kleiner Scherz. Wie immer!« Die Kellnerin lachte auch, und die Welt war wieder in Ordnung.

Als unser Frühstück da ist, erzähle ich Ute von meinem Kreuzfahrtdilemma. »Ich will ja weg, so ist es ja nicht, aber ich kann mich einfach nicht für was begeistern, weil die Campingtour noch nachhallt. Sag das aber bloß Günther nicht! Sonst ist der wieder so obenauf.«

»Du brauchst gar nicht weiterzureden«, unterbricht mich Ute und strahlt. »Ich hab was für dich!«

»Das wäre?«

»Ich hab gestern durch Zufall im Internet eine Kreuzfahrt der besonderen Art gefunden. Die ist es!«

»Ich höre?«

»Also, halt dich fest. Dir sagt doch die Queen Mary was, dieses Luxusschiff, das manchmal in Hamburg anlegt. Und dann gibt es noch die Queen Mary 2, praktisch dasselbe in Grün.«

»Von der hab ich auch schon gehört…«, murmele ich, aber Ute unterbricht mich wieder.

»Nun warte doch mal, es wird noch besser. Im September schippert diese Queen Mary 2 also durch die Ostsee hoch nach Norwegen durch die Fjorde…«

»An so eine Fjordtour hab ich auch schon…«

»Rosa, du machst mich wahnsinnig. Lass mich doch mal ausreden. Also: Im September gibt's auf jeden Fall eine besondere Tour. Denn…« Ute imitiert einen Tusch, »…sie haben einen Star an Bord.«

»Aha.«

»Ja, wie, ›aha‹? Willst du nicht wissen, wer es ist? Ich sag's dir jetzt einfach: Es ist David Garrett. Der Stargeiger! Und jetzt halt dich fest: Jeden Abend gibt er ein Konzert an Bord.« Sie strahlt mich an. »Was sagst du?«

Das muss ich erst einmal sacken lassen. Ich bin zwar kein expliziter Fan von diesem David Garrett, aber es ist natürlich schon etwas Besonderes, wenn er auf einem Kreuzfahrtschiff Konzerte gibt. Und einen größeren Kontrast zum Campingplatz gibt es wohl kaum. Je länger ich darüber nachdenke (Ute wiederholt permanent »Das ist es, oder?«, »Das ist es, oder?«), desto mehr komme ich zu dem Schluss: Vielleicht ist diese Reise wirklich genau das, wonach ich gesucht habe. Ein Luxusdampfer und ein Stargeiger an Bord: Mehr geht nicht. Tante Lotti, die früher immer Doppelkopf gespielt hat, würde wohl sagen: Damit hat man alle Trümpfe in der Hand.

»Ich glaube, das ist es«, sage ich, und Ute nickt. »Ha! Wusste ich's doch! Darauf stoßen wir jetzt noch einmal an.«

Während wir jeder ein Glas Prosecco trinken (morgens um zehn, darf ich niemandem erzählen!), fängt Ute plötzlich an zu kichern. »Mir fällt gerade was zu eurer Urlaubswette ein …«, hickste sie. »Ich würde sagen: Dem Günther geigst du was.« Startschuss für einen Lachkrampf zweier beschwipster Rentnerinnen.

12 Uhr

Wieder zu Hause. Ich habe mir das Tablett geholt und heimlich nach der Reise gesucht. Habe sie auch nach ein bisschen Klicken gefunden – und bin ziemlich geknickt. Alle Zimmer in sämtlichen Kategorien sind natürlich restlos ausgebucht. Fast! So wie ich das beurteilen kann, sind nur noch zwei (!) Außenkabinen mit Balkon auf einem der höheren Decks frei. Das sind natürlich die teuersten. Fünf Tage auf diesem Schiff kosten so viel wie drei Wochen Campen.

Jetzt krieg ich Angst vor meiner eigenen Courage.

12.10 Uhr

Ich rufe Ute an. »Wusstest du, wie teuer die Reise ist?«

»Nee, erzähl.«

Ich nenne ihr den Preis, sie atmet einmal tief ein und sagt dann: »Gönnt euch doch mal was!«

12.20 Uhr

Julia müsste jetzt Mittagspause haben. Ich soll sie eigentlich nicht während der Arbeit anrufen, aber ich finde, sie hat ein Recht darauf zu erfahren, wie ihre Eltern ihr Erbe auf den Kopf hauen.

Nach dem ersten Klingeln geht Julia ran.

»Mama, wir sitzen gerade beim Asiaten«, flüstert sie. »Kann ich dich später zurückrufen oder ist es wichtig?«

»Nur ganz kurz: Ich will jetzt unsere Kreuzfahrt buchen, aber du glaubst es nicht, da kommen ja Kosten zusammen! Also, es ist …«

Julia würgt mich mit den Worten »Das hatten wir doch schon, Mama. Gönnt euch doch mal was!« ab.

12.30 Uhr

Sicher ist sicher. Rufe Irene an, die nahezu vorwurfsvoll fragt, nachdem ich ihr den Sachverhalt erklärt habe: »Was meinst du, was Patagonien gekostet hat?« Ich finde ja nicht, dass das die Antwort auf meine Frage ist, aber wahrscheinlich wollte sie damit nur »Jetzt gönnt euch doch mal was« ausdrücken.

13 Uhr

Überlege, mir den Segen noch von den Campern zu holen und in die WhatsApp-Gruppen zu schreiben. Im letzten Moment fällt mir ein, dass Günther ja auch Teil der Gruppen ist. Da kann ich ihn auch gleich selbst fragen.

13.30 Uhr

»Ich lass mich gerne überraschen!« Günther sitzt auf der Terrasse in der Hollywoodschaukel und löst ein Sudoku. »Wir hatten abgemacht, dass jeder buchen kann, was er will. Insofern: Du hast freie Hand!«

»Und du willst dir das nicht angucken, was ich hier plane?«, frage ich vorsichtig, doch Günther sieht gar nicht von seinem Block auf.

»Nö. Ich weiß eh, dass ich gewinne.«

17 Uhr

Ich habe gerade mit zittrigen Händen unsere Kontaktdaten (und mit noch zittrigeren Händen unsere Bankdaten) unter dem Formular mit dem Namen »Jetzt verbindlich buchen« eingegeben.

Verharre einen Moment, bevor ich auf »Senden« klicke.

Will ich das wirklich? Ist schon teuer. Und eine ganz schön große Nummer noch dazu. Andererseits: Man lebt nur einmal. Wenn nicht jetzt, wann dann?

Lasse meinen Finger auf die Taste fallen, ein Fenster mit einem grünen Pfeil und dem Schriftzug »Danke für Ihre Buchung« erscheint, und mein Teil der Wette wird konkret.

Jetzt brauch ich einen Schnaps.

Mittwoch, 11. Juli

Ich fühle mich wirklich innerlich zerrissen. Einerseits freue ich mich unwahrscheinlich auf die Kreuzfahrt, andererseits muss ich zugeben, dass ich die Campingtour nicht sooooo blöd fand. Wenn man mir vor der Reise gesagt hätte, dass ich einmal Plastikgeschirr und Adiletten hinterhertrauere, hätte ich ihn für verrückt erklärt. Mag es Günther gegenüber natürlich nicht zugeben, sondern versuche, die Fassade aufrechtzuerhalten. Sage Dinge wie: »Was bin ich froh, dass ich mein eigenes Bett wiederhabe.« (Um ehrlich zu sein, habe ich noch nie so tief und fest geschlafen wie im Wohnmobil. Habe schon überlegt, mein Bett ein wenig aufzubocken, damit ich Schlagseite bekomme und gegen irgendwas rolle.)

Nachmittags noch Tante Lotti besucht. Habe ihr von der teuren Kreuzfahrt erzählt und sie hat ihren Rollator zur Kommode am Fenster geschoben und aus einer Brieftasche einen Zehneuroschein rausgekramt. Beide kurz ein Tränchen verdrückt. Weil wir uns haben. (Und ich mir mit dem Geld ein zusätzliches Wasser ohne Kohlensäure aus der Minibar leisten kann. Gott bewahre.)

Freitag, 13. Juli

Wenn dieser Tag eine Überschrift hätte, wäre es wohl »Die Ankunft«. Klingt bedeutungsvoll, oder? Aber so war es auch!

Heute Mittag haben wir Julia vom Bahnhof abgeholt (ihre Ankunft meine ich nicht). Als wir alle drei nach Hause kamen, guckte ich noch einmal in den Briefkasten, weil morgens nichts drin gewesen war. Seit geraumer Zeit kommt der Postbote immer so spät, dass man sich nie sicher sein kann, ob er schon durch ist (er bekommt immer mehr Straßen aufs Auge gedrückt). Günther regt sich furchtbar darüber auf. Neulich meinte er – während er gemütlich auf dem Sofa lag und Lakritz mampfte –, dass er als Postbote die gesamte Runde bis Mittag schaffen würde. Kein Kommentar.

Egal, ich schweife ab. Ich öffnete heute also den Briefkasten und sah einen großen Umschlag. Er war an »Mrs. Rosa Schmidt« adressiert (Mrs.!!!), und in der Mitte prangte der Schriftzug »documents enclosed«. Wenn ich nicht unten rechts das Logo der Reederei entdeckt hätte, hätte ich es für Geheimdokumente des FBI gehalten.

Nahm den Umschlag mit ins Haus und legte ihn auf den Küchentisch. »Das ist mein Teil unserer Wette.«

Julia wollte den Umschlag sofort aufreißen, und auch Günther murmelte: »Dann lass mal sehen«, doch ich setzte durch, dass wir erst einmal zu Mittag aßen. Spannung hochhalten! In einem Affentempo Spaghetti mit Gemüsesoße verputzt.

Nachdem wir auch mit dem Abwasch fertig waren, setzten wir uns gemeinsam auf die Terrasse, und ich öffnete langsam den Umschlag (so etwas will zelebriert werden). Zum Vorschein kam ein dunkelblaues Heft mit goldenem Rahmen. Sah edel aus. Die Vorderseite schmückte das Schiff und darunter ein Foto von David Garrett mit seiner Geige.

»Jetzt kann ich es ja auflösen«, sagte ich. Julia (sehr gespannt) und Günther (wahrscheinlich auch gespannt, gab sich aber Mühe, nicht so zu wirken) sahen mich an. »Wir fahren mit der Queen Mary von Hamburg nach Norwegen. Mit an Bord ist David Garrett. Und: Wir werden ein Konzert von ihm hören. Was sagt ihr?«

Julia war die Erste, die ihre Sprache wiederfand.

»Wahnsinn, Mama!«, rief sie und schnappte sich das Heft. »Wie cool ist das denn bitte? Na, *dazu* hätte ich auch Lust gehabt. Ich dachte, ihr macht so eine Rentnerreise!«

»Nun lass Papa doch mal sehen«, sagte ich und nahm ihr das Heft aus der Hand.

Günther fing stumm an zu blättern.

Und blätterte.

Und blätterte.

Irgendwann sagte er: »Das ist ja ganz schön überkandidelt.«

Das blieb sein einziger Kommentar.

Julia zwinkerte mir zu und flüsterte: »So'n Blödsinn, der freut sich!«

Als ich das Heft durchblätterte, war ich mir plötzlich auch unsicher. Die Fotos sahen so aus, als hätte man sie im Buckingham Palace aufgenommen. Überall schwere Vorhänge, Ornamentteppiche und goldene Verzierungen. Von der »Bordsprache Englisch« war die Rede und von den zwei Kleidervorschriften, die man einzuhalten habe. Unter »Formal« las ich: »Smoking oder alternativ dunkler Anzug mit Krawatte für die Herren. Abend- oder Cocktailkleid oder andere formelle Kleidung für die Damen.« Unter »Informal«: »Jackett (Krawatte nach Wunsch) für die Herren; Cocktailkleid, Kostüm oder Hosenanzug und andere klassisch-elegante Kombinationen für die Damen. Jeans sind nicht erwünscht.«

Kurz: Es war genau das, was ich mir unter einer Luxuskreuzfahrt vorgestellt hatte. Aber der Kontrast zum Campingplatz hätte wirklich nicht größer ausfallen können. Vielleicht war das alles eine Nummer zu groß? Ich meine, ich bin ja nicht die Queen!

Der Rest des Tages ist schnell erzählt: Günther machte einen auf Ich-bin-Camper-durch-und-durch und schnitt mit einem Taschenmesser Äpfel (obwohl er in der Küche neben der Besteckschublade stand), ich dachte an Jeanshosenverbote und meine Englischkenntnisse (war davon noch was übrig???), und kurz vor dem Zubettgehen sagte Julia: »Ach ja, ganz vergessen, ich hab Lars jetzt einfach mal für morgen Abend zum Essen eingeladen.«

Samstag, 14. Juli

9 Uhr

Schlaflose Nacht wegen Dr. Friedrichsen gehabt. Auch Günther ist verärgert, dass Julia ihn einlädt, ohne uns gefragt zu haben.

»Mein Gott«, sagte Julia. »Das ist doch nicht mehr wie früher. Das hat doch nichts zu bedeuten. Und er erwartet auch kein Drei-Gänge-Menü. Wir essen einfach wie immer, und er ist dabei. Brot mit Käse und so. Wo ist das Problem?« Können ihn natürlich nicht mehr ausladen. Da hat sie uns ja mal schön was eingebrockt.

10 Uhr

Kochbücher gewälzt. Drei-Gänge-Menü geplant. Julia protestierte. Aber das ist ein Doktor!

11.30 Uhr

Günther mit riesiger Liste zum Einkaufen geschickt. Allein das indische Curry als Hauptgang besteht aus 15 verschiedenen Zutaten. Julia protestierte wieder, meinte, dass es

Spaghetti mit Gemüsesoße auch getan hätten. Günther und ich sind anderer Meinung.

12.30 Uhr

Günther schweißgebadet zurück. Mehrere Tüten auf dem Küchentisch abgestellt. »Ich fahr noch mal zu Edeka im Industriegebiet. Vielleicht krieg ich da …«, er schaut auf den Einkaufszettel: »Garam Massala.«

13.15 Uhr

Kurzes Mittagessen. Brot mit Käse.

14.30 Uhr

Julia bequatscht mich, zur Ablenkung (»Das ist ja schlimm mit euch, was ihr für eine Welle macht«) zum Bummeln in die Stadt zu fahren. Günther erschöpft auf die Gartenliege.

17 Uhr

Julia hat mich bequatscht, für die Kreuzfahrt ein dunkelblaues Abendkleid zu kaufen. Mit Spitzenbesatz. Fühle mich wie die Queen.

17.30 – 19 Uhr

Kochvorbereitung und ein bisschen geredet.

Die Sätze »Was hast du uns eingebrockt?« und »Seid ihr überhaupt zusammen?« wechseln sich ab. Julia stöhnt wahlweise oder sagt: »Macht mich nicht verantwortlich für so ein Theater. Es hätte auch Brot getan! Und nein, wir sind nicht fest zusammen, aber wir mögen uns. So!«

Günther schnippelt und schnippelt (warum musste es auch ein indisches Curry sein?) und gibt die Losung für die

Zukunft aus: »Das nächste Mal nur jemanden mitbringen, der dir verbindlich einen Antrag machen will.«

19.29 Uhr

Es klingelt. Die Visite ist da.

22.30 Uhr

Dr. Friedrichsen ist gerade nach Hause gegangen. War ein sehr netter Abend. Während der Vorspeise waren wir alle noch arg aufgeregt, und ich hätte ihn um ein Haar gefragt, was er denn so beruflich macht. Danach hat uns das Curry aber gerettet. Es war so scharf, dass wir alle fast erstickt wären. (Günther muss sich mit den Mengenangaben zur roten Currypaste vertan haben.) Klingt jetzt lustig, aber wir waren alle wirklich am Keuchen. Doch der gemeinsame Todeskampf hat uns quasi zusammengeschweißt. Danach war der Knoten geplatzt. Haben die Gelegenheit genutzt (wenn wir schon mal einen Arzt zu Hause haben), um ein paar Medizinthemen anzusprechen. Günther wollte was zu seinen Krampfadern wissen, ich zu meinem Bluthochdruck.

»Ich weiß ja, dass man mit der Ernährung ganz viel bewegen kann«, setzte ich an und bin dann alle Lebensmittel durchgegangen, die mir so einfielen.

»Was sagen Sie zu Brokkoli?«

»Sprossen sollen ja gut sein, oder?«

»Obst eher nicht?«

»Und Spinat?«

Dr. Friedrichsen hatte richtig gute Tipps auf Lager, nur Julia versuchte die ganze Zeit, das Gespräch auf ein anderes Thema zu lenken.

»Meine Eltern gehen ja bald auf Kreuzfahrt«, sagte sie zum Beispiel und stupste mich an. »Erzähl doch mal, Mama.«

Zugegeben, habe kurz von unserer Tour berichtet und dann aber schnell gefragt, was man auf dem Schiff denn so essen soll gegen den Bluthochdruck. (Mein Gott, der wusste doch so viel! Das war wirklich wie bei den *Ernährungs-Docs*, die ich im Fernsehen immer so gerne sehe. Diese Gelegenheit kann man sich doch nicht entgehen lassen!)

Vor dem Nachtisch flüsterte mir Julia in der Küche zu: »Läuft doch super, Mama, oder? Wenn ihr nicht nur über Krankheiten reden würdet!«

»Der gibt doch gerne Auskunft«, tuschelte ich zurück. »Und wenn wir schon mal einen Arzt im Haus haben!«

Haben noch viel Wissen abgegriffen. Der Mann ist ein wandelndes Lexikon! Und er hat mir den Segen gegeben, ruhig ab und zu ein Glas Wein zu trinken. »Sie müssen sich nicht alles verbieten, Frau Schmidt« hat er gesagt und dabei ganz milde und zuversichtlich gelächelt. Ach, mir geht's schon viel besser, sag ich Ihnen!

Julia meint, wir hätten ihm auch das ›Du‹ anbieten können. Aber wie nannte es Günther? Bei Ärzten haben wir eine »Duz-Hemmung«. Höre schon, wie wir Julia bald »Frau Doktor« nennen.

Montag, 16. Juli

Ich weiß nicht, was in Günthers Kopf vor sich geht, aber anscheinend setzen ihm die Kleidervorschriften und mein neues Abendkleid doch ein wenig zu. Er hat sich heute zwei Hemden aus der Werbung bestellt, die wir neulich in der Zeitung hatten. (Werbefigur war Klaus Behrendt, der Tatort-Kommissar. Er saß in einem schnittigen Cabrio und sah in diesem Hemd viel jünger aus als im Fernsehen. Günther will jetzt auch so aussehen, glaube ich.)

»Willst du dich schick machen für die Kreuzfahrt, was?«, neckte ich ihn.

Günthers Grummel-Antwort: »Ich muss dieses Kasperletheater ja mitspielen.«

Mittwoch, 18. Juli

Der Countdown Queen Mary läuft. Genau heute in zwei Monaten schiffen wir ein. Bin inzwischen schon so voller Vorfreude, dass ich mir vorgenommen habe, ab jetzt nur noch Seemannssprache zu verwenden. Werde Menschen auf der Straße mit »Ahoi« begrüßen und nicht mehr links und rechts, sondern Back- und Steuerbord sagen. Was ist noch mal was? Nun, finde ich schon noch raus! Vielleicht kann ich auch noch lernen, wie man so Seemannsknoten bindet. Und Günther kauf ich eine Kapitänsmütze. Volle Kraft voraus!

Samstag, 21. Juli

9 Uhr

Der Postbote war da. Günthers Hemden sind angekommen. Dafür, dass sie laut Günther ja nur dazu dienen, »dieses Kasperletheater« mitzuspielen, kann er das Paket gar nicht schnell genug aufmachen. Zwei in Klarsichtfolie eingeschweißte Hemden liegen in der Box, ein schwarzes und ein blaues. Dazu noch der Lieferzettel, die Bestellunterlagen (mit Maßtabelle zu den Größen) sowie ein Rücksendeetikett. Haben ehrlicherweise noch nie was im Internet bestellt (Julia kauft ja nur noch online) und sind etwas aufgeregt.

»Dann mach ich wohl mal Modenschau«, brummt Günther (versucht immer noch, gleichgültig zu wirken) und verschwindet mit dem schwarzen Hemd im Badezimmer.

9.10 Uhr

Kleider machen ja bekanntlich Leute. Aber ein Hemd macht aus einem Rentner noch keinen Cabrio-Fahrer. Oder vielmehr einen, der über das Ziel hinausgeschossen ist???

Der Stoff und die Farbe sind zwar gut, aber es sitzt ein bisschen eng für meinen Geschmack. Am Bauch spannt es etwas, auch die Arme sitzen arg stramm, aber an den Schultern kommt es eigentlich hin.

»Bisschen eng, oder?«, fragt Günther zum Glück, und ich muss nicht zugeben, dass ich es zu eng finde. Günther zupft an sich rum, aber es ist doch sehr auf Kante genäht. »Sollen wir mal nachmessen, ob ich überhaupt die richtige Größe bestellt habe?«, fragt er, und ich nicke. Hole ein Maßband aus dem Nähkasten und Günther knöpft sich die mitgelieferte Tabelle vor.

9.20 Uhr

Die Vermessung von Günther. Fühle mich wie eine Schneiderin, wie ich geschäftig mit einem Maßband um Günther herumlaufe und nach und nach die Zahlen durchgebe. Günther vergleicht sie mit den angegebenen Maßen in der Tabelle.

»Oberweite 104 cm« – »Passt«.

»Taille 103 cm« – »Passt«.

»Rückenlänge 50 cm« – »Passt«

»Kragenweite 41 cm« – »Passt.«

»Komisch, eigentlich müsste die Größe genau hinkommen«, sagt Günther ratlos und zupft wieder.

Trete einen Schritt zurück und begutachte ihn von allen Seiten.

»Also, ich weiß nicht…«.

»Ich werd nicht wieder im Internet bestellen. Genau *jetzt* bräuchte man doch einen Berater«, schnauft er und zupft wieder.

»Warte mal.« Ich hole das Paket. »Hier war doch was.«

Da, unter dem Bestellformular steht in einem kleinen roten Kasten: »Wünschen Sie vor der Rücksendung eine Beratung zu Größen oder zum Artikel, rufen Sie uns an.«

9.35 – 9.45 Uhr

Überlegen, ob die Beratungshotline umsonst ist. Günther zupft schließlich wieder und sagt: »Nützt ja nichts. Ich ruf da jetzt an.«

9.50 Uhr

Günther wählt die angegebene Nummer und stellt auf Lautsprecher um. »Wenn ich Informationen vergesse, greife bitte ein«, flüstert er mir wichtig zu, während es klingelt.

9.52 Uhr

Günther hat eine Mitarbeiterin am Apparat und erklärt ihr das Problem. »Schmidt hier, Günther Schmidt. Folgendes: Ich habe zwei Hemden bei Ihnen bestellt, und nun habe ich mich noch mal vermessen. Eigentlich müsste die Größe passen, aber ich finde es knapp. Auch meine Frau … Also, ich meine, im Moment passt es, aber wenn ich nur ein Kilo zunehme, passt es nicht mehr. Und … äh … ein Kilo ist ja doch schnell … also, ja, oder was meinen Sie?« (Halte mir die Hand vor den Mund, um nicht zu lachen. Was müssen sich diese Servicemitarbeiter bloß immer anhören!)

»Geben Sie doch mal Ihre Maße durch«, bietet die Mitarbeiterin höflich an, »dann vergleich ich auch noch einmal mit unserer Tabelle.«

Günther nennt nach und nach seine Maße, und wir hören, wie die Frau schweigend die Infos auf ihrer Computertastatur eingibt. Himmel, das war ja spannender als die Ziehung der Lottozahlen. Irgendwann dann die erlösende Einschätzung des Profis: »Aber Herr Schmidt, mit diesen Maßen bräuchten Sie sogar eine Nummer kleiner!«

Habe den Eindruck, dass Günther schlagartig aufrechter sitzt. Er sieht mich mit weit geöffneten Augen an. Höre förmlich, wie die sieben Buchstaben in seinem Kopf rattern: k-l-e-i-n-e-r. Wahrscheinlich übermannt ihn gerade ein Gedankensammelsurium aus Cabrio, Tatortkommissar, Jogi Löw, vollem Haar und Noch-mal-jung-sein.

Ich weiß noch genau, wie ich einmal aus einer Umkleidekabine kam und mir die Verkäuferin sagte: »Die Bluse ist doch ziemlich reichlich, ich hol Ihnen die mal in einer Nummer kleiner.« Reichlich! Ich sag Ihnen: Davon habe ich Tage gezehrt. Ach was, Wochen! Weiß genau, wie Günther sich fühlt. Das ist natürlich ein absolutes Hochgefühl.

»Ja, wenn das so ist …«, stammelt Günther in den Hörer, sichtlich irritiert und gerührt gleichermaßen.

»Nicht kleiner«, flüstere ich hektisch. Ich gönne ihm ja den Triumph, aber das passt doch nie und nimmer!

»Ich kann Ihnen natürlich auch anbieten«, sagt die Frau am Telefon, »beide Hemden unverbindlich noch einmal in einer Nummer größer zu schicken, dann können Sie vergleichen. Aber wenn Sie mich fragen: Die brauchen Sie nicht.«

Günther sieht mich an und zuckt mit den Schultern. Wahrscheinlich haben wir beide denselben Gedanken: Was das für ein Hin-und-her-Geschicke wird. Wir bestellen ja sonst nie im Internet, und dann gleich als Auftakt so eine große Aktion?

»Wir melden uns noch mal«, sagt Günther überfordert und bedankt sich für die Hilfe. Aufgelegt. Krisensitzung.

10.10 Uhr

Günther ist sich mit dem Hemd unsicher. Allerdings will er sich auch nicht auf gut Glück zwei neue Größen schicken lassen. Und was ist eigentlich mit dem zweiten Hemd? Darf er das auspacken? Was, wenn es auch nicht passt? Würden die bei *einem* ausgepackten Hemd, das er zurückgibt, ein Auge zudrücken, ihm aber bei zwei eins in Rechnung stellen? Zumal die ja wissen, dass er bereits das erste zu knapp fand.

10.20 Uhr

Günther ruft noch einmal bei der Hotline an. (Überlegen schon gar nicht mehr, ob die wohl was kostet.) Dieselbe Mitarbeiterin von vorhin ist am Apparat. Er stellt wieder den Lautsprecher an, sodass ich mithören kann. Als Günther fragt, ob er das zweite Hemd auspacken darf, schreit sie: »Waaaas? Das haben Sie noch nicht gemacht? Sofort auspacken und anprobieren!« Das war wohl ein Befehl.

10.28 Uhr

Günther verschwindet mit dem zweiten Hemd im Badezimmer und kommt nach fünf Minuten zurück. Beziehungsweise: Ein Mann mit fünf Kilo weniger auf den Hüften kommt zurück. So sieht es zumindest aus. Das Hemd sitzt viel größer, schlackert fast um den Bauch. Passt aber eindeutig besser als das erste. Zwei Rentner, ein Gedanke: Die dürfen auf gar keinen Fall noch größere Hemden schicken!

10.38 Uhr

Günther ruft hektisch bei der Hotline an. Ein anderer Mitarbeiter nimmt ab. Günther braucht ewig, bis er alles erklärt hat. Immer wieder kommen anscheinend Nachfragen, und irgendwann ruft Günther verzweifelt: »Merken Sie sich einfach: Niemand soll uns mehr etwas schicken!«

10.45 Uhr

Günther behält nun beide Hemden. Das kleine schmeichelt ihm, das große passt.

19 Uhr

Günther weicht das kleine Hemd in einer Schüssel mit kaltem Wasser ein, mit diesem Trick soll Baumwolle nicht einlaufen, hat er aus der Fernsehsendung *Wer weiß denn so was?*. Aber auch ohne Einlaugen würde ich mal eine Prognose wagen: Das Zeitalter des Baucheinziehens bricht wieder an.

Donnerstag, 26. Juli

Dritte Nacht in Folge schlecht geschlafen. Weiß nicht, ob es daran liegt, dass kein brummender Kühlschrank neben mir steht oder ich so eine Art Zwang entwickelt habe und vor dem Einschlafen die Schiffsbroschüre durchlese – und jedes Mal vor allem an diesen Wortbrocken hängen bleibe: »Smoking oder alternativ dunkler Anzug mit Krawatte für die Herren«, »klassisch-elegante Kombinationen für die Damen«, »Jeans sind nicht erwünscht«.

Ist ja schön, dass man sich mal so richtig schick machen kann, aber das ist schon richtig, richtig, richtig schick... Gut, dass ich das Abendkleid gekauft habe, das wird meine Allzweckwaffe!

Was mir aber inzwischen am meisten Sorge bereitet, ist die »Bordsprache Englisch«. Natürlich haben wir mal Englisch in der Schule gelernt, aber das ist nun ja auch schon ein paar Jährchen her. Beziehungsweise: Jahrzehnte. Grundgütiger.

Julia meint ja, dass wir nur einen Schlüsselsatz an Bord benötigen. Sie hat nämlich in der Broschüre gelesen, dass jeden Tag um drei im »Queens Room« die große »Tea-Time« stattfindet (Günther: »affig«). »Da gibt es dann sogar Scones, die hab ich mal in London gegessen. O Gott, die sind soooo lecker«, schwärmte sie. »Das sind so kleine Brötchen... nee, Brötchen trifft's nicht. Eher Gebäck, aber nicht trocken. Und auch nicht zu süß. Und du musst die unbedingt mit Marmelade und ›clotted cream‹ bestellen. Ihr werdet die lieeeeben!«

Julia trug mir dann auf, folgenden Satz aufzuschreiben: »I've heard that your scones should taste wonderful. I would like to take one.«

»Das ist aber eine sehr komplizierte Formulierung, oder?«, fragte ich vorsichtig. (Das merk ich mir doch nie! Und ich kann den Kellnern ja schlecht den Zettel hinhalten, bin doch nicht taubstumm!)

»Sonst sag einfach ›Two scones, please‹, das geht auch.«

Okay, das krieg ich hin.

Julia scheint einen echten Narren an dieser Süßspeise

gefressen zu haben, denn ihre größte Sorge ist nicht, dass wir gesund und munter zurückkommen, sondern dass wir es sprachlich nicht hinbekommen, noch mehr von diesen Dingern zu ordern.

»Mama, du musst das ausnutzen, dass es die gibt. Du *musst* so viel essen, wie du kannst. Die sind sooooo lecker.«

Ich sollte dann noch diesen Satz aufschreiben: »Would you be so kind to hand me another scone? It would be wonderful if you could add clotted cream and jam, too.«

»Julia, geht das auch einfacher?«

»›One more, please.‹ Ist zwar nicht so höflich, aber das verstehen die.«

Auch Tante Lotti nimmt großen Anteil an unseren Reisevorbereitungen. Sie ist furchtbar aufgeregt und hat schon umgeplant: Sie will nächstes Jahr nicht mehr mit ins Wohnmobil, sondern mit uns auf Kreuzfahrt gehen. »Oder wir machen beides«, kiekste sie, und Wilhelm Reinke gab ihr einen Handkuss. »Wie Sie wünschen, gnädige Frau«, woraufhin sie wieder aufjuchzte. Als ich den beiden erzählte, dass an Bord nur Englisch gesprochen wird und wir deswegen ein wenig Muffensausen haben, bot Wilhelm Reinke mir an, mit mir ein wenig zu üben. (Er liest Shakespeare gerne im Original. Habe dankend abgelehnt, könnte doch eher sperriges Vokabular sein …)

Aber wahrscheinlich muss ich mir auch gar keinen Kopf machen.

Two Scones, please. Und: One more, please. Damit kommen wir durch.

August

Esistzuheißzumschreiben

Hitzewelle.
37 Grad.
Nachts 26 Grad.
Fahrradfahren zu anstrengend.
Im Baumarkt letzten Ventilator ergattert.
Wir liegen in abgedunkelten Räumen.
Drücken uns auf den Straßen eng an Hauswände.
Unterhalten uns im Schatten.
Viel trinken.
Mehrmals duschen.
Nasse Handtücher aufhängen.
In Zeitung gelesen, dass eine Heißzeit bevorstehen könnte.
Ist das schon die Heißzeit?
Auf jeden Fall Jahrhundertsommer.
Alte Leute werden im Radio gewarnt.
Julia hat Angst um uns.
Wir haben Angst um Tante Lotti und Wilhelm Reinke.
Günther liegt in der Badewanne mit eiskaltem Wasser und löst wie in Trance Sudoku.

Kurz: Keine Kraft zum Tagebuchschreiben. Wünschen uns nichts sehnlicher, als aufs Schiff zu kommen (selbst G.). Werden wie in diesem Film *Titanic* an der Reling stehen und die Köpfe in den Wind halten.

O Gott, Titanic???

September

Lebe jetzt First Class, sonst tun es die Erben

Samstag, 1. September

10 Uhr

Große Erleichterung. Wir haben von der Reederei eine E-Mail bekommen. Da es sich um eine besondere Motto-Kreuzfahrt handelt (Star an Bord!), wurden die »üblichen Garderobenempfehlungen gelockert«, heißt es in dem Schreiben. Statt »formal« gelte nun der Dresscode »Smart Casual«.

10.10 Uhr

»Gelockert«, das Wort ist ja mal Musik in unseren Ohren. Aber was um Himmels willen heißt »Smart Casual«???

11 Uhr

Günther sitzt mit dem Tablett am Esstisch und recherchiert, was es denn nun mit »Smart Casual« auf sich hat. Hab wirklich das Gefühl, dass wir uns mit dieser Kreuzfahrt auf der Queen Mary übernommen haben. Hätte es nicht auch ein anderes Schiff getan? Oder gleich eine Tour mit dem Womo, da wissen wir, woran wir sind. (Großer Gott, das habe ich nicht gerade gesagt?)

»Schau mal, hier ist ein Artikel darüber«, sagt Günther und liest vor: »Rekapitulieren wir also kurz die Bausteine des Begriffs. ›Smart‹ meint ›schlau‹ und bezieht sich auf den legeren Look der zeitgenössischen Brainworkers, der jungen Menschen, die in Cafés vor ihren Laptops sitzen statt im Großraumbüro. Man will so clever und Erfolg versprechend wirken wie einer, der kraft seiner Ideen nach ganz oben kommt, nicht seines teuren Anzugs wegen. ›Casual‹ bedeutet der Situation angepasst. Also zurückhaltend, unaufgeregt und moderat.«

Er sieht auf und muss grinsen.

So kommen wir nicht weiter. Beziehungsweise: Was um Himmels willen sind »Brainworkers«?

Donnerstag, 6. September

Die gute Nachricht: Wir dürfen auf dem Schiff Jeanshosen tragen! Heute Morgen hat Günther beim Servicetelefon der Reederei angerufen und nach ein paar Pseudo-Fragen zum organisatorischen Ablauf (wussten wir natürlich schon alles) beiläufig genuschelt: »Ach so, ganz vergessen, bevor ich auflege, äh … sind Jeanshosen an Bord eigentlich … nun … erwünscht?« Die Mitarbeiterin am Telefon sagte, dass dunkle Jeanshosen in Ordnung seien. Ausnahmsweise. Sonst gelte auf der Queen Mary ja »formal«.

Jetzt aber wirklich: große Erleichterung.

Die schlechte Nachricht: Wir können eigentlich gar nicht weg. Denn überall wird gerade eingebrochen. Schon den ganzen August über gab es im ganzen Kreis Einbrüche. Ich kenne niemanden, der nicht direkt betroffen ist oder der zumindest jemanden kennt, der jemanden kennt, den es erwischt hat. Die Polizei hat sogar eine Sonderkommission eingerichtet, stand in der Zeitung. Bei uns in der Provinz! Das muss man sich mal vorstellen. Jetzt, wo die dunkle Jahreszeit ansteht, rechnen sie mit noch mehr Einbrüchen. Und Günther und ich schippern sorglos durch die Ostsee. Was für ein Timing.

Fieberhaft überlegen wir, wie wir es noch verhindern können, dass unser Haus leer geräumt wird, während wir beim Captain's Dinner sitzen.

– Kurt und Irene haben uns geraten, es wie sie zu machen. »Wir packen jetzt das große Besteck aus«, sagte Kurt und meinte damit die totale Aufrüstung: komplette Alarmanlage, überall Zusatzzylinder für die Schlösser, neue Fensterbeschläge und -griffe, Bewegungsmelder im gesamten Garten und Zeitschaltuhren, die die Rollläden hoch- und runterfahren, wenn die beiden unterwegs sind. »Großer Gott, das wird teuer«, sagte ich, und Irene druckste: »Frag nicht, 6000 Euro.« Kurt trug das Ganze mit Fassung: »Wenn uns jemand fragt, wo unser Geld hingegangen ist, werden wir antworten: ›Wir waren in Patagonien und sicherten unser Überleben in Deutschland.‹«
  Bringt das was? Ja.
  Ist das was für uns? Nein. Zu teuer. Ich will mir ja auf dem Schiff vielleicht auch noch was kaufen und nicht die ganze Zeit an Zusatzzylinder denken.

- Ute setzt auf Aufkleber, die sie jedem in die Hand drückt: In einem feuerroten Kreis ist eine Kamera abgebildet und darunter steht: »Dieses Objekt wird videoüberwacht«.
  Bringt das was? Ute wiederholt zwar mantrahaft »Es ist ein Anfang, es ist ein Anfang« und beklebt alles, was nicht niet- und nagelfest ist. Aber Günther sagt: »Damit wird man niemanden in Schach halten.«
  Ist das was für uns? Ja, bringt aber wohl nichts.

- Doris aus der Nachbarschaft hat auf dem Dachboden eine alte Polizeimütze aus Amerika gefunden. (Hat ihr Sohn mal aus einem Urlaub mitgebracht.) Diese hat sie jetzt demonstrativ auf einem Stuhl im Flur so postiert, dass Einbrecher – wenn sie vorher brav durchs Fenster sehen – sie sofort entdecken und die Flucht ergreifen.
  Bringt das was? Doris sagt Ja. Günther meint Nein: Die Mütze sei eher was für Bares für Rares *statt für die effektive Verbrechensbekämpfung.*
  Ist das was für uns? Doris hat angeboten, uns die Mütze zu leihen, wenn wir im Urlaub sind (Achim und Susanne hatten sie auch schon). Dummerweise hat unsere Haustür Milchglas, sodass die Einbrecher nur schemenhaft überhaupt erkennen würden, dass da was liegt. Im Zweifel denken sie, dass es wertvoll ist, und steigen erst recht ein. Doris kann die Mütze behalten.

- Kamera aus Pappe über der Haustür installieren (wieder Utes Idee).
  Bringt das was? Selbst Ute musste auf die Frage, ob Einbrecher nicht sofort erkennen würden, dass die

Kamera nicht echt ist, kleinlaut zugeben: »Wahrscheinlich schon.«
Ist das was für uns? Nein. Wir wollen uns nicht lächerlich machen. Günther glaubt auch, dass Einbrecher sich von solch einer Stümperhaftigkeit provoziert fühlen könnten und erst recht einsteigen würden.

- Echte Kamera installieren und Günther II sitzt 24 Stunden im Computerclub und starrt wie ein Wachmann in einer Tiefgarage auf den Bildschirm – und unser Wohnzimmer.
  Bringt das was? Ja.
  Ist das was für uns? Nein. Günther II macht nicht mit.

- Als Brigitte hörte, dass die Polizeimütze von Doris die Runde macht, war sie ganz begeistert. Brigitte, das muss man wissen, ist die engagierteste Frau in der Nachbarschaft von uns allen. Wenn jemand in der Abwesenheit Blumen gießt, Mülltonnen zurückschiebt, im Winter Schnee fegt: Brigitte. Ich weiß noch, wie sie für jeden einen Kefir-Schimmelpilz ansetzte und Tage damit beschäftigt war, mit milchigen Gläsern von Haustür zu Haustür zu laufen.
  Brigitte überlegte also sofort fieberhaft mit, wie auch sie unser Hab und Gut schützen könnte. Schließlich fiel ihr nur ein, dass sie Eddie, ihren Labrador, stundenweise in unserem Haus absetzen könnte.
  Bringt das was? Nein. Eddie ist viel zu lieb und bellt nie. Wahrscheinlich würde er sich sofort auf den Rücken werfen, wenn die Einbrecher kommen, und sich kraulen lassen.

Ist das was für uns? Günther hatte zumindest sofort eine neue Geschäftsidee: Man müsse sich für den Urlaub abgerichtete Kampfhunde aus dem Tierheim leihen können.

Kurz: Wir haben ein ungutes Gefühl. Wahrscheinlich zu Recht. Und immer noch keine Lösung.

Ach ja, den Aufkleber von Ute haben wir übrigens doch genommen. Und darüber hinaus beten wir. Sind ja auch nur sieben Tage.

Montag, 10. September, noch 2 Tage bis zur Abfahrt

Großer Packtag. Jeder von uns hat einen großen Alu-Koffer gefüllt. Günther hat demonstrativ seine Adiletten (wofür???), ein Klappmesser (wofür???) sowie die Outdoor-Hose »Nordwand Pro« eingepackt (die er selbst beim Camping nicht einmal getragen hat!). Habe nichts gesagt. Fühle mich wie eine Mutter, deren Sohn in der Pubertät ist. Aus leiderprobter Erfahrung (Julia hatte schwierige Phasen) weiß ich: Man darf sich auf die Provokation auf keinen Fall einlassen, sondern muss stoische Ruhe bewahren. Konnte mir nicht verkneifen, ihn zu loben: »Finde ich richtig super, dass du die Hose mitnimmst.« Sein Blick, den er mir zuwarf, war köstlich! Wir wussten ja beide, dass er auf dem völlig falschen Dampfer war mit seiner Klamotte. Hihi. Zum Glück hat er aber auch noch »richtiges« Zeug eingepackt: die bestellten Hemden sind dabei, ein guter Anzug und geputzte Lederschuhe.

Mein Koffer war schneller gefüllt, als ich gucken konnte: Ich nahm einfach alles mit, was ich bei der Campingtour verschmäht hatte: die guten Seidenblusen, schicke Röcke, hohe Schuhe. Und natürlich das Abendkleid, in dem ich wie die Queen aussehe. Packte sogar eine Stola ein. Wirke darin zwar wie eine Mischung aus Catherine Deneuve und einem Priester, aber ich stelle mir das sehr schön vor, wie ich mit dem Abendkleid und der Stola drüber an Deck stehe und mondän leicht fröstele. Nun, vielleicht werde ich auch mehr frösteln. Das Wetter … nun ja … soll ja nicht ganz so schön werden (in Norwegen sind sieben Grad mit Regen angesagt!). Haben auch noch Daunenjacken eingepackt. Sicher ist sicher.

Dienstag, 11. September, noch 1 Tag bis zur Abfahrt

Ich glaube, wir können einigermaßen beruhigt in See stechen. Günther hat meinen Erbschmuck (mit Abstand das Wertvollste in unserem ganzen Haus!) im toten Rohr im Keller versteckt. Hinter den Konserven kann man eine Abdeckung abdrehen, und dahinter verbirgt sich ein Rohr, das ins Nichts führt. Niemand würde je auf die Idee kommen, dass da ein Versteck ist. Wir haben auch keinen blassen Schimmer, warum es mal eingebaut wurde, aber für unseren Zweck ist es Gold wert. Wir haben den ganzen Schmuck (vier Ketten, eine alte Taschenuhr, einen Ring sowie zwei Paar Ohrringe) in einen großen Samtbeutel gesteckt, und Günther hat ihn, so weit es geht, ins Rohr geschoben. Waren einigermaßen stolz auf uns, dass uns das eingefallen ist. Polizeimütze und Eddie sind nichts dagegen. Natürlich kann immer noch bei uns eingebrochen werden, aber das Wertvollste – sowohl materiell als auch emotional – ist schon mal in Sicherheit. Und das ist doch viel wert.

Zudem haben wir auf dem Küchentisch 18 Euro in Münzen ausgelegt und auf einen Zettel daneben geschrieben: »Mehr haben wir nicht.« (Auch auf Englisch, man weiß ja nie, wer da so kommt…) Günther meint, dass die sich damit zufriedengeben werden und abziehen.

Kurz: Wir sind bereit. Die Reise kann losgehen.

abends

Sehe *Wer wird Millionär?* im Fernsehen (der Jauch wird gar nicht älter, fällt mir mal gerade auf) und Günther sitzt mit dem Tablett am Esstisch. Plötzlich haut er mit der Hand auf den Tisch. »Nein! Das glaub ich jetzt nicht.«

»Was ist denn?«, frage ich gelangweilt, ohne meinen Blick vom Fernseher abzuwenden. Höre ehrlich gesagt nicht richtig hin, weil ich mich über die Kandidatin aufrege. Sie weiß bei einer Frage nicht weiter und hat einen Zuschauer aus dem Publikum gefragt. Wenn Sie mich fragen, ist der einzelne Publikumsjoker ja der wertvollste!

Dass viele den nicht nehmen, versteh ich einfach nicht! Wenn ich schon höre: »Ich nehme nur drei Joker« ist mein Blutdruck auf 180. Wirklich, haben die noch nie die Sendung gesehen? Man müsste eigentlich mal hinschreiben. Oder auswerten, wie viel die Kandidaten durchschnittlich mit und ohne Zusatzjoker gewinnen. Diese Idee könnte glatt von Günther kommen, er analysiert ja immer alles.

Huch, ich schweife ab: In der Frage heute geht es darum, wie die Farben eines Regenbogens angeordnet sind. Zumindest hat die Kandidatin den Zusatzjoker genommen (immerhin) – und wählt auch noch den richtigen aus. Denn wer steht auf? Ein Physiker! Hochwissenschaftlich erklärt er ihr, welche Farben wie aneinandergereiht sind. Fachbegriffe fallen, grundlegende physikalische Zusammenhänge werden erläutert, Jauch und das Publikum sind beeindruckt. Tosender Applaus. Mehr geht nicht.

Doch nun halten Sie sich fest: Die Kandidatin auf dem Stuhl glaubt ihm nicht.

»Sind Sie sich ganz sicher?«, fragt sie hoch ins Publikum.

Der Physiker nickt: »Ja. Hundert Prozent.«

»Ich weiß nicht…«, stottert sie. »Ich würd es ja lieber absichern. Sind Sie sich sicher? Ich glaub, ich sicher das lieber ab. Ich weiß nicht, woher wissen Sie das denn?«

So geht das nun schon seit fünf Minuten. Jauch ist fassungslos, ich bin aggressiv. Da macht sie mit dem Publikumsjoker so eine Punktlandung (ich hatte Gänsehaut, als der doch tatsächlich sagt, er sei Physiker!) und dann das. Was es für Leute gibt!

Bekomme nicht mehr mit, ob sie die Lösung einloggt, denn plötzlich sitzt Günther mit ernster Miene neben mir auf dem Sofa und sagt: »Bitte fall jetzt nicht in Ohnmacht.«

Die nächsten Minuten ziehen schemenhaft an mir vorbei. Höre nur Wortfetzen. Sturm in Hamburg. Schiff kann nicht den Hafen ansteuern. Abfahrt verschiebt sich um einen Tag. Zwischenstopp im Fjord fällt aus. Landgang nur noch in Oslo. Sonst nur Seetage. 100 Dollar Bordguthaben als Entschädigung.

Nun war ich diejenige, die rief: »Nein! Das glaub ich jetzt nicht.«

Für etwa zehn Minuten halte ich mich daran fest, dass die E-Mail bestimmt von Betrügern stammt. Späm-Mail ist das Stichwort! Im Computerclub wurden wir oft davor gewarnt. Die wollen sich bestimmt nur unsere Kabine unter den Nagel reißen, und wenn wir wirklich einen Tag später als geplant einschiffen wollen, heißt es: »Was machen Sie denn hier? Das Schiff hat doch schon gestern abgelegt.«

Günther lässt mich reden und klickt stumm auf dem Tablett rum. »Hier auf der offiziellen Seite der Reederei steht's auch«, sagt er nach einiger Zeit. »Es geht wohl wirklich erst übermorgen los.«

Mittwoch, 12. September

Wie Falschgeld zu Hause gewesen. Ich meine, wir sollten ja gar nicht hier sein. Wussten nichts mit uns anzufangen und haben den kompletten Tag vertrödelt. Illegal in den eigenen vier Wänden. Als mich Brigitte mittags im Garten sah, bekam sie einen Riesenschreck und schrie: »Was machst du hier???«

Fortan durfte uns keiner mehr sehen. Zu gefährlich für die Nerven.

Donnerstag, 13. September

Was lange währt, wird endlich gut. Die E-Mail, dass sich die Abfahrt um einen Tag verschiebt, war offensichtlich real. Dann, ein Tusch: Wir sind auf dem Schiff! Juchuuuh! Ich habe schon mehrere reale Kronleuchter gesehen, und Günther grummelt sehr real die ganze Zeit vor sich hin. Ich glaube, er merkt langsam, dass sein Wohnmobil nicht gegen meine Queen Mary anstinken kann. *Meine* Queen Mary, wie sich das anhört… Juchuuuh! Sagte ich das schon?!

Als wir heute um 8 Uhr von Kurt und Irene abgeholt wurden (sie wollten sich für unsere Fahrt zum Flughafen im Frühjahr revanchieren), war ich noch ein nervliches

Wrack. Es war einfach zu schade, dass wir einen ganzen Tag verschenkt hatten, noch dazu hatte ich Angst, dass wieder etwas dazwischenkam. Oder dass das Schiff schon abgefahren war und wir in die Röhre schauen – beziehungsweise in den leeren Hafen.

»Bis man euch mal los ist«, lachte Irene, als sie bei uns klingelten.

»Haha, sehr witzig«, murrte ich. »Wenn es nach uns gegangen wäre, würden wir jetzt diese Scones essen.«

Das Motto »Bis man euch mal los ist« setzte sich dann leider noch weiter fort. Günther hatte sich in den Kopf gesetzt, dass niemand mitbekommen sollte, dass wir auf Reisen gehen. Sie wissen schon: Thema Einbruchsgefahr. Hieß: Günther fuhr unser Auto von der Einfahrt, damit Kurt umständlich rückwärts in die Garage fahren konnte. Dann schleppte Günther alle Koffer über den Hof in die Garage. Kurt machte den Kofferraum auf, und wie ein FBI-Agent, der heiße Ware transportieren will, hievte Günther nach und nach die Koffer rein – ohne dass es von der Straße aus einsehbar war. Mein Hinweis, dass potenzielle Diebe bestimmt nicht bei Brigitte im Wohnzimmer sitzen und uns durch die Häkelgardinen beobachten, wurde ignoriert.

Ich mag's gar nicht sagen: Aber Kommissar Schmidt bestand sogar darauf, dass Irene und ich zum Bäcker hochlaufen und erst da einsteigen.

»Steigert sich Günther da nicht ein bisschen zu viel rein?«, fragte sie mich auf dem Weg.

Ich nickte ergeben. »Nicht nur ein bisschen …«

Wir waren gerade im Auto auf der Umgehungsstraße, da bekam plötzlich *ich* Panik: Hatten wir die Haustür abgeschlossen? War die Terrassentür zu? War der Herd aus? Irene (jaaaa, die Irene, für die wir vor einem halben Jahr fast zweimal (!) umgedreht waren), rollte mit den Augen und legte mir mütterlich die Hand auf den Unterarm. »Ach, Rosa, du hast doch alles dreimal kontrolliert. Nun sei mal nicht immer so ängstlich.« (Das hätte ich damals mal zu ihr sagen sollen!) Auch Kurt lachte hinter dem Lenkrad, wie ich im Rückspiegel sah. »Rosa ist ja ein richtiges Nervenbündel«, sagte er zu Günther, der jetzt auch lachte. Jetzt war *ich* also die Einzige in diesem Wagen, die aufgeregt war? Wer wollte denn die Koffer in einer Geheimaktion paranoid durch die Garage verfrachten? Von Kurt und Irene ganz zu schweigen. Der Höhenflug von Patagonien hält noch immer an. Wenn es ums Thema Reisen geht, tun sie immer wahnsinnig abgeklärt. Sie haben neuerdings einen »Weltenbummler«-Aufkleber auf ihrem Auto. Und neulich haben sie sogar ihre schönen E-Räder verkauft, weil sie sich dafür »noch zu agil« finden. Kurz danach habe ich sie auf ihren neuen Rädern gesehen: zwei Hollandräder mit einer einfachen Dreigangschaltung. Es war richtig schrecklich mit anzusehen, wie Irene sich, weit vorneüber gelehnt, mit angestrengter Miene gegen den Wind quälte. Und alles nur wegen Patagonien.

Als wir nach zweieinhalb Stunden endlich am Hamburger Außenhafen ankamen und das Schiff (schööööööön!) und davor die Menschenmassen (nicht so schööööööön!) sahen, fiel uns ein Stein vom Herzen. Die Queen Mary war tatsächlich da. Jetzt sollte alles gut werden.

Wir verabschiedeten uns wort- und umarmungsreich von Kurt und Irene und reihten uns in eine der Schlangen in der Abfertigungshalle ein. Es folgten: zwei Stunden Was-haben-wir-uns-eingebrockt (Günther) und Oh-wie-ist-das-schön (ich).

Vor uns stand ein Ehepaar in unserem Alter, mit denen wir schnell ins Gespräch kamen. Edith und Heinz Fischer (die Nachnamen waren wieder zurück!) waren echte Schiffsprofis. Diese Reise war schon ihre zehnte Kreuzfahrt und die dritte auf diesem Schiff.

»Wir freuen uns ja schon aufs Britannia Restaurant«, sagte Edith Fischer.

»Obwohl man sich den Britannia-Club auch mal leisten kann«, ergänzte ihr Mann. »Weißt du noch, wie wir da mal vorzüglich den Hummer gegessen haben? Das war auf den Punkt, sag ich Ihnen, und der wird ja schnell schal.«

»Da sagst du was! Und wo haben wir noch mal dieses tolle Risotto gehabt? War das im Lotus?«

»Nee, Smokehouse, hätte ich jetzt gesagt.«

»Nie im Leben! Ich denke, es war das Lotus.«

»Nein, im Lotus haben wir doch noch das Pärchen aus Gladbach kennengelernt.«

»Ach, Heinz, das war im Kings Court. Abends.«

»Das Risotto im Kings Court?«

»Nein! Die Gladbacher im Kings Court!«

»Ich dachte, im Lotus.«

»*Du* sagtest doch, es wäre das Kings Court.«

»Aber es ging doch ums Risotto.«

Wie bei einem Tennisspiel drehten wir die Köpfe von einem zum anderen. Und plötzlich entwickelte ich übersinnliche Fähigkeiten. Es gibt doch diese Zauberer, die

Gedanken lesen können. Genau diese Gabe übermannte mich. Ich sah Günther an und hörte förmlich: »Dosenravioli waren auch schön.«

»Und welche Kabinenkategorie haben Sie?«, fragte die Frau uns plötzlich. Die Risottofrage konnte anscheinend nicht abschließend geklärt werden.

»Weißt du, wie die heißt?«, fragte mich Günther. Ich schüttelte den Kopf. Musste ja zugeben, dass ich noch nie mit so wenig Planung in eine Reise geschlittert war. »Auf jeden Fall eine Balkonkabine auf einem der höheren Decks«, sagte Günther, woraufhin Frau Fischer ihren Mann in die Seite zwickte. »Und wir Sparfüchse haben uns den Balkon verkniffen, was? Beim nächsten Mal machen wir es wie die Schmidts!«

»Wir wollten die Kabine ja gar nicht«, sagte Günther, woraufhin *er* jetzt derjenige war, der von Frau Fischer in die Seite gezwickt wurde. »Na, Sie haben Humor! Das gefällt mir. Wollten wir nicht, sagt er, das ist ja zum Schießen!« Frau Fischer prustete los.

Direkt hinter uns standen zwei jüngere Frauen, die wohl nicht wegen der Restaurants an Bord gingen, sondern wegen David Garrett. Die eine trug ein T-Shirt mit seinem Konterfei, die andere hatte eine Kette mit einem goldenen Geigenanhänger um den Hals. (Obwohl es in der Halle ordentlich zugig war, hatte sie die Jacke ausgezogen, und ein Pullover mit einem tiefen V-Ausschnitt kam zum Vorschein. Sie dachte sich wahrscheinlich: Nun trage ich extra diese Kette, jetzt soll sie bitte schön auch jeder zu Gesicht bekommen. Musste sofort an Günther denken. Als er sich letztes Jahr einen Schrittzähler fürs Handgelenk gekauft hatte, war das Motto: »Kurzarm«. Und im Winter krempelte er immer leicht die Ärmel hoch, sodass auch ja der Schrittzähler zu sehen war. »Rentner-Rolex« nennt Julia ihn immer. Der Geigenanhänger fiel offensichtlich auch in die Kategorie »zeigen, was man hat«.)

»Sie sind aber richtige Fans, oder?«, sagte ich zu den beiden Frauen.

Beide nickten und liefen rot an, wie verliebte Teenager. »Sie etwa nicht?« Die Blonde riss ungläubig die Augen auf.

»Explizite Fans jetzt nicht gerade«, sagte ich. »Wir haben ihn ja nur ein paar Mal im Fernsehen gesehen.«

Die beiden wechselten einen Blick à la Was-machen-die-dann-hier?!

»Und warum sind Sie dann hier?«, fragte die Rothaarige dann auch prompt.

Wollte gerade davon erzählen, dass jeder von uns dieses Jahr eine Reise seiner Wahl planen durfte, dass wir eine Art Urlaubswette abgeschlossen hatten, dass es um David Garrett eigentlich gar nicht ging, aber die Kombination Kreuzfahrtschiff und Stargeiger nun mal der größtmögliche Gegensatz zu Plastikklappstühlen und Haaren in Gemeinschaftsduschen waren (gut, das Egal-Sein hätte ich mir verkniffen), da ertönten plötzlich Schreie in der Abfertigungshalle. Helle, hohe Frauenschreie. Nach und nach schrien immer mehr, Köpfe reckten sich in die Höhe, Leute stellten sich auf die Zehenspitzen (wir auch), um zu sehen, warum geschrien wurde. Konnte nichts erkennen, aber der Grund verbreitete sich wie ein Lauffeuer durch die gesamte Halle: David Garrett war gesichtet worden.

Die beiden Frauen hinter uns hatten ihn nicht gesehen und waren fix und fertig. »Scheiße!«, schimpfte die Blonde und hielt sich die Hand vor den Mund. »'tschuldigung, aber das ist ja nun echt blöd gelaufen. Ich hätte ihn soooo gerne gesehen.«

»Wer war wohl bei ihm?«, rief die eine. »Hat er irgendwas gesagt? Und, o Gott, hatte er die Geige dabei?«, rief die andere. Beide machten ein Gesicht, als hätte der Dalai-Lama höchstpersönlich hinter ihrem Rücken einen Purzelbaum gemacht. Oder der Papst. Oder: Gibt es noch jemand Höheren als den Papst? Nun, Sie wissen, was ich sagen will!

»War das der mit der Mütze?«, fragte Günther emotionslos.

Schlagartig hörten die jungen Frauen auf zu reden.

»Haben Sie ihn gesehen?« Beide hingen an Günthers Lippen.

»Na ja, da war doch dieser junge Mann mit der Mütze. Ich glaube, wegen dem haben alle so geschrien.«

Die beiden jungen Frauen wollten aus Günther jede noch so kleine Info rausquetschen: Was für eine Mütze hatte er auf? Guckten die Haare hinten raus? War jemand bei ihm? Hatte er die Geige auf dem Rücken? Was hatte er an? Wie wirkte er? War er guter Laune? Hat er was gesagt?

Günther wiederholte: »Ehrlich gesagt habe ich nur die Mütze gesehen, und die auch nur von hinten.« Obwohl sich der neue Erkenntnisgewinn in Grenzen hielt, fassten sich die beiden Frauen an den Armen und hüpften kreischend auf der Stelle. Der Geigenanhänger schnellte hoch und runter und schlug immer wieder verheißungsvoll auf ihr Schlüsselbein.

Zugegeben, mir war natürlich bewusst, dass dieser David Garrett Fans hatte. Aber mit diesen Ausmaßen hatte ich nicht gerechnet. Überlegte krampfhaft, für wen ich so schwärmen würde. Mir fiel beim besten Willen niemand ein. Elvis mochte ich früher zwar, aber geschrien hätte ich für ihn nicht. Glaube ich.

»Haben *Sie* ihn gesehen?«, wandte sich die Blonde plötzlich an mich. Dass der Leibhaftige gesichtet worden war, ließ sie nicht mehr los.

Ich schüttelte wahrheitsgemäß den Kopf.

»Das ist ja furchtbar. Ich meine, *wir* haben ihn ja schon gesehen, aber Sie ja noch gar nicht«, sagte die Rothaarige und guckte mich mitleidig an.

»Jetzt stehen Sie hier und sehen ihn nicht.« Die Blonde war zu Tode betrübt. »Nicht mal den Hinterkopf.« Beide sahen mich erwartungsvoll an. Ich weiß nicht, mit was sie rechneten? Einem Tränchen?

Sagte so bedrückt wie möglich: »Ich finde es auch sehr schade, dass ich ihn nicht gesehen habe.«

Die Blonde antwortete mitfühlend: »Das glaub ich Ihnen sofort. Aber seien Sie nicht allzu traurig …«, sie stieß ein verzweifeltes Lachen aus, »… ich weiß, das ist natürlich leichter gesagt als getan. Glauben Sie mir, ich kann mich sooo gut in Sie hineinversetzen. Ach Mensch, das ist aber auch wirklich blöd, dass wir hier hinten stehen. Die da vorne haben ihn bestimmt sogar ganz gesehen.«

Es verging noch über eine Stunde, bis ein Schalter frei wurde. Während wir uns Zentimeter für Zentimeter vorarbeiteten (Günther stöhnte, und meine Füße taten weh), wurden wir in die Mangel genommen: Vor uns redeten die Fischers auf uns ein, dass wir unbedingt dieses und jenes Restaurant auf dem Schiff ausprobieren müssten. Und hinter uns ging es permanent um David Garrett. Um seine letzte Tournee. Um die aktuelle CD. Um das nächste Fan-Treffen. Und darum, dass Günther einen Zipfel der Mütze gesehen hatte.

»Die Welt ist ein Irrenhaus, und hier ist die Zentrale«, flüsterte Günther. Ich nahm ihn in den Arm. »Mein Campingmann macht das ganz, ganz tapfer mit«, sagte ich, und Günther lachte: »Wir werden ja sehen, wer am Ende die Nase vorn hat. Ich muss dich nicht daran erinnern, wie schön wir abends immer vor dem Wagen gesessen haben mit den anderen, oder?«

»Pff, wir sprechen uns!«

Nach einer gefühlten Ewigkeit Dauerbeschallung von beiden Seiten wurden wir endlich an einen freien Schalter gerufen. Wir gaben unseren Namen an, legten die Buchungsbestätigung vor, und die Mitarbeiterin (wahrscheinlich die letzte auf der Reise, die mit uns Deutsch sprach!) machte noch ein Foto von uns, das sie im System hinterlegte. Die Aufnahme kam so überraschend, dass Günther und ich uns gar nicht in Pose werfen konnten. Im Gegenteil: Sie hielt uns so urplötzlich irgendwas vors Gesicht (was sich als Kamera entpuppte, wir aber nicht erkannten) und drückte ab. Es gibt doch immer diese heimlichen Tieraufnahmen aus dem Dschungel, auf denen Affen so lustig-verwirrt direkt in die Linse gucken, die im Gebüsch versteckt ist. Ich glaube, exakt so sahen Günther und ich auf den Bildern aus. Ich meine, hätte die Mitarbeiterin uns denn nicht vorwarnen können?

»Huch, da waren wir jetzt ja gar nicht drauf vorbereitet«, sagte ich. »Können wir das bitte noch einmal wiederholen? Ich glaub, ich guck nicht so vorteilhaft.«

Die Mitarbeiterin winkte ab und lachte.

»Alles in Ordnung, machen Sie sich keine Sorgen!«

»Bitte«, insistierte ich, doch sie war gnadenlos. »Sie sehen gut aus«, zwinkerte sie und drückte uns zwei rechteckige Papierdinger in die Hand, die wie Kreditkarten aussahen. Mit diesen Ausweisen sollten wir auf dem Schiff bezahlen können, und zudem waren es unsere Zimmerschlüssel. (Hatte mich ja eigentlich auf einen standesgemäßen Schlüssel gefreut. Irgendwas Schweres, Goldenes. Vielleicht mit einem Bommel dran. Nun, daran würde mein Gewinn unserer Urlaubswette wohl kaum scheitern.)

Zwei Minuten später passierten wir die Sicherheitskontrolle, unsere letzte Station vor der Gangway, die zum Schiff führte. Wir hielten unsere Karten einem philippinischen Mitarbeiter entgegen, der auf einen Bildschirm guckte und offensichtlich einen Abgleich machte, ob wir auch die rechtmäßigen Besitzer dieser Ausweise waren. Bildete mir ein, dass er kurz schmunzelte (wusste ich doch, dass wir wie Affen guckten!), aber auf jeden Fall winkte er uns durch.

Dann gingen die Affen an Bord.

Ich hatte fest damit gerechnet, dass dies ein klassischer Gänsehautmoment würde. Wir auf der Queen Mary. Aber um ehrlich zu sein: Man sah kaum etwas vom Schiff. Da alle Passagiere nahezu zeitgleich eincheckten, war die Lobby voll. Proppenvoll. Es war ein einziges Geschiebe und Gedränge. Die Gassen von Verona waren nichts dagegen! Immer wenn man sonst mit Leuten spricht, die von Kreuzfahrten erzählen, und man nicht glauben kann, dass mehrere Tausend Menschen auf einem Schiff nicht der Inbegriff des Wahnsinns sind, fällt der Standardsatz: »Das verläuft sich.«

»Wirklich, man hat überhaupt nicht gemerkt, dass da dreitausend Leute waren. Ich sag dir, das verläuft sich.«

»Man hat immer sofort einen Platz auf einer Liege bekommen. Das verläuft sich eben.«

»Du siehst die vielen Menschen überhaupt nicht. Das verläuft sich.«

Also, hier verlief sich mal so gar nichts. Günther schnaufte, ich leider auch, und mit letzter Kraft schafften wir es, uns mit unseren Koffern in einen der Fahrstühle zu quetschen und zu unserem Deck zu fahren.

Dort angekommen, gingen rechts und links zwei lange Gänge ab. Streng genommen gab es nur vier mögliche Richtungen, in die wir gehen konnten.

Aber irgendwie brachten wir es doch tatsächlich fertig, gefühlt zehnmal den falschen Gang zehnmal in die falsche Richtung zu laufen. (Wie sollte ich jemals hierhin allein finden???).

Schließlich standen wir vor unserer Kabine. Günther hielt seine Karte vor diesen Piepser, das Schloss leuchtete grün und klickte einmal – und dann war er da: der Gänsehautmoment.

Ich betrat die Kabine und sah ein großes Doppelbett mit einer Brokatdecke. Gegenüber hing ein Ölbild in einem Goldrahmen. Auf dem Couchtisch vor dem plüschigen Sofa stand ein Sektkübel mit zwei Gläsern. Im Schrank fand ich weiche Bademäntel und Pantoffeln, im Badezimmer edle Seife, umwickelt von festem Papier. Und der Sekretär aus dunklem Holz lud regelrecht dazu ein, dass Günther Magellan, hihi, mit Feder und Ölfass seine Schiffserlebnisse auf Papyrus festhielt. Kurz: Es war der Buckingham Palace in Mini-Miniatur-Format.

Mehr ging nicht. Beziehungsweise: weniger Campingplatz ging nicht.

Ich ließ mich rückwärts aufs Bett fallen, und prompt schoss es in meinen Rücken. Ischias. Beschloss, mich ab sofort nur noch Rentner-angemessen zu freuen.

Die Zeit bis zum Abendessen verbrachte ich mit Staunen und Günther mit demonstrativem Grummeln. Weil es leider schon so spät war, schafften wir nur einen kurzen Schiffsrundgang, aber das, was ich sah, war beeindruckend: Überall standen tiefe, samtige Sessel und Sofas herum (Günther brummte irgendwas von »altbacken«), das hauseigene Theater (ich sag Ihnen: So etwas Pompöses hatte ich noch nicht gesehen! Mehrstöckig! Balustraden! Gold! Schwerer roter Vorhang auf der Bühne!) fand er »überkandidelt«, und die edle Boutiquen-Meile (großer Gott, meine Kreditkarte durfte diese Orte niemals wieder zu Gesicht bekommen!) versah er mit einem Augenrollen.

Ein wahres Camper-Aufbäumen fand dann bei der Seenotrettungsübung statt: Trotzig zog Günther sich schnell seine Trekkinghose an, als das Signal ertönte, dass wir uns alle auf das Oberdeck begeben sollten. Da standen wir nun in Reih und Glied: Hunderte frierende Passagiere, deren Rettungswesten wie Fremdkörper an ihnen aussahen. Und Günther mit seiner professionellen »Nordwand Pro«-Hose dazwischen. Er sah fast aus wie ein Teil der offiziellen Crew. Sosehr ich ihm diese letzte Rebellion gönnte: Für das Abendessen konnte ich ihn überzeugen, doch eines der bestellten Hemden anzuziehen. Die Trekkinghose wurde in den Schrank verbannt. Hinter die Schwimmwesten, die wir hoffentlich in den nächsten Tagen auch nicht brauchen würden.

Zeit für eine neue Ära.

Es war Punkt 19 Uhr, als Günther und ich – in Schale geworfen – vor dem Restaurant standen. Und soll ich Ihnen was sagen? Da staunte selbst Günther! Das »Britannia« erstreckte sich über zwei Decks, die offen miteinander verbunden waren. Dadurch entstand ein riesiger Raum. Von dem oberen Entree führten zwei geschwungene Freitreppen nach unten. Ein Ölgemälde, das das Schiff selbst zeigte, füllte die komplette Wand aus. Unzählige kleine Lampen tauchten den Raum in ein warmes Licht. Die Tische und Stühle waren aus dunklem, edlem Holz, die blauen Teppiche muteten royal an, schwere Säulen in der Mitte gaben dem Ganzen … Flair.

»Alle Achtung«, sagte Günther, was wohl so viel heißen sollte wie: »Heiliger-Bimbam-das-ist-ja-noch-imposanter-als-die-Bilder-in-der-Titanic-Ausstellung-großer-Gott-Titanic-egal-es-ist-der-Wahnsinn!« (Manchmal muss man ihn ein wenig dolmetschen.) Ich knuffte ihn in die Seite. »Wenn du dich jetzt schon geschlagen geben möchtest, sag bitte Bescheid«, flüsterte ich. Günther wollte gerade zu einer Antwort ansetzen, als uns ein Mann im schwarzen Smoking bat, an ein kleines Stehpult heranzutreten.

»Your cabin number, please«, sagte der Mann, der laut Namensschild der »Maître« war. Spürte, wie Camping-Günther neben mir wieder mit den Augen rollte. Maître, das war zu viel für ihn. (Für mich war es ein Traum! Maître, hihi, wir verkehrten jetzt in anderen Kreisen …)

Ich sagte (auf Englisch!!) unsere Kabinennummer auf,

der Maître schaute auf einen Monitor und wies dann einen Kellner an, uns zu unserem Tisch zu geleiten. Wieder ein Gänsehautmoment. Die erste kleine Konversation auf Englisch hatte ohne Streuverluste geklappt, und es war ein erhabenes Gefühl, diesem gut angezogenen Kellner hinterherzulaufen. Leider ging dieser gut angezogene Kellner immer weiter, ohne anzuhalten. Wir passierten einen wunderschön eingedeckten Tisch nach dem anderen und folgten ihm durch den kompletten Saal. Bei jedem neuen Tisch dachte ich: »Der ist es.« Doch wir gingen und gingen. Ich blickte mich um. Auch Günther zuckte ratlos mit den Schultern. Wo um Himmels willen sollten wir sitzen? Da kam doch bald nichts mehr.

Doch, es kam noch etwas. Ganz hinten, direkt vor der Essensausgabe, machte der Kellner vor einem kleinen Tisch halt. »Here we are«, sagte er – und schuf Tatsachen. Er rückte einen der Stühle zurück, sodass ich mich setzen konnte. Oder besser: musste? Ich meine, natürlich war der Tisch genau wie die anderen schön eingedeckt. Aber die Lage! Viel lieber hätte ich doch in der Mitte gesessen. Oder auf der unteren Etage, vor diesem Ölbild. Oder an der Balustrade. Leider kam ich nicht dazu, nach einem neuen Tisch zu fragen, denn der Kellner war schon wieder verschwunden.

»'n Abend«, klang es vom Nachbartisch. Daran saß eine Frau, die uns nett anlächelte und – Grundgütiger – Uwe Seeler. Ich erstarrte und sah, dass Günther auch erstarrt war. Das gab's doch nicht, dass wir neben einem Promi saßen! Es sollte wohl so sein, dass wir ausgerechnet hier saßen. Für Günther musste ein Traum in Erfüllung gehen. Sobald es auf das Thema Fußball kommt, erzählt er, wie er 1966 mit seinem Kumpel Bernd in Cordhose in den Springbrunnen am Markt gesprungen ist, nachdem die Nationalmannschaft unter Kapitän Uwe Seeler Vize-Weltmeister geworden war.

»Guten Abend«, sagte ich aufgeregt, und meine Stimme zitterte etwas.

»Eckert, angenehm«, sagte Uwe Seeler, und seine Frau lächelte wieder nett.

Eckert???

In meinem Hirn ratterte es, und ich starrte wieder rüber. Plötzlich sah ich es: Es war gar nicht Uwe Seeler. Auf diese Erkenntnis musste ich prompt wieder rüberstarren, um herauszufinden, welche minimalen Unterschiede es gab. Wirklich, die Ähnlichkeit war verblüffend.

Günther war zum Glück der Erste, der die Sprache wiederfand.

»Schmidt, angenehm«, sagte er gefasst. Wahrscheinlich hatte er auch schon festgestellt, dass wir einem Doppelgänger aufgesessen waren. Aber was für einem!

Dagmar und Helmut Eckert – so hießen Uwe Seeler und seine Frau komischerweise – kamen auch aus Hamburg und Letzterer hatte exakt dieselbe Aussprache wie sein Doppelgänger. Es war zu komisch. Wenn Uwe Seeler irgendwann in einer Talkshow sitzt und bekennt, dass er manchmal inkognito reist, um seine Privatsphäre zu schützen, kann ich Interviews geben. Sehe schon die Überschrift: »Rentnerin machte mit Uwe Seeler Urlaub: ›Er nannte sich Eckert.‹«

Uwe Seeler und seine Frau, oder von mir aus auch die Eckerts, waren auf jeden Fall sehr sympathisch. Wir kamen schnell ins Gespräch, und wieder hatten wir es mit Kreuzfahrtprofis zu tun. Wie das Pärchen aus der Abflughalle hatten die beiden schon etliche Kreuzfahrten gemacht. 16, um genau zu sein, wir staunten. Und da Frau Eckert großer Fan von David Garrett war, stand fest, dass sie diese Reise auch noch »irgendwo unterkriegen mussten«. Im Juni waren sie nämlich schon im Mittelmeer unterwegs, und im Dezember geht's auch irgendwohin. (Die beiden kamen selbst schon ein wenig durcheinander, wann sie auf welchem Schiff waren oder sein würden.)

»Das ist aber auch eine besondere Reise, oder?«, sagte Frau Eckert sichtlich entzückt. »Wann kommt das schon mal wieder vor, dass David Garrett auf einem Schiff Konzerte gibt?! Noch dazu auf so einem Luxusschiff! Sie sind doch auch sicher wegen ihm hier?«

»Eher weniger«, sagte Günther, und die Gesichtszüge von Frau Eckert entglitten. Ich – geschult von heute Morgen – rettete in allerletzter Sekunde: »Wir finden es auch so toll, dass er hier ist! Er wurde ja sogar schon gesichtet, wie er an Bord ging. Das war ja eine Aufregung.«

»Da sagen Sie was! Ich habe nur die Schreie gehört, ihn aber verpasst. Aber hach«, sie hielt die Hände nach oben, »ich darf mich da nicht wieder reinsteigern.« Ihr Mann ergänzte: »Sie war ganz fertig, dass sie ihn nicht gesehen hatte.«

Günther warf mir einen vielsagenden Blick zu, und ich verstand sofort. Das war doch nicht zu glauben, dass dieser Geiger so eingefleischte Fans hatte!

In den darauf folgenden zwei Stunden, die wir im Britannia verbrachten, waren dann noch ein paar Dinge nicht zu glauben.

- Die Speisekarte, aus der man alles à la carte bestellen konnte (war im Reisepreis inklusive), glich der eines Fünf-Sterne-Restaurants. (Gibt es bei Restaurants überhaupt fünf Sterne? Nun, Sie wissen, was ich meine! Unglaublich! Haben alles einmal querbeet bestellt und der Kellner hat nicht komisch geguckt.)
- Der günstigste Wein kostete 50 Dollar die Flasche. Das fand selbst Uwe Seeler teuer.
- Es gibt Passagiere, die vor über einem Jahr (!) diese Reise gebucht haben. Da wussten Günther und ich noch nicht einmal, dass wir überhaupt wegwollten. Wie ich das herausgefunden hatte? Nun, nachdem wir unsere Bestellung aufgegeben hatten, ging ich zum Maître vorne an den Tresen, um mich nach einem neuen Tisch zu erkundigen. Wir saßen wirklich direkt vor der Essensausgabe, und auch die »Eckerts« waren ein wenig unzufrieden. Das Gespräch mit dem Maître (der zum Glück etwas Deutsch konnte) verlief dann kurz und schmerzlos. Und ergebnislos.

Ich: »Wäre es möglich, ab morgen die beiden Tische dort an der Balustrade zu bekommen?« (Zeigte auf einen Balkon, von dem aus man direkt den Blick über das ganze Restaurant und das riesige Ölgemälde hatte. Zwei Frauen saßen an dem Tisch und warfen just in dem Moment, wo der Maître und ich rübersahen, lachend die Köpfe in den Nacken. Klar waren die gut gelaunt bei dem Platz!)

Maître: »Madame, wann haben Sie gebucht?«

Ich: »Wie bitte?«

Maître: »Madame, wann haben Sie diese Reise gebucht?«

Ich: »Vor … äh … sechs Wochen vielleicht?«

Maître: »Sie sehen die beiden Frauen dort? Die haben vor einem Jahr gebucht. Je früher man bucht, desto mittiger wird man platziert.«

– Zurück am Tisch, die Information mit den »Eckerts« geteilt (haben auch last minute gebucht). Uwe … äh … Herr Eckert ging die Sache pragmatisch an und meinte, dass wir es uns dann auch hier gemütlich machen werden. Und Frau Eckert rief: »Wir buchen auf jeden Fall schon für nächstes Jahr! Egal, wohin die Reise geht. Ich will da auf diesem Balkon sitzen!« Ich stimmte sofort begeistert zu, und Günther nuschelte: »Da können wir ja noch mal drüber reden.«

– Als der Hauptgang serviert wurde, kam der Kellner mit einer übergroßen Pfeffermühle von Tisch zu Tisch, und man konnte sich vornehm nachpfeffern lassen. Haben uns zweimal nachgeben lassen. Mussten zwar irgendwann doch ordentlich husten, aber wir wollten den teuren Wein wieder rausholen.

Jetzt ist es kurz nach halb elf. Günther ist, eine Minute nachdem er sich hingelegt hat, eingeschlafen. Wie immer. Und die Klimaanlage brummt. Wie der Kühlschrank im Wohnmobil. Das sind die beiden einzigen Gemeinsamkeiten. Sonst ist alles anders. Der Unterschied könnte nicht größer sein. Und meine Vorfreude auch nicht. Willkommen an Bord.

Freitag, 14. September

9 Uhr

Himmel, hab ich schlecht geschlafen. Irgendwie habe ich mich komplett verlegen, und mein Nacken tut weh. Kann den Kopf kaum nach rechts drehen. Sofort schießt es in den Hals rein. Außerdem bin ich mehrfach aufgewacht und brauchte jedes Mal eine Ewigkeit, um wieder einzuschlafen. Im Wohnwagen habe ich ja geschlafen wie ein Stein. Kann mich nicht daran erinnern, dass ich jemals so tiefenentspannt aufgewacht bin wie auf der ausklappbaren Pritsche neben dem brummenden Kühlschrank. Werde aber einen Teufel tun und das Günther sagen. Auf seine Frage »Und, wie hast du geschlafen?« gerade ohne mit der Wimper zu zucken »königlich« geantwortet. Leichter Anflug von schlechtem Gewissen.

10 Uhr

Wenn wir jetzt um diese Uhrzeit im Wohnmobil wären, hätte Günther ein Kabel in der Hand, wäre umringt von Männern mit kleinen Bäuchen und ohne T-Shirt, und ich hätte mir von den Nachbarn einen Besen geliehen, um wieder den Boden zu fegen.

Wenn, wäre, hätte. Alles Schall und Rauch.

Denn, ein Tusch, unsere große Verwandlung hat begonnen.

Wir sitzen wieder im Britannia Restaurant. Anders als abends darf man sich morgens einen Tisch aussuchen, und dreimal dürfen Sie raten, welchen Tisch Frühaufsteher

Günther für uns ergattert hat. Richtig! Den Tisch, auf den wir gestern so neidisch geblickt haben. Den Premium-1-A-besser-geht-es-nicht-Tisch. Wie auf einem Thron sitzen wir direkt an der Balustrade und können das gesamte Restaurant überblicken. Ein Kellner mit weißen Handschuhen hat uns gerade die Speisekarte überreicht, der strenge Maître hat uns vornehm zugenickt, als er an uns vorbeigegangen ist, und ich spüre, wie andere Frauen ihre Männer in die Rippen zwicken und sie anweisen, morgen auch ja *diesen* Tisch zu besetzen. Soll ich Ihnen was sagen? Ich fühle mich wie die Queen! Ich glaube, Günther gefällt es auch. Er hat sein neues Hemd an (das enge, sieht schnittig aus) und blättert sichtlich beeindruckt in der Speisekarte. Ich glaube, auf dem ganzen Planeten gibt es nichts zu essen, was sie hier nicht anbieten. Ob süß, herzhaft, warm oder kalt: Die Auswahl ist gigantisch. Und da alles auf Englisch ist, wirkt das Ganze noch herrschaftlicher. Ich schreib einfach mal die ersten Zeilen ab: Grilled English Back Bacon, Cumberland Sausage, Hash Brown, Bury Black Pudding, Grilled Tomato, Sautéed Mushrooms, Black Forest Ham… Nobel, oder? Ich verstehe nur Bahnhof, aber der Klang gefällt mir.

»Das ist jetzt schon schön, oder?«, frage ich. Günther brummt betont gelangweilt: »Mmh.«

11 Uhr

Grundgütiger, wir haben so viel gegessen, dass ich ein Stoßgebet zum Himmel schicke, dass Günther sein kleines Hemd anhat. Wenn das so weitergeht, kommt er da nicht mehr rein. Aber wer im Glashaus sitzt… Es ist mir zwar ein Rätsel, wie man so schnell zunehmen kann, aber meine Bluse spannt schon. Schnell in die Kabine und umziehen. Nicht, dass noch ein Malheur passiert. Wie sagt Ute immer? Wo rohe Kräfte sinnlos walten, da kann kein Knopf sie mehr halten.

Bis heute Abend essen wir nichts mehr. Dann müsste *es* sich wieder zurückbilden.

11.10 Uhr

Im Fahrstuhl zurück aufs Zimmer Small Talk mit einem anderen Pärchen gemacht. Die beiden kommen auch gerade vom Frühstück und sind ebenfalls beeindruckt vom Angebot. »Aber man isst ja dadurch leider so viel«, sage ich und lache gequält. »Jeden Tag nimmt man auf einer Kreuzfahrt laut Statistik 450 Gramm zu«, sagt der Mann. »Da haben wir ja fast Glück, dass die Reise um einen Tag verschoben wurde, was?« Er lacht, die Frau lacht, wir lachen.

11.11 Uhr

Großer Gott, 450 Gramm??? Wir essen auch morgen nichts!

13.50 Uhr

Wir sind auf dem Weg ins Restaurant. Fragen Sie nicht… Nach dem Frühstück haben wir uns in der Kabine umgezogen. Die Versuchung war groß, dass wir uns kurz hinlegen, aber Günther stellte treffend fest, dass wir wohl nicht mehr hochkommen, wenn wir erst einmal in der Horizontalen sind. Also nahmen wir uns vor, das Schiff noch einmal ausführlicher zu erkunden, weil wir gestern nur einen kurzen Rundgang machen konnten.

Wir waren gerade am 3-D-Kino angekommen (Günther war sichtlich beeindruckt, kommentierte es aber mit den Worten »*Muss* so ein Schiff ein 3-D-Kino haben?«), als wir plötzlich Rufe hinter uns hörten. »Huhuuuu!« Wir drehten uns um und entdeckten Edith und Heinz Fischer, das Pärchen, das in der Schlange gestern vor uns gestanden hatte.

»So sieht man sich wieder!«, rief Edith Fischer und begrüßte uns wie alte Bekannte.

»Und? Wie gefällt es Ihnen? Ist schon beeindruckend, dieses Schiff, oder?«, fragte ihr Mann, und wir nickten. (Günther auch! Ha!) »Wir sind auch jedes Mal aufs Neue total begeistert. Ich meine, wir kennen es ja, aber man entdeckt immer noch neue Ecken. Und wie ist Ihre Kabine?«

»Sehr schön«, sagte ich und strahlte.

»Haben Sie denn schon Ihren Balkon genutzt?«, fragte Edith Fischer und zwickte ihren Mann in die Seite. »Die Schmidts machen's richtig!« Und an uns gewandt: »Ich sag immer: Lebe jetzt im Luxus, sonst tun es die Erben.«

»Das denkt meine Frau auch«, sagte Günther trocken, und Edith Fischer fing wieder an zu kichern.

»Herr Schmidt, Herr Schmidt, Sie haben es faustdick hinter den Ohren.« Sie zwickte jetzt Günther in die Seite, und Günther wurde rot.

»Jetzt stehen wir hier so lange rum«, sagte Heinz Fischer irgendwann, »wollen Sie nicht heute Mittag mit uns essen? Wir haben einen Tisch oben im Restaurant reserviert. Um 14 Uhr. Gut, es ist nicht im Preis mit drin, man muss bezahlen. Aber es lohnt sich!«

»Da haben wir mal so gut gebratenen Saibling gegessen, dass wir noch Wochen danach davon geschwärmt haben«, ergänzte seine Frau.

»Nein, Liebes, *das* war im Lotus.«

Es ging noch ein paarmal hin und her. Es konnte zwar nicht geklärt werden, wo sie nun den Saibling gegessen hatten, aber worin sich die beiden einig waren: dass wir auf jeden Fall mitkommen sollten. Unser Einwand, dass wir noch so satt vom Frühstück waren, wurde nicht akzeptiert (»Bis dahin haben Sie doch schon längst wieder Hunger!«), und es war ja auch nett, dass wir gleich eine Verabredung hatten. Kurz: Mit dicken Bäuchen sagten wir zu. Vielleicht wuchs unser Stoffwechsel ja auch über sich hinaus, und unsere Mägen knurrten wieder in drei Stunden. Seeluft macht hungrig, heißt es doch immer, oder war das Landluft? Egal! »Bis später!«, sagten wir mehr oder weniger hoffnungsvoll und winkten den Fischers zu.

Danach blieben noch anderthalb Stunden, um das Schiff zu erkunden. Jetzt aber wirklich.

An der Rezeption lagen die Tagesprogramme aus, und ich schnappte mir ein Exemplar. Vier Seiten dicht beschrieben. »Hast du mal einen Stift?«, fragte ich aufgeregt, und Günther holte einen Kuli aus der Innentasche seines Blazers heraus. »Guck mal hier, nach dem Mittagessen könnten wir zum Beispiel zum Bingo gehen, oder nein, hier, zum Tanzunterricht! Walzer! Das wär's doch!« Ich umkringelte »Tanzunterricht«, sah dann aber, dass zeitgleich auch die Offiziere vorgestellt wurden. Die würde ich ja auch gerne sehen! »Killer Darts« klang auch lustig, und was war bitte »Deck Quoits – Wettbewerb«??? Hinter jeder vollen Uhrzeit standen zig Veranstaltungen. Es war wie in einem Logikrätsel. Schloss man eines aus, blieben noch vier andere übrig. Diese musste man dann mit den darauf folgenden Programmpunkten koordinieren: Wo fand was statt und würde man es überhaupt rechtzeitig von A nach B schaffen? Nach zehn Minuten bestand das gesamte Programm aus Kringeln, Fragezeichen und Ausrufezeichen.

Sah, wie sich Günther in einen großen Sessel fallen ließ und die Augen schloss. Ich hatte mich gerade für die Offiziere entschieden, als ich plötzlich den Five o'Clock Tea entdeckte, für den wir von Julia extra diesen »One more«-Satz gelernt hatten. Aber so viel stand schon einmal fest: Nach dem Mittagessen mit den Fischers konnten wir unmöglich noch diese Scones verputzen. Gut, konnten wir wahrscheinlich schon, aber dann würden wir auf jeden Fall den Schiffsarzt aufsuchen müssen. Kurz: Die Teezeit wurde auf übermorgen verschoben (morgen hatten wir ja den Landgang in Oslo), und stattdessen würden wir uns die Offiziere ansehen. Danach könnten wir entweder ins Kino oder zum Quiz gehen. Und dann gab es auch schon wieder Abendessen. Ich wedelte mit dem Programm und holte Günther aus seinem Wachkoma. »So, der Plan für heute steht!«

»Dass man hier *ständig* verplant ist«, maulte Günther. »Mit dem Womo war man viel spontaner.«

»Spontaner?«, rief ich entsetzt. »Das ist nicht dein Ernst! Du hattest im Vorfeld jeden Platz schon durchorganisiert, und wir haben es in über drei Wochen gerade einmal auf einen einzigen Ausflug geschafft. Und selbst dafür musste ich kämpfen, denn das war dir eigentlich zu SPONTAN!«

»Wir hätten aber können!«

»Wie denn?«

»Na, Sachen packen und losfahren.«

»Ich bitte dich! Das wäre doch nie und nimmer gegangen.«

»Doch, wir hätten es machen können.«

»Jaja, hätte, hätte, Fahrradkette.«

Unsere Diskussion wurde im Keim erstickt, als ich zufällig einen Blick auf meine Armbanduhr warf. Großer Gott, wie spät es schon war! Überstürzt einen der Aufzüge aufs oberste Deck genommen, wo einige Passagiere gerade Shuffleboard spielten. (*Traumschiff* lässt grüßen!) Dann direkt wieder runter und noch einen kurzen Abstecher zum Casino gemacht. Jetzt sind wir gleich im Restaurant. Zugegeben, es ist ein bisschen stressig. Aber schön stressig!

14.00 Uhr

Edel geht die Welt zugrunde. Wir sitzen mit den Fischers in einem so schicken Restaurant (direkt am Fenster), dass ich mir endgültig wie die Queen vorkomme. Auch Günther sieht sich staunend um. Die Decke wird von Säulen getragen, die Stühle haben einen weißen Lederbezug, an der Wand hängt moderne Kunst, und im Hintergrund läuft leise Pianomusik. Frau Fischer beugt sich über den Tisch und flüstert: »Na? Haben wir zu viel versprochen? Ich sag's doch: Auch wenn es ein wenig teurer ist, es lohnt sich.«

Nein, die Fischers haben wirklich nicht zu viel versprochen. Leider auch, was die Preise angeht. »Teurer« trifft's. Als ich die Speisekarte aufschlage, sehe ich vor allem sehr viele, sehr große Zahlen. Schiele zu Günther rüber. Der blättert auch gerade in der Karte, aber er trägt es anscheinend mit Fassung. Bevor wir einen Ton herausbekommen, übernimmt Herr Fischer das Ruder: »Erst einmal eine Flasche Wein, oder?« Ohne unsere Antwort abzuwarten, winkt er einen Kellner heran. »One bottle of this wine, please.« Er zeigt auf eine Zeile in der Speisekarte ziemlich weit unten (da stehen doch die teuren, oder?). Grundgütiger.

»Ach, schauen Sie mal, hier gibt es eine Cannelloni-Platte für vier«, sagt Frau Fischer. »Sollen wir uns die vielleicht teilen?«

»Gerne!« Günther klappt die Speisekarte zusammen, und ich bin erleichtert. »Teilen klingt prima!« (Geteiltes Leid ist halbes Leid. Teilen macht glücklich. Teilen kostet weniger!)

Fest steht: Wenn wir zu Hause sind, wird nicht nur Diät gemacht. Sondern auch gespart.

14.10 Uhr

Während wir aufs Essen warten, unterhalten wir uns über Gott und die Welt. Und wir stellen fest, dass wir sehr viele Gemeinsamkeiten haben. Die beiden sind auch im Ruhestand, mussten sich auch erst dran gewöhnen (Frau Fischer: »Und plötzlich war Heinz zu Hause, also immer!«), wohnen in einem kleinen Haus mit Garten und haben eine Tochter, die – wie Julia – ebenfalls Single ist.

»Das gibt's doch nicht«, ruft Frau Fischer und hebt das Glas. »Sollen wir uns nicht duzen?«

Wir stoßen mit dem teuren Wein an, und aus den Fischers werden Edith und Heinz.

14.30 Uhr

Edith und Heinz erzählen von ihren bisherigen Kreuzfahrten und kriegen sich darüber in die Wolle, ob es auf der Aida Nova nun eine Sushi-Bar gibt (Edith) oder nicht (Heinz).

14.35 Uhr

Die Cannelloni-Platte kommt: eine edle, ovale Form mit Goldrand, in der acht akkurat gefüllte Cannelloni liegen, die direkt aus einem Kochbuch entsprungen scheinen. Ich hätte ja schwören können, dass man nach dem opulenten Frühstück keinen Bissen mehr runterbekommt, aber Edith hatte recht. Ich habe tatsächlich schon wieder Hunger. Und wie das duftet! Mir läuft das Wasser im Mund zusammen. Das war eine richtig gute Idee mit dem Essen!

14.40 Uhr

Edith dreht die Zange und den Soßenlöffel in unsere Richtung. »Bitte, fangt an.«

Ich nehme mir erst einmal eine Cannelloni-Rolle, ich mag es nämlich, noch einmal nachzunehmen. Günther füllt sich gleich zwei Rollen auf, er nimmt immer alles gleich auf einmal und mag Nachnehmen gar nicht. Jedem von uns träufele ich noch einen Schuss Soße drauf. Die ist knapp kalkuliert, das seh ich jetzt schon.

14.42 Uhr

Ich drehe das Besteck wieder zu Edith und Heinz. »Bitte. Mmmmh, riecht das lecker.«

Edith füllt sich zwei Rollen auf und Heinz nimmt – das glaub ich jetzt nicht – die letzten drei Rollen.

14.43 Uhr

»Guten Appetit, ihr Lieben. Wie schön, dass wir uns kennengelernt haben!« Edith prostet uns zu. »Auf eine wundervolle Reise.« Kann nur auf meine Cannelloni-Rolle starren. Auf Heinz’ Teller.

14.45 Uhr

Alle fangen an zu essen und was soll ich sagen? Es schmeckt himmlisch. Die Füllung ist ein Traum, und die Cannelloni selbst haben noch Biss und sind trotzdem butterzart.

14.46 Uhr

Heinz scheint es auch zu schmecken. Arrrrrgggghhhh.

14.47 Uhr

Ich will wirklich nicht kleinlich wirken. Von mir aus soll er gerne eine Rolle mehr haben als ich. Aber ich finde, er hätte wenigstens fragen können. Sich die einfach so zu nehmen, ist schon dreist.

14.48 Uhr

Eigentlich müsste er dann mehr zahlen. Edith trinkt auch mehr Wein als ich. Den teilen wir doch bestimmt.

14.49 Uhr

»Ist alles in Ordnung, Rosa?«, fragt Heinz, weil ich wohl geistesabwesend auf seinen Teller gestarrt haben muss.

»Jaja«, sage ich schnell.

Edith sieht von mir auf Heinz' Teller und zurück. Und erkennt die Lage.

»Mensch, Rosa, du hast ja nur eine Rolle!«, ruft sie. Und an ihren Mann: »Und du hast drei!«

»Ich dachte, du wolltest nur eine«, sagt Heinz entschuldigend.

»Ich nehm immer gerne noch nach«, setze ich an. »Aber wirklich, es ist kein Problem. Mach dir keinen Kopf.«

14.50 Uhr

Heinz bietet an, mir den Rest seiner angebissenen Rolle rüberzureichen. Lehne dankend ab.

14.55 Uhr

Kann mich nicht richtig aufs Gespräch konzentrieren. Wir ziehen richtig den Kürzeren hier. Edith trinkt mehr, und Heinz hat meine Rolle aufgegessen. Und zahlen tun wir wahrscheinlich dasselbe.

14.56 Uhr

Schlechtes Gewissen. Das ist ja wie beim Kosakenzipfel bei Loriot. Wir sind doch keine Kleinkinder!

14.58 Uhr

Dann soll Günther aber zumindest noch ein bisschen von der Soße haben. Ich nehme den Löffel und muss die Auflaufform schon schief halten, damit überhaupt noch ein bisschen was zur Seite läuft. Ich gieße den kompletten Rest über Günthers Cannelloni-Rolle. Sehe, wie Edith Heinz einen verstohlenen Blick zuwirft.

15.10 Uhr

Das Gespräch kommt irgendwie nicht richtig in Gang. Edith ist nach der Soße sichtlich angespannt. Plötzlich nimmt sie den Löffel in die Hand und sagt spitz: »Mal sehen, ob ich auch noch was rauskriege. Die Soße ist ja sooo lecker, nicht, Günther?«

15.15 Uhr

Der Kellner kommt und räumt ab. Alle sind erleichtert. Wir teilen die Rechnung und machen noch ein wenig Small Talk. Das »Man sieht sich« zur Verabschiedung kommt ein wenig halbherzig rüber.

Der Rest des Tages ist schnell erzählt. Nach dem Mittagessen waren wir bei der Vorstellung der Offiziere. Hing gedanklich immer noch beim Mittagessen. War schon schade, wie blöd das gelaufen ist. Nach und nach wurden die leitenden Offiziere durch ein Mikrofon vorgestellt und nach vorne gebeten. Alle klatschten. Die Moderatorin erzählte zu jedem auch noch etwas, konnte mir aber nicht viel merken. Weiß nur noch, dass eine Frau beim schwedischen Offizier wie von der Tarantel gestochen schrie: »Der wär' was für mich!« (Gut, dass die Bordsprache Englisch ist und er wohl nichts verstanden hat.)

Danach machten wir einen Abstecher in den Spa-Bereich, weil ich mich wegen meines verspannten Nackens nach einer Massage erkundigen wollte. 169 Dollar für 50 Minuten. Hundertneunundsechzig. Ohne Worte. Dankend abgelehnt.

Als wir anschließend zur Kabine gingen, kamen wir am Royal Theatre vorbei, wo eine öffentliche Fragerunde mit David Garrett stattfinden sollte. Das gesamte Theater platzte aus allen Nähten, und sogar vor den Türen standen unzählige Leute, die keinen Platz mehr bekommen hatten. Eine Frau hatte Tränen in den Augen, weil sie nicht mehr reinkam. Günther zeigte mir heimlich einen Vogel, als wir dran vorbeigingen, und ich nickte. Wie kann man sich nur so da reinsteigern?

Wir haben übrigens Karten für das Konzert am Samstag (wir wussten vorher nicht, welcher Tag es wird). Als wir gestern Abend zurück in die Kabine kamen, lagen sie als Überraschung auf dem Bett. Das Zimmermädchen muss sie verteilt haben. Günther hatte schon die Idee, dass wir sie ja heimlich weiterverkaufen können. Habe aber protestiert. Ist doch bestimmt ganz nett, das mitzunehmen.

Beim Abendessen mit Uwe Seeler dann auf Wein verzichtet (Nachwirkungen des Mittagessens) und für morgen Frühstück aufs Zimmer bestellt. Es steht ja der Landgang in Oslo an, und da Günther »möglichst schnell von Bord will« (pfff), wollen wir Zeit sparen und mal dekadent auf dem Zimmer frühstücken. Haben auf einer großen Karte alles angekreuzt, was draufstand. Voressen fürs teure Norwegen, meint Günther. Haben uns auch vier Bananen bestellt. Wollen wir mitnehmen. Dann sparen wir uns vielleicht das Mittagessen.

Samstag, 15. September

19 Uhr

Ein Landgang und ~~7~~ ~~8~~ 9 Erkenntnisse liegen hinter uns. (Schneiden Sie sich ruhig diese Seiten aus. Wenn Sie mal eine Kreuzfahrt nach Norwegen machen, haben Sie gleich einen kleinen Reiseführer dabei.)

1. Oslo ist sehr schön

Unser Terminal (klingt fachmännisch, oder?) liegt sehr zentral. Als wir um 9 Uhr das Schiff verließen (wir waren mit die Ersten), brauchten wir nur zehn Minuten zu Fuß, und schon waren wir in der Innenstadt. Und was soll ich sagen? Alles war so herrlich sauber und ordentlich! Die Holzbohlen an der Hafenpromenade waren glatt geschliffen wie edle Dielenböden in alten englischen Schlössern, und die Gehwege wirkten, als sei gerade jemand noch einmal mit einem Wischmopp rübergegangen. Im Skulpturenpark, den wir uns ansahen, standen riesige Figuren aus weißem Marmor auf akkurat gestutztem Rasen, und im Hintergrund plätscherte leise Wasser aus eindrucksvollen Springbrunnen. Günther und ich holten tief Luft. Wie wunderbar war es hier! Aber die Norweger erst! Die schossen den Vogel ab. Himmel, was sahen die elegant aus! Nichts da mit Wetterjacken oder praktischen Regencapes. Günther in seiner Trekkinghose (bestand er drauf) sah aus wie einer auf Arktis-Expedition, der sich in die schicke Osloer Innenstadt verirrt hatte.

Will sagen: Packen Sie für Norwegen edle Wollmäntel, Bundfaltenhosen und Stiefeletten mit Absatz ein. Sonst fallen Sie zu sehr auf!

2. Oslo ist sehr teuer

Günther hatte natürlich im Vorfeld den aktuellen Wechselkurs zur norwegischen Krone recherchiert. Leider, wie man sagen muss. Und – wieder leider – kann er sehr gut kopfrechnen. Als wir uns einen Kaffee in einer ganz normalen Bäckerei kaufen wollten (im Pappbecher!) und Günther vor der Bestellung bis auf zwei Stellen hinter dem

Komma den Euro-Preis berechnete, wären wir fast in Ohnmacht gefallen.

»4,58 Euro«, sagte er.

»Nein!«

Günther kniff die Augen zusammen und rechnete noch mal. (Er sah aus wie ein kleiner Junge bei einer Mathe-Olympiade.) Schließlich öffnete er die Augen wieder und sagte: »Doch.«

Sind gleich rückwärts wieder rausspaziert, das mussten wir erst mal sacken lassen. Jetzt mal ehrlich, fast fünf Euro für einen kleinen Kaffee im Pappbecher, so weit kommt's noch!

Im Laufe des Tages führten wir, was die Preise betraf, nach und nach vier Deeskalationsstufen ein. Damit ließ es sich dann ganz gut leben.

– Günther rundete auf die volle Zahl ab. (Cents fielen schon mal weg!)

– Günther rundete auf den nächsten Zehner- oder Fünferbetrag ab. (Aus 29 Euro wurden so zum Beispiel 25.)

– Günther rechnete stumm und sprach nicht mehr laut aus, auf welche Summe er gekommen war.

– Günther guckte gar nicht mehr aufs Preisschild, und ich rechnete sowieso nicht.

Das war die beste Strategie. Würde ich Ihnen auch empfehlen, wenn Sie mal in Norwegen sind: Augen zu und Karte durch.

(Die schönen Norweger hatten mich nämlich unter Druck gesetzt, und ich wollte mir unbedingt was Schönes kaufen. Ein kleines Kosmetiktäschchen kam dabei heraus. Fragen Sie nicht, wie teuer das war. Ich weiß es wirklich nicht. Zum Glück!)

3. Das große Schwanken
Die Landgänge auf einer Kreuzfahrt sind ja das Haar in der Suppe, äh, ich meine natürlich das Salz in der Suppe. Machen Sie sich aber darauf gefasst, dass es sich merkwürdig anfühlt, wenn Sie wieder festen Boden unter den Füßen haben. Uwe hatte uns ja schon vor dem Nachschwanken gewarnt, wenn man wieder zu Hause ist. Also, ich spürte dieses Nachschwanken auch jetzt schon. Nach zwei Tagen auf See! Es war, als wenn sich der Boden leicht bewegte. Mir war ganz dusselig im Kopf. (Um ehrlich zu sein, fühlt man sich durch dieses Schwanken aber auch sehr weltgewandt. Gestehe, dass ich mir hin und wieder den Kopf gehalten habe. Wenn mich jemand gefragt hätte, ob alles in Ordnung sei, hätte ich geantwortet: »*Ach, wir machen gerade eine Kreuzfahrt, genauer gesagt, auf der Queen Mary 2 sind wir, sagt Ihnen was? Ja, das dachte ich mir, ist ja auch ein legendäres Schiff. Doch, das haben wir uns jetzt einfach mal gegönnt. Huch, ich schweife ab. Wenn ich über unsere Mary spreche, neige ich zum Schwärmen, müssen Sie wissen. Was ich sagen wollte: Wir sind es einfach gar nicht mehr gewohnt, an Land zu sein.*«

(Mich hat leider keiner gefragt, aber genau das könnte man sagen! Klingt gut, was?!)

4. Das große Wiedersehen
Wenn 3000 Leute zeitgleich in eine Stadt einfallen, ist die Wahrscheinlichkeit groß, dass man unterwegs jemanden trifft, den man kennt. Zuerst liefen wir doch in der Einkaufsstraße prompt Edith und Heinz in die Arme. Die Stimmung war wegen der Cannelloni noch etwas angespannt, und nach ein paar Sätzen schoben wir uns schnell

weiter. Im Laufe des Tages trafen wir dann noch drei weitere Pärchen vom Schiff. Wir kannten sie zwar nur vom Sehen und hätten auf dem Schiff nie mit ihnen geredet. Aber das Lustige ist, dass man plötzlich eine große Verbundenheit spürt, wenn man sich dann an Land wiedertrifft. Hier haben Sie ein paar Sätze in petto, die Sie zum Besten geben können.

»Ach, auch hier? Ist die Stadt nicht schön?! Viel Spaß noch!«

»Hallo! Ist es nicht toll, dass das Wetter so mitspielt?«

»Tut gut, sich die Beine zu vertreten, was?!«

»So sieht man sich wieder. Bis später an Bord!«

»Laufen Sie auch die Tea-Time wieder ab?«

5. Ohne Internet ist auch mal ganz schön

Weil wir ja an Bord keinen Empfang haben, bimmelten sofort die Handys los, als wir an Land waren. Erst bekamen wir jeder eine SMS von O2, aus der wir nicht ganz schlau wurden. Entweder war Telefonieren und Internet und so in Norwegen für uns komplett kostenlos, oder eben nicht. (Wir entschieden uns, von Letzterem auszugehen, damit uns später keine teure Überraschung drohte. Günther sagte, dass ich ihn auf keinen Fall anrufen sollte, wenn wir uns verlieren. »Wenn ich weg bin, lass es einfach laufen. 16 Uhr ist Treffpunkt vor dem Schiff. Komme, was wolle.«)

Und dann ging der SMS-Wahnsinn erst richtig los. Dreißig (!) neue WhatsApp-Nachrichten hatte allein ich bekommen. Bei Günther waren es nur unwesentlich weniger. (Wir sind ja auch meistens in denselben Gruppen drin.)

Julia: »Ich wünsch euch eine ganz tolle Zeit auf dem Schiff! Wird bestimmt super!«

Julia: »Jetzt hör ich gar nichts mehr von euch. Alles okay?«

Julia: »Kuckuck«

Julia: »Mamaaaaa, meld dich doch mal, ich mach mir Sorgen«

Unbekannte Nummer: »Hier schreibt Tante Lotti. Alles Gute für euch. Wilhelm und ich denken an euch. Ahoi!«

Julia: »Huhu???«

Unbekannte Nummer: »Hier schreibt Tante Lotti. Rosa, bringst du mir ein Handy mit?«

Julia: »Ganz vergessen: Ihr habt ja keinen Empfang. Alle Nachrichten davor bitte ignorieren. Viel Spaaaaaaaaß«

Unbekannte Nummer: »Schwester Marianne hat uns ihres geliehen. Sie tippt für mich. Lotti.«

Irene: »Hallo ihr Kreuzfahrer, habt einen schönen Urlaub! Wir planen gerade auch was fürs nächste Frühjahr, lasst euch überraschen… Liebe Grüße auch von Kurt an euch beide!«

Unbekannte Nummer: »Hallo Mama, mein Handy wurde geklaut. Katastrophe! Dies ist meine neue Nummer. Julia«

Ute: »Hallo Rosa, Kurt und Irene wollen nach Namibia, habe sie gestern vor dem Reisebüro getroffen. So eine Wüstentour mit Zelten. Bin fassungslos. LG Ute«

Daneben hatten die beiden Gruppen vom Gardasee sich in den letzten Tagen anscheinend im Minutentakt über das Wetter in Deutschland (schlecht) und ihre Sehnsucht nach Italien (groß) ausgetauscht.

Ich sah Günther an. Das konnten wir unmöglich alles abarbeiten.

Wir entschlossen uns für das Minimalprogramm. Da der Wind ordentlich auffrischte, stellten wir uns in einen kleinen Souvenirladen am Hafen und schrieben auch auf die Gefahr hin, dass man diese kurzen Nachrichten womöglich für Erpressernachrichten halten könnte, schnell an alle:

»Alles top hier. Melden uns. R&G«

Will sagen: Machen Sie das Handy aus. Auf der gesamten Reise. Auch bei Landgängen. Es artet sonst in Stress aus.

6. So eine Trekkinghose ist doch nicht sooooo schlecht

Mit Günthers Hose war das vielleicht ein Auf und Ab! Habe etwa vier Stunden gesagt, dass er völlig verkehrt angezogen ist und lieber auch so eine Wollhose wie die ganzen Norweger hätte anziehen sollen. Dann aber setzte Nieselregen ein. Die schicken Norweger drückten sich unter Markisen, und Günther Schmidt stand mitten auf dem Gehweg wie ein Fels in der Brandung, und alles perlte an ihm ab. Stolz wie Oskar.

7. Gucken Sie sich niemals die Festung an, wenn Sie in Oslo sind!

Wir wollten uns langsam auf den Rückweg zum Schiff machen, als Günther den harmlosen Vorschlag machte, noch einen kleinen Umweg über die Festung zu machen. Diese liegt direkt am Hafen, vis-à-vis zum Schiff. Warum nicht, dachte ich – und fühlte mich wenig später wieder wie Gretel. Denn wir fanden zwar den Eingang, aber nicht den Ausgang. Und schon gar nicht den Eingang, den wir genommen hatten. Kurz: Wir hatten uns in der Festung verlaufen. Am Anfang fanden wir es noch lustig. Günther referierte über die Labyrinthe der Inka, und ich fand es gar nicht blöd, mal ein wenig mehr zu laufen nach dem ganzen Gesitze auf dem Schiff. Irgendwann aber kippte die Stimmung. Jede Gasse schien in einer Sackgasse zu enden. Günther guckte jetzt immer häufiger auf seine Armbanduhr, und mir taten die Füße weh. Was würde ich nur darum geben, mal zu sitzen?! Über eine Stunde irrten wir in der Anlage umher. Einmal hatten wir uns bis auf eine Luftlinie von etwa 40 Metern an die Queen Mary herangearbeitet. Aber eine riesige Mauer trennte uns. Die Zeit wurde knapp, und dem Schiff war es wohl herzlich egal, ob wir nun an Bord waren oder nicht. Ablegen würde es pünktlich. Ich war den Tränen nahe. Wie sollten wir jemals wieder hier rausfinden? Günther wurde immer wortkarger, von den Inkas war keine Rede mehr. »Wir nehmen jetzt diese Treppen«, sagte er schließlich und zeigte auf einen kleinen Vorsprung. »Sonst rufen wir auf dem Schiff an.« (Fühlte mich an Folgen des *Traumschiffs* erinnert. Ging da nicht auch mancher beim Landgang verloren und rief dann Sascha Hehn an, der ihn dann rettete?!) Zum Glück endete unser »kleiner Umweg«, harharhar, mit einem Happy End. Wir nahmen mal hier und mal da eine Abzweigung. Und wie ein Wunder standen wir plötzlich unten am Hafen. Wieder den Tränen nahe. Mit wirklich letzter Kraft zurück zum Schiff geschleppt.

8. Ach ja, wenn man sich auf der Queen Mary Bananen zum Frühstück aufs Zimmer bestellt, kommen diese als Scheiben geschnitten! Als wenn die vom Schiff genau wüssten, dass man sich die als Proviant für den Landgang einstecken will …

9. Zweites »Ach ja«: Als wir wieder an Bord gingen, mussten wir wieder unsere Schiffsausweise in der Sicherheitsschleuse vorzeigen. Als der Mitarbeiter unsere Karten vor so ein Gerät hielt und dadurch unsere Fotos auf einem Monitor sah, gingen seine Mundwinkel leicht nach oben. Ich sag Ihnen: Wenn Sie mal eine Kreuzfahrt machen, bestehen Sie darauf, dass ein ordentliches Foto von Ihnen gemacht wird. Lassen Sie sich nicht abwimmeln! Vielleicht können Sie sich auch vorher noch mal kurz kämmen. Ist doch schade, wenn man die ganze Zeit mit einem Foto rumläuft, das nicht der Realität entspricht.

Sonntag, 16. September

Ein neuer Tag auf See. Und eine Wendung.

14 Uhr

Wir waren gerade auf dem Weg vom Mittagessen zur Kabine (bald essen wir wirklich nichts mehr!), als wir plötzlich feststeckten. In der Lobby, die wir wie jeden Tag eigentlich nur durchqueren wollten, ging nämlich: nichts mehr. Hunderte von Menschen drängelten sich aneinander, es wurde geschoben und gequetscht. Wenn sich solch tumultartige Szenen auf einem Kreuzfahrtschiff abspielen, sollte man eigentlich automatisch davon ausgehen, dass Gefahr im Verzug ist. Dass alle möglichst schnell in ein Rettungsboot steigen müssen, weil der Maschinenraum schon meterhoch unter Wasser steht. Aber irgendwie passte die Stimmung nicht so ganz zu diesem Szenarium. Alle Passagiere machten zwar einen aufgewühlten Eindruck, aber es lag doch auch eine positive Aufregung in der Luft.

»Was ist hier denn los?«, fragte ich eine Frau und machte mich schon darauf gefasst, dass sie etwas in der Art »Wir haben doch einen Eisberg gerammt, kriegen Sie überhaupt was mit?« antwortete.

»Na, jetzt findet doch die Autogrammstunde statt!«

»Welche Autogrammstunde?«

Sie sah mich entgeistert an. »Von David Garrett! Wollen Sie da etwa nicht hin?«

»Doch, doch«, sagte ich schnell (inzwischen wusste ich,

dass seine Fans sehr sensibel reagieren, wenn man sich als Nicht-Fan outet).

Sie nickte gnädig und schob sich weiter nach vorne.

Wandte mich an Günther und flüsterte: »Du glaubst es nicht, diese Massen wollen ein Autogramm von David Garrett.«

Irgendwie schafften Günther und ich, das Epizentrum zu verlassen. Wir schlugen uns zur anderen Seite durch und beobachteten das Ganze aus sicherer Entfernung. Langsam entwirrte sich das Bild: Es hatte sich eine lange Schlange gebildet, die zu einem abgeschirmten Bereich führte (nicht einsehbar). Dahinter musste er irgendwo sitzen, denn im Minutentakt kamen Frauen zurück, die entweder Tränen in den Augen oder ein beseeltes Grinsen im Gesicht hatten. Oft auch: beides zusammen. Sie wedelten aufgeregt mit Programmheften oder CD-Hüllen, legten gerührt ihre Hand aufs Herz oder kontrollierten auf ihrem Handy, ob das Foto mit ihm auch gut geworden war. Die Frauen, die noch nicht an der Reihe waren, fotografierten die Frauen, die schon dran gewesen waren. Oder sie fotografierten die Frauen vor ihnen in der Warteschlange. Oder sie fotografierten sich selbst, wie sie warteten. Überall klickten Kameras, und Handys wurden in die Luft gehalten.

Wer um Himmels willen sollte sich denn solche Bilder irgendwann noch einmal ansehen wollen? Stellte mir die stolze Präsentation zu Hause vor.

»Schau mal, das war unser Traumurlaub.«

»Man sieht ja nur fremde Köpfe von hinten.«

»Ja, aber dahinter sitzt David Garrett.«

»Wo?«

»Den sieht man nicht, aber da war er!«

Fassungslos beobachtete ich alles.

»Ich versteh es einfach nicht«, sagte ich, und Günther nickte. »Es ist der reinste Wahnsinn.«

Mehrfach wurden wir gefragt, ob wir auch anstehen. Wenn wir verneinten, kam oft die aufgeregte Frage: »Ach, dann waren Sie schon dran?« Wenn wir auch das verneinten und zugaben, dass wir gar nicht drankommen wollten, sah man uns an, als ob wir einen Dachschaden hätten.

»Die stehen bis ganz hinten zu den Fahrstühlen«, sagte eine Frau neben uns und stöhnte.

Ich nickte. »Bei der Rezeption, nicht? Da sind wir auch ausgestiegen.«

»Nein!«, rief sie. »Die Fahrstühle hinten am Theater.« (Nur damit Sie eine Vorstellung haben: Das Theater liegt auf der anderen Seite des Schiffes. Das Schiff ist über 300 Meter lang. Herr im Himmel.)

Wollte gerade Günther erzählen, dass die Schlange bis ganz nach hinten ging, als ich bemerkte, dass er mit seinem Handy zugange war.

»So«, sagte er schließlich. »Ich hab mal die Zeit genommen. Wenn es richtig schnell geht, braucht jede Frau zwei Minuten da vorne. Wie viele Passagiere sind auf dem Schiff?«

»2600.«

»Nehmen wir mal an, nur die Hälfte will ein Autogramm …«

»… das ist zu wenig!«

»Ja, aber rechnen wir jetzt mal mit 1300 Gästen à zwei Minuten.« Günther schloss die Augen, und auf der Stirn kräuselten sich seine Rechenfalten. »Macht nach Adam Riese 43 Stunden.«

»43 Stunden?«

»Ja«, sagte er tonlos. »Es läuft völlig aus dem Ruder.«

Es spielten sich auch »dramatische« Szenen ab, die Günther und ich zugegebenermaßen belustigt beobachteten. (Wir konnten es einfach nicht ernst nehmen.) Eine Frau war gerade auf unserer Höhe, als sie aufgeregt auf ihrem Handy tippte. Sie hatte anscheinend ein Selfie mit David Garrett gemacht und wollte jetzt das Wunderwerk noch einmal begutachten.

»Nein!«, rief sie verzweifelt.

»Was ist?«, fragte ihre Freundin.

»Er guckt so super, großer Gott, sieht er toll aus. Aber guck mal, wie ich aussehe!« Sie starrte fassungslos auf das Display.

Die Freundin beruhigte zunächst. »Ach komm, zeig mal.« Als sie aber das Foto gesehen hatte, machte sie ein betroffenes Gesicht und sagte: »Oh.«

»Ich hab die Augen ja gar nicht richtig auf«, jammerte die andere. »Drei Stunden angestanden und alles umsonst.«

Die ganze Szenerie war skurril. Eigentlich hätten wir schon längst das Weite suchen müssen, aber irgendwie mussten wir gebannt hinsehen. Was für ein Schauspiel, alle waren komplett von Sinnen!

Plötzlich hörten wir von der Seite bekannte Stimmen: »Hallo ihr zwei!«

Edith und Heinz standen neben uns.

»Hallo«, begrüßten wir die beiden schmallippig, und prompt hatte ich ein schlechtes Gewissen. Es war doch wirklich nicht mehr feierlich, dass wir uns wegen einer Soße stritten. Edith wirkte auch bedröppelt.

»Wollt ihr auch zur Autogrammstunde?«, fragte ich, um die unangenehme Stille zu überbrücken.

Die beiden winkten ab. »Ich würde ja gerne, aber da steht man ja Stunden an«, sagte Edith.

»43, um genau zu sein«, sagte Günther trocken, und ich nickte. »Er hat es berechnet.«

Heinz prustete los. »43??? Ihr seid ja verrückt!«

Als dann auch noch Edith »Die Liebe ist ein seltsames Spiel« von Connie Francis anstimmte, lachten wir alle. Dann aber fiel uns wieder ein, dass wir uns ja eigentlich zerstritten hatten.

»Mensch Kinder, irgendwie war die Stimmung nach unserem Mittagessen ganz komisch«, sagte Edith. »Wollen wir uns nicht wieder vertragen?«

Ich nickte erleichtert. »Nie wieder Cannelloni«, sagte ich und zwinkerte den beiden zu. Sie verstanden es auch ohne weitere Worte.

»Wir wollten übrigens gerade zur Tea-Time«, sagte Edith. »Gut, ›wir‹ ist etwas übertrieben, denn der Herr hier...«, sie zeigte auf Heinz, »kommt nur widerwillig mit.«

»Ich habe das schon gefühlt hundert Mal mitgemacht«, sagte Heinz entschuldigend. »Aber sagt mal, warum geht ihr Frauen da nicht mal allein hin, und wir bummeln ein wenig, was, Günther?«

Musste mir ein Lachen verkneifen. Günther wollte noch nie »bummeln«. Dieses Wort ist der Inbegriff des Albtraums für ihn. Er ließ sich aber nichts anmerken und sagte doch tatsächlich: »Find ich gut!«

Na, das war doch mal ein Plan! Ich hakte mich bei Edith unter, und unsere Wege trennten sich. »Man sieht sich«, flöteten wir gut gelaunt den Männern zu.

Zehn Minuten später kamen wir im Queens Room an. Na ja, nicht ganz, heute schien der Welttag des Anstehens zu sein. Die Türen zum Saal waren noch nicht geöffnet, und davor hatte sich eine große Menschentraube gebildet. Wir reihten uns am Ende ein. »Sechs Tage Kreuzfahrt und drei Tage Schlange«, sagte ein Mann neben uns, und alle Umherstehenden lachten. Es scheint so eine Art Naturgesetz zu sein, dass Menschen auf Kreuzfahrtschiffen sofort in den Schiffsvergleich-Modus verfallen, wenn sie irgendwo aufeinandertreffen. Auch hier setzte der Reflex ein.

»Das hatten sie ja auf ›Mein Schiff‹ besser gelöst«, sagte eine Frau. »Die hätten die Türen gleich geöffnet.«

»Auf der Aida gab es im Atrium gar keine Türen«, sagte eine andere.

»Aida Luna?«, fragte ein Mann.

»Nein, die Diva.«

»Ach so, zu der kann ich nichts sagen. Wir waren bisher immer auf der Luna. Hat uns gut gefallen. Sehr gut.«

»Mir kam das Theater auf der Magnifica irgendwie größer vor«, schaltete sich ein anderer ein.

»Magnifica, das ist doch …«, überlegte die erste Frau. »MSC!«, sagte der Mann. »Fürs Frühjahr haben wir schon die Splendida gebucht.«

Edith hielt sich bei der Diskussion zurück. Ihr Beritt waren ja vor allem die Restaurants auf den Schiffen. Einmal startete sie einen Versuch, dem Gespräch einen neuen Dreh zu verpassen (»Das Büfett auf der Queen Elizabeth ist doch etwas anders als hier, finden Sie nicht?«), aber irgendwie sprang niemand so recht drauf an. Vielmehr driftete die Unterhaltung komplett ab, weil eine Frau erzählte, dass sie auf der Queen Elizabeth geschlagene drei volle Tage mal so seekrank gewesen sei, dass sie fast gar nichts mehr essen konnte. Das wiederum zog eine Diskussion nach sich, was am besten gegen Seekrankheit half. Die Meinungen gingen da etwas auseinander. Manche schworen auf Ingwer, andere plädierten für Ohr-Akupunktur, und ein dicker Mann rief laut: »Ohne mein Zäpfchen geh ich nicht mehr an Bord!«. Nachdem eine Frau dann auch noch detailliert beschrieben hatte, wie sie auf der Aida mal »für Fischfutter gesorgt hatte« (so nennt man das wohl, wenn man sich über der Reling … erleichtert), kriegten alle zum Glück noch die appetitlichere Kurve, und die Frage wurde diskutiert, auf welchem Schiff die schönsten Ärzte arbeiteten.

Endlich wurden auch die Türen zum Saal geöffnet. Wir ließen uns im großen Strom treiben und wurden wie Robben auf eine Sandbank gespült. Edith, Vollprofi, musste sich nicht groß orientieren, sondern stürmte zielstrebig auf einen freien Tisch zu. Als ich mich in einen tiefen roten Samtsessel fallen ließ, sah ich mich erst einmal in aller Ruhe um. Der Queens Room übertraf all meine Erwartungen! Auf der riesigen Tanzfläche in der Mitte saß ein Streichquartett und wartete auf seinen Einsatz. Drum herum waren viele runde Tische mit kleinen Lämpchen darauf arrangiert. An der Decke hingen Kronleuchter.

»Dass das Günther nicht sieht«, sagte ich betrübt.

»Ach, der lässt es sich jetzt bestimmt auch gut gehen«, meinte Edith. »Die Männer wissen doch, wie man lebt.« Wenn die wüsste! Hätte fast gesagt, dass Günther das hier alles überkandidelt fand, neuerdings am liebsten Dosenravioli aß und sein Glück in Badeschlappen gefunden hatte. (Zugegeben, ich auch ein klitzekleines bisschen …)

Die Musiker begannen zu spielen (Gänsehaut!), und im gesamten Raum strömten Kellner aus und reichten mit weißen Handschuhen kleine Köstlichkeiten von goldenen Tabletts. »Unsere Tochter sagte, wir sollen vor allem diese Scones essen«, flüsterte ich Edith zu. Sie nickte abgeklärt. »Dann bei den ersten beiden Runden die Füße stillhalten.«

Diszipliniert schüttelte ich also den Kopf, als mir der Kellner Erdbeer-Sahne-Schnitten anbot. Ich beherrschte mich und lehnte auch die Fruchttörtchen ab, und selbst die Schokoladen-Eclairs ließ ich an mir vorbeiziehen.

»Jetzt kommen deine Scones«, flüsterte Edith plötzlich, und meine Stunde hatte geschlagen.

Der Kellner reichte mir mit einer goldenen Zange ein Gebäck, das aussah wie eine Mischung aus Brötchen und Berliner. Dazu stellte er zwei kleine Glasschüsseln auf den Tisch; in einer sah ich Erdbeermarmelade, die andere fasste etwas, das aussah wie festere Sahne. Ich bestrich den/die/das Scone erst mit der Sahne, dann kam die Marmelade drauf. Dann biss ich zu. Und schmolz dahin. »Grundgütiger«, sagte ich etwas zu laut, und die Frauen am Tisch neben uns lachten.

Das Ende von einer Stunde Tea-Time: Diese Scones waren so lecker, dass ich den alles entscheidenden Satz unterbrachte: »One more, please.« Ich gestehe: mehrfach.

Im Anschluss wollte Edith mir die Bibliothek zeigen. Als sie hörte, dass wir sie noch gar nicht gesehen hatten, rief sie empört: »Du kannst dieses Schiff nicht verlassen, bevor du nicht dort warst!« Wir liefen gerade an der Boutiquenmeile vorbei, um auf die andere Seite des Schiffes zu kommen (die Bibliothek liegt direkt am Bug), als Edith mich plötzlich anstupste. »Sag mal, das ist doch …« Sie zeigte auf einen Laden. Ich traute meinen Augen nicht. Hinter der Glasscheibe sah ich, wie sich Günther in einer Jacke, die ich nicht kannte, vor einem Spiegel drehte und von allen Seiten begutachtete. Heinz und eine Verkäuferin standen daneben und sagten etwas. Bin keine Lippenleserin, aber bei Heinz meine ich ein lang gezogenes »Suuuper« erkannt zu haben.

Man muss dazu sagen: Günther mag nicht bummeln. Günther mag nicht einkaufen. Günther mag nicht Klamotten anprobieren.

Wer war dieser Mann da hinter der Scheibe?

Edith und ich bogen ab und betraten den Laden.

Heinz sah uns und winkte. »Huhu, hier drüben. Rosa, dein Mann ist im Shoppingrausch.«

Es stellte sich heraus, dass Günther – ja, der Günther, der vor ein paar Monaten ohne T-Shirt und mit Bauchansatz zufrieden vor einem Wohnmobil gesessen hatte – im Schaufenster eine Barbourjacke entdeckt hatte und laut Heinz – ich vertraue ihm – »einfach mal reinschlüpfen wollte«. Sie hatte prompt wie angegossen gepasst, und er und die Verkäuferin hatten ihren Segen gegeben. (Das war wohl der Part, wo ich das »Suuuuuper« durch die Scheibe gesehen hatte.)

»Was machst du denn da?«, flüsterte ich Günther zu. »Wir haben doch noch 200 Dollar Bordguthaben, weil die Abfahrt verschoben wurde«, raunte er zurück. »Heinz sagt, man muss sich auch mal was gönnen. So!« Er ging mit der Barbourjacke zur Kasse und gab der Verkäuferin ohne mit der Wimper zu zucken seine Kreditkarte.

»Hab ich's nicht gesagt?«, kicherte Edith. »Unsere Männer wissen, wie man es sich gut gehen lässt. Savoir-vivre, nicht wahr, Günther?«

Der fremde Mann, der sich Günther nannte, sagte: »Genau mein Reden!«

Die Jacke wurde sorgsam verpackt, und Günther klemmte sich stolz wie Oskar die Einkaufstüte unter den Arm. »So kann er doch standesgemäß in die Bibliothek gehen«, sagte Edith. »Da wollten Rosa und ich nämlich gerade hin!«

»Gute Idee!«, rief Heinz. »Alle Mann mir nach!«

Während wir Heinz hinterherliefen, ging Günther schräg vor mir. Die edle Einkaufstüte wippte bei jedem Schritt auf und ab, und auf seinem Gesicht erkannte ich ein seliges Grinsen. Ich kam aus dem Staunen nicht mehr raus. Da haute der Camper mal eben fast unser gesamtes Bordguthaben auf den Kopf, um sich eine sündhaft teure Jacke zu kaufen.

Ich spürte, wie sich bei jedem Schritt mehr und mehr ein Gedanke in meinem Kopf einnistete: »Das kann ich auch!« Fühlte mich plötzlich wie eine Freiheitskämpferin, die für Selbstbestimmung und Gerechtigkeit in die Schlacht ziehen wollte.

Als wir gerade die Aufzüge passierten, hörte ich mich entschlossen sagen: »Wartet mal kurz!« Heinz, Günther und Edith blieben abrupt stehen.

»Ich hab ganz vergessen, dass ich noch etwas zu erledigen habe«, sagte ich und drückte auf den Fahrstuhlknopf. »Geht schon mal vor in die Bibliothek, ich komme dann nach. Kann aber vielleicht etwas länger dauern.«

Günther sah mich verdattert an. »Wohin willst du denn?«

In dem Moment war ein kurzes, hohes Piepen zu hören. Die Aufzugtür ging auf, und ich sprang rein. »Bis später!« Mit hochroter Birne drückte die Freiheitskämpferin auf die Nummer 7: »Spa Club«.

Wenige Minuten später stand ich an einem edlen Marmortresen. Links und rechts bodentiefe Steinskulpturen, dahinter große Palmen in schweren Übertöpfen, irgendwo plätscherte ein Springbrunnen. Irgendwie bekam ich nun doch Angst vor meiner eigenen Courage. Im Kopf spielten die Gedanken »Was um Himmels willen tue ich hier« und »Günther hat sich die Jacke gekauft!« Ping-Pong. Aber umdrehen ging nun nicht mehr.

Mit Händen und Füßen fragte ich die bildhübsche Empfangsdame hinter dem Tresen, ob ich eine Massage buchen könnte. Jetzt.

»One Moment, please.« Sie schlug mit ihren rot lackierten Fingernägeln das Buch vor sich auf, schürzte ihre vollen Lippen und gab schließlich den verhängnisvollen Satz von sich: »Oh my god, you are so lucky! I can offer you the aromatherapy massage. 50 minutes for 169 dollar.«

Ich zuckte kurz zusammen, dachte dann aber an Günthers Jacke und sagte tapfer: »Great!«

Es folgten: die fünf Phasen einer Entspannung auf einem Luxusdampfer.

1. Ich fühlte mich wie Königin Kleopatra: Ich lag mit dem Kopf nach unten auf einer Massagebank. Die Masseurin, eine kleine freundliche Asiatin mit strahlend weißen Zähnen, hatte meine Beine mit der weichsten Decke, die man

sich nur vorstellen kann, bedeckt. Drehte ich den Kopf leicht zur Seite, sah ich das Blau des Ozeans. Im Hintergrund lief leise Entspannungsmusik, in den Ecken standen Orchideen, und ein Diffuser verströmte einen angenehmen Vanilleduft, der mich in Trance versetzte. War das herrlich oder war das herrlich? Natürlich, es war sauteuer, aber wie ich hier lag!

2. Ich wurde etwas unruhig: Die Massage war leider sehr sanft. Zu sanft, um genau zu sein. Die Masseurin langte überhaupt nicht zu, ja mehr noch, es kitzelte fast. Und das für 169 Dollar! Was man für das Geld alles kaufen konnte! Ich bekam einen Schweißausbruch. Da will man doch auch ordentlich durchgeknetet werden. Oh nee, jetzt streichelte sie wieder nur so zaghaft. Gerade in die Speckrolle da unten hätte sie nun doch mal ordentlich reinkneifen können. Oder in den Nacken. Der ist doch so verspannt. 169 Dollar! Ein Vermögen! Was mach ich nur?

3. Ich machte mich zum Affen: Da ich nicht wusste, was »Könnten Sie bitte etwas stärker drücken?« auf Englisch hieß, sagte ich mehrfach »harder, harder«.

4. Ich fühlte mich wie Königin Kleopatra II: Jetzt hatte die Masseurin den richtigen Dreh raus und griff beherzt zu. Jede einzelne Muskelfaser wurde durchgewalkt, herrlich! Manchmal überspannte sie den Bogen, und mir wäre fast ein »Aua« rausgerutscht. Aber ich biss mir auf die Lippen. Lieber zu hart als gar nichts spüren. 169 Euro wurden Cent für Cent in meinen Rücken eingearbeitet.

5. Ich wurde größenwahnsinnig: Sollte ich morgen vielleicht noch einmal eine Massage buchen? Ich meine, was sind schon 169 Dollar? Was ist schon Geld? Ist man nicht viel zu sparsam? Man gönnt sich viel zu selten etwas! Günther hatte recht! Raus damit!

Bevor ich mich in den Ruin stürzen konnte, strich die Masseurin ein letztes Mal über meinen Rücken. Die 50 Minuten waren plötzlich vorbei. Ich zog mich widerwillig an und schwebte wie auf Wolken nach draußen. Die Realität hatte mich und meinen Luxuskörper, hihi, wieder.

Zwanzig Minuten und mehrere Aufzugfahrten später (ich war anscheinend noch in Trance und verlief mich ein paarmal) betrat ich die Bibliothek, und zum zweiten Mal an diesem Tag verschlug es mir die Sprache. Genau genommen, zum dritten Mal, ach was, zum vierten Mal. Tea-Time im Queens Room, Günther, meine Massage – und jetzt die Bibliothek. Unzählige Mahagoni-Vitrinen säumten schmale Gänge. Die Bücher darin wurden angestrahlt und richtig in Szene gesetzt. Dicke Teppichböden dämpften jeden Schall und machten die Stille noch stiller. Überall gab es Leseecken. So stellte ich es mir vor, wenn sich Prince Charles in der königlichen Bibliothek mit einem Buch zurückzieht.

In einer Sitzgruppe direkt am Fenster entdeckte ich Günther und die anderen. Sie waren alle in ein Buch versunken und blickten erst auf, als ich mich in einen freien Sessel neben ihnen sinken ließ.

»Haben wir zu viel versprochen?«, flüsterte Edith aufgeregt, und sofort drehte sich ein Mann mit Lesebrille nach uns um. Edith presste ihren Finger auf die Lippen. »Wo warst du denn?«, flüsterte sie und wieder drehte sich der Mann um. »Massage!«, flüsterte ich zurück, und zwei Männer schnappten hörbar nach Luft: der Mann mit Lesebrille – und Günther. Edith streckte stumm ihren Daumen in die Höhe, und Günther hatte wahrscheinlich im Kopf schon das Minus auf unserem Bordguthaben berechnet.

Fast eine Stunde blieben wir alle noch in der Bibliothek sitzen. Zwischendurch reckte und streckte ich mich genüsslich, und Günther blickte immer wieder auf seine Einkaufstasche. Zwei Rentner auf See. Pleite, aber glücklich.

20 Uhr

Wir sitzen im Royal Theatre. (Ich im neuen Abendkleid. Wenn nicht jetzt, wann dann?!)

Da wir uns natürlich nicht drei (!) Stunden vor Konzertbeginn angestellt haben (wie alle anderen), bleiben für uns nur hintere Plätze. Aber auch von hier aus hat man einen guten Blick auf die Bühne, und da die Massenpsychose ohnehin an uns vorbeigeht, warten wir tiefenentspannt (die Bibliothek wirkt noch nach) darauf, dass es losgeht. Um uns herum liegen die Nerven allerdings blank. Alle tuscheln aufgeregt miteinander, machen Selfies von sich und der Bühne im Hintergrund und manche schreien sogar laut »David«, woraufhin andere kreischen und auch »David« schreien. In der ersten Reihe sehe ich mehrere Frauen in tief ausgeschnittenen Abendkleidern mit Plakaten in den Händen. Sie haben noch Großes vor.

»Guck mal«, ich stupse Günther an und zeige nach vorne.

Meine Sitznachbarin zur linken Seite sieht auch hin und sagt: »Das sind die, die aus Russland angereist sind.«

»Aus Russland? Das ist nicht Ihr Ernst.«

Sie sieht mich an, als hätte ich nun wirklich überhaupt keine Ahnung, und sagt: »Es sind doch auch viele aus Mexiko da.«

»Ach ja«, sage ich schnell (alte Taktik!) und kneife Günther. »Hast du gehört? Aus Mexiko sind welche hier!«

»Ich darf gar nicht dran denken, was wir auf dem Schwarzmarkt für unsere Karten gekriegt hätten«, flüstert er mir zu. Ich muss ihm recht geben. Für das Geld könnten wir wahrscheinlich bis ans Ende unseres Lebens hier Cannelloni essen.

Plötzlich wird das Licht gedimmt, bis es fast ganz dunkel ist, die Stimmen verstummen, es wird immer leiser, bis sich eine gespannte Stille im ganzen Saal ausbreitet. Man könnte eine Stecknadel fallen hören. Dann erklingt von irgendwoher ein Ton. David Garrett spielt, aber wo? Die Bühne ist noch leer. Alle verrenken sich die Köpfe, um etwas sehen zu können. Wo steckt er? Spüre, wie ich am Unterarm Gänsehaut bekomme. Dieser Geigenklang ist einfach wunderschön. Und plötzlich sehe ich ihn: Er läuft – spielend – durch einen Gang und bahnt sich den Weg hoch zur Bühne. Inzwischen habe ich Gänsehaut nicht nur am ganzen Körper, sondern ich muss weinen. So gerührt bin ich von diesem Lied und diesem Klang.

Die nächsten zwei Stunden habe ich mein Erweckungserlebnis. David Garrett spielt sich – das klingt furchtbar kitschig, aber das ist nun mal die Wahrheit – direkt in mein Herz. Er legt in jedes einzelne Stück alles rein, der Ton ist mal kraftvoll, mal ganz weich. Mal spielt er mit der ganzen Band, mal allein. Mal schnell, mal langsam. Aber immer leidenschaftlich, einfühlsam und virtuos zugleich.

Und wahrscheinlich ist es die Magie der Musik: Aber ich, Rosa Schmidt, bin verliebt.

Bleiben ein paar verzweifelte Fragen: Warum war ich bloß nicht bei der Autogrammstunde? Und auch nicht bei der öffentlichen Fragerunde? Können wir bitte die Zeit zurückdrehen und noch einmal am ersten Tag der Reise anfangen?

Völlig verweint geht es zurück zur Kabine.

Montag, 17. September

9 Uhr

Schlecht geschlafen. Eigentlich gar nicht. Gestern Abend war ich so aufgewühlt, dass ich nicht zur Ruhe kam. In meinem Kopf dreht sich alles, und ich kann keinen klaren Gedanken fassen. Ich meine, wie tragisch ist das eigentlich? Da ignoriere ich David Garrett tagelang, und erst kurz vor unserer »Trennung« (morgen gehen wir ja schon wieder von Bord!) fällt der Groschen.

9.06 Uhr

»Unsere Trennung«, hihi.

9.07 Uhr

Großer Gott, sind David Garrett und ich etwa die zwei Königskinder, die nicht zueinanderfinden?

9.08 Uhr

Aaaaaaaaaaaaahhhhhhhhhhh.

9.09 Uhr

Das ist ja furchtbar, ich fühle mich wie ein Teenager. Ich bin über 60!

9.10 Uhr

Warum habe ich aber auch bloß die Fragestunde vorgestern ausgelassen?

9.11 Uhr

Und warum die Autogrammstunde verpasst? War das denn zu viel verlangt, sich da anzustellen?

9.12 Uhr

»Das verzeih ich uns nicht, dass wir uns kein Autogramm geholt haben«, sage ich zu Günther, der gerade im Badezimmer steht und sich die Zähne putzt. Höre, wie er mit Wasser ausspült und dann sagt: »Du benimmst dich wie ein Teenager.«

9.15 Uhr

Was würde ich bloß für ein Autogramm geben! Es wäre doch eine so schöne Erinnerung. Vielleicht würde ich es mir einrahmen.

9.16 Uhr

Nicht vielleicht. Sehr sicher sogar.

9.25 Uhr
»Meinst du, wir erwischen ihn heute noch mal?«, frage ich Günther.

9.26 Uhr
Günther rollt mit den Augen.

9.29 Uhr
»Vielleicht können wir ausfindig machen, in welcher Kabine er wohnt?«

9.30 Uhr
Günther schließt die Augen und schüttelt stumm den Kopf.

9.35 Uhr
Stelle mir vor, wie ich David Garrett auf dem Flur begegne.

9:36 Uhr
Großer Gott, ob das wohl noch passiert??? Ich könnte ja zumindest »Hallo« sagen.

9.40 Uhr
»Männer kommen und gehen«, sagte Tante Lotti immer, wenn Julia mal wieder Liebeskummer hatte. Weiß nicht, warum ich gerade jetzt an diesen Spruch denken muss. Denn streng genommen kommt keiner, sondern es geht nur einer: Sehe, wie Günther sich seine Schlüsselkarte in die Hosentasche steckt, höre Bruchstücke: »Jetzt macht mal jeder seins«, »will in die Bibliothek«, »treffen um eins im Britannia«.

Weg ist er.

9.41 Uhr

Kaum ist Günther raus, schnappe ich mir das Programm für heute. (Kriegen hier jeden Tag ein Faltblatt, in dem alle Programmpunkte aufgelistet sind.) Vielleicht gibt David (ich sag jetzt einfach mal »du«) ja heute noch mal Autogramme. Oder es findet wieder eine öffentliche Fragestunde statt.

10.15 Uhr

Äh ... Nein.

10.30 Uhr

Habe das Programm jetzt mehrfach durchgelesen. Könnte sofort bei »Wetten, dass ...?« auftreten. »*Die Rentnerin Rosa Schmidt wettet, dass sie alle Veranstaltungen auf der Queen Mary 2 mit Uhrzeit, Dauer, Name des Moderators, Raumnummer und Deck aufsagen kann. Frau Schmidt, Frage Nummer 1 ›Was findet heute um 17.15 Uhr statt?‹ Wie aus der Pistole antworte ich: ›In der Carinthia Lounge auf Deck 7, Eingang B, spielt Rachel Horton-Kitchlew bis 18 Uhr an der Harfe, parallel findet ein Pianokonzert von Andrew Cavendish-Grey im Chartroom auf Deck 3, Eingang C statt. Um 17.30 Uhr beginnt Ferry P. Bedy am Piano im Golden Lion Club, also Deck 2, Eingang C.*‹ Mit der Nummer würde ich Wettkönigin werden!

Zurück zum Thema: David Garrett spielt zwar heute Abend wieder ein Konzert (für das wir natürlich keine Karten haben, arrrrrrggggghhh), aber es gibt keine öffentlichen Auftritte mehr, die für alle frei zugänglich sind. Das waren nur die Autogrammstunde gestern und die Fragestunde vorgestern. Noch mal arrrrrrggggghhh.

10.35 Uhr
Muss wieder an einen Spruch denken. »Wer zu spät kommt, den bestraft das Leben.«

10.40 Uhr
Ich hätte wirklich gerne ein Autogramm.

10.42 Uhr
Oder ein Foto von ihm.

10.43 Uhr
Mit ihm.

10.44 Uhr
Aaaaaaaaaaaaahhhhhhhhhh!

10.45 Uhr
Lichter Moment: Das ist ja nicht mehr feierlich, wie ich mich aufführe! Bestimmt habe ich sogar schon hohen Blutdruck. Ab 170 muss ich eine Notfallampulle nehmen.

10.46 Uhr
Ich habe jetzt keine Lust zu messen. Ich lass es drauf ankommen. Ommmmmmmmm, der sinkt schon wieder. Muss nur lange genug an Strümpfestopfen denken. An Kartoffelschälen. An Fensterputzen. Auf jeden Fall nicht mehr an D.

10.47 Uhr
Warum habe ich aber auch bloß die Autogrammstunde verpasst?

10.48 Uhr
Ich hab ihn ja noch nicht einmal beim Einchecken in der Abfertigungshalle gesehen.

10.50 Uhr
Beim Mittagessen werde ich Günther fragen, wie seine Mütze von hinten noch mal genau aussah.

11 Uhr
Lichter Moment II: Ich bin verrückt.

11.15 Uhr
Packe meine Handtasche zusammen und fahre mit dem Fahrstuhl hoch ins Kings Court, das Büfettrestaurant. Wenn ich erst einmal ein Croissant und einen Kaffee im Magen habe, werde ich schon wieder ruhiger.

11.35 Uhr
Ich bin im Kings Court. Ich habe ein Croissant und einen Kaffee im Magen – und sitze dummerweise neben David-Garrett-Fans. Dummerweise kommt das Gespräch schnell auf ihn zu sprechen. Und ich höre mich fragen (verpacke es als Scherz): »Sie wissen nicht zufällig, in welcher Kabine er wohnt? Man könnte ihm ja auflauern? Haha.« (Übertriebenes Lachen.)

Das Pärchen lacht. Aber die Frau gibt zu, dass sie sich das auch schon gefragt haben. Der Mann vergewissert sich, dass keiner lauscht, beugt sich zu mir rüber und flüstert: »Ich hab irgendwas von Deck 10 gehört.«

12.20 Uhr

Es ist so peinlich. Ich bin zurück in der Kabine und habe aus der Infomappe den Deckplan herausgeholt und in seiner ganzen Größe auf dem Bett ausgebreitet.

Lesebrille auf.

Miss Marple macht sich an die Arbeit.

13 Uhr

Ich kenne das Schiff jetzt wahrscheinlich besser als der Kapitän. Es ist so: Auf den Decks 9, 10, 11 und 12 befinden sich die großen Suiten. Auf Deck 9 und 10 gibt es zudem die Grand Duplex und die Duplex Apartments, außerdem die Penthäuser. Penthäuser – das klingt erst einmal am größten und spricht gegen die Suiten auf Deck 11 und 12. Was unter »Grand Duplex« und »Duplex Apartments« zu verstehen ist, weiß ich nicht. Klingt aber auch sehr groß. Andererseits tragen die Suiten alle wichtige Namen: Es gibt die Queen Anne Suite, die Queen Elizabeth Suite, die Queen Mary Suite, die Queen Victoria Suite, die Windsor Suite, die Buckingham Suite und die Royal Suite. Spontan war ich mir sicher, dass David bestimmt in der Royal Suite wohnt, doch im letzten Moment las ich im Kleingedruckten: »Royal Suiten haben keinen Balkon«. Also fielen die schon mal raus. (Ich muss mich nach dem Ausschlussprinzip vorarbeiten, wie bei *Wer wird Millionär?*)

Dem Grundriss nach zu urteilen sehen die Queen Anne Suite und die Queen Elizabeth Suite am größten aus

(Deck 10). Wenn natürlich die Duplex-Dinger über zwei Etagen gehen (kann ich nicht erkennen), dann mal gute Nacht. Denn dann kommt auch Deck 11 infrage. Andererseits hat das Pärchen aus dem Restaurant auch von Deck 10 gesprochen. Großer Gott. Ich werde es auf Deck 10 versuchen. Wie spät ist es eigentlich?

13.10 Uhr

Ach du Schreck, zehn nach eins. Günther!!!

13.20 Uhr

Komme kurzatmig im Britannia Restaurant an. Günther sitzt tiefenentspannt an unserem Tisch und blättert in der Speisekarte.

»Entschuldige bitte, ich hab total die Zeit vergessen«, japse ich und setze mich.

»Kein Problem«, flötet Günther. »Ich hatte ja schöne Lektüre. Werde mich heute mal an dem Steak versuchen.« (Eigentlich wäre das der Moment, die Urlaubswette zu thematisieren. Und die Tatsache, dass ihm die Reise ja anscheinend doch außerordentlich gut gefällt. Aber ich habe ganz andere Sorgen. Ich sag nur: Deck 10 …)

13.27 Uhr

Haben dem netten Kellner gerade unsere Bestellung aufgetragen. Das werde ich ja wirklich vermissen, wenn ich mir zu Hause mittags wieder einen Wolf schnippele. Sich hinsetzen, bestellen, warten, genießen. Doch, daran könnte ich mich gewöhnen. Lasse den Blick im Saal schweifen – und bekomme einen Herzstillstand. Just in diesem Moment kommen der Gitarrist und der Schlagzeuger aus

Davids Band die Freitreppe herunter. Ich halte die Luft an und kneife die Augen zusammen. Doch, ganz sicher. Das sind sie. Spüre, wie mein Puls steigt. Also, wenn ich jetzt ohne diese Notfallampulle durchhalte, ist mein Herz stärker als gedacht.

»Wen hast du denn entdeckt?«, lacht Günther.

»Psssst«, winke ich ab. Gebannt verfolge ich jeden Schritt der beiden Männer. Zielstrebig umrunden sie eine der Säulen und setzen sich an den großen Tisch unter dem Ölgemälde. Kann dummerweise nur die Hälfte des Tisches von hier aus einsehen, die andere wird von der Balustrade verdeckt. Großer Gott, was, wenn ER da sitzt???

13.30 Uhr

Schildere Günther aufgeregt in knappen Worten, wen ich gesehen habe und wen ich sehen könnte. Günther sagt: »Ach, Rosa.«

13.45 Uhr

Der Salat kommt. Günther will über die Transatlantikrouten in den 50er Jahren sprechen, aber ich kann mich nicht konzentrieren. Von da vorne hätte man einen komplett freien Blick auf den Tisch. Der Maître an seinem Stehpult hat die beste Aussicht...

13.46 Uhr

Außerkörperliche Erfahrung: Ich spüre, wie ich den Stuhl nach hinten rücke, aufstehe und zu Günther sage: »Ich bin gleich wieder da.«

13.48 Uhr

Mit wackeligen Beinen beim Maître angekommen. Er sieht mich erwartungsvoll an, und ich linse ihm heimlich über die Schulter. Der besagte Tisch ist ... leer. Nur die beiden Musiker essen unspektakulär vor sich hin.

»Yes, please«, sagt der Maître (ich befürchte, zum zweiten Mal) und ermuntert mich durch leichtes Nicken, etwas zu sagen.

Was heißt »hat sich erledigt« auf Englisch? Hätte Julia mir *diesen* Schlüsselsatz nicht beibringen können?

Der Maître sieht mich wieder erwartungsvoll an. Alle Instinkte versagen. Und ich höre mich nuscheln: »Forget me.«

Ich mache auf dem Absatz kehrt.

Erdboden, bitte tu dich auf.

13.50 Uhr

Günther sagt: »Du benimmst dich wie ein Teenager.«

Es ist alles so peinlich. Sagte ich das schon???

14.15 Uhr

In Trance und mit hochroter Birne das Drei-Gänge-Menü verputzt.

14.30 Uhr

Günther macht sich wieder auf den Weg in die Bibliothek. Ich glaube, er sagt irgendwas von »dort um fünf abholen vor dem Abendessen«.

14.35 Uhr

Ich mag's gar nicht sagen, aber ich habe gerade im Fahrstuhl mit zittrigen Fingern auf »Deck 10« gedrückt.

14.36 Uhr
Zur Salzsäule erstarrt auf Deck 10 angekommen.

14.38 Uhr
Wenn Menschen in schlechten Filmen nicht auffallen wollen, pfeifen sie ja oft demonstrativ gelangweilt vor sich hin. Natürlich fallen sie dann erst richtig auf. Versuche also nicht zu pfeifen, sondern gehe so souverän und lässig wie nur möglich den Flur entlang Richtung Bug. Denn ganz vorne liegt die Kabine, die nach meinen Recherchen eigentlich diejenige, welche sein müsste. Schaue mich heimlich um. Bilde mir ein, dass alles hier viel edler aussieht als auf unserem Deck. Sinke mit den Absätzen tief in die weichen Teppiche ein, die jedes Geräusch verschlucken. Und die Kabinentüren sehen breiter und vornehmer aus. Alles wirkt wie ein exklusiver VIP-Flur. Vielleicht ist es auch das Licht. Oder die Tatsache, dass hier wirklich niemand weit und breit ist.

14.39 Uhr
Bis auf mich. Hilfeeeeeeeeeeeeeeee.

14.42 Uhr
Bin hin- und hergerissen, was ich mir wünschen soll. Denn streng genommen gibt es ja nur zwei Möglichkeiten, wie mein Ausflug auf Deck 10 ausgeht.

1. Gleich geht die Kabinentür auf, und David Garrett kommt raus. Ich sehe ihn kurz, bekomme dann aber einen Herzinfarkt. (Ist es das wert?)
2. Ich drehe eine Runde, sehe niemanden und fahre wieder runter. (Enttäuschung programmiert, aber Herz gebrochen.)

14.43 Uhr

Die Frage stellt sich gar nicht, denn ich bekomme auch so einen Herzinfarkt. Denn plötzlich geht auf der rechten Seite eine Kabinentür auf, und ein Schiffssteward kommt heraus. Ich schwöre bei allem, was mir heilig ist: Ich habe nicht gepfiffen, aber irgendwie muss ich mich verraten haben. Habe nämlich das dumme Gefühl, er sieht mir an, dass ich hier illegal bin. Mit stechendem Blick mustert er mich. Spüre, wie ich rot werde, und er kommt mit schnellen Schritten näher.

Zum Glück fange ich mich wieder und lege eine – wie ich finde – oscarreife Darbietung aufs Parkett … äh … den Teppich.

Tue so, als ob ich mich freuen würde, ihn zu sehen.

»Hello«, sage ich und gehe offensiv auf ihn zu (das würde man ja wohl kaum tun, wenn man sich ertappt fühlen würde! Ha!), »I am looking for the pool.« (Ich weiß natürlich, dass hier auf diesem Deck weit und breit kein öffentlicher Pool ist, aber *er* muss ja nicht wissen, dass ich es weiß.)

»The pool?« Er zieht die Augenbrauen hoch. Mist. Das wird schwerer als gedacht.

»Yes, the pool«, wiederhole ich stoisch und versuche meiner Stimme einen Klang à la »Warum-sind-Sie-so-schwer-von-Begriff« zu geben. Selbsterkenntnis: Klappt nicht. Stimme zittert.

»It's not here«, sagt der Steward und sieht mich streng an.

»Not here?« (Ich gewinne Zeit aus der Wiederholung.)

»Not here.«

»Where is the pool?«, frage ich. (Zugegeben, meine

Englischkenntnisse sind limitiert. Vielleicht liegt es auch an der Aufregung. Oder an beidem.)

»It's on deck twelve, ma'am.«

»On deck twelve«, sage ich. Wiederholung gibt mir Kraft!

Der Steward legt den Kopf ein wenig schief und sieht mich besorgt an.

»Are you okay, ma'am?«

Grundgütiger, er hält mich für geisteskrank.

»Yes, I'm okay and I'm looking for the pool.« (Glaube das inzwischen wirklich!)

Der Steward zeigt auf einen Fahrstuhl schräg hinter mir. Dass hier aber auch überall so viele Fahrstühle sein müssen!

»It's on deck twelve, ma'am.« Er zeigt erst auf den Fahrstuhl und dann nach oben. Das sind eindeutige Zeichen.

Gebe mich geschlagen.

14.47 Uhr

Ich drehe mich zum Fahrstuhl um und spüre, wie der Stewart abwartet und sich vergewissert, dass ich auch wirklich in den Fahrstuhl einsteige. Das war's dann wohl.

15.15 Uhr

Ich bin wieder unten in der Lobby. Sitze in einem großen Sessel neben der Rezeption und starre einen riesigen Blumenpott an.

16 Uhr

Die Lebensgeister sind zurück. Beziehungsweise: Der Wahnsinn hat mich wieder.

Ich habe mich so in dieses ganze Warum-habe-ich-das-alles-hier-so-spät-erkannt-jetzt-muss-ich-aufholen reingesteigert, dass ich einen neuen Plan gefasst habe. Zwei Tatsachen spielen mir dabei in die Hände:

1. Wir sind auf einem Schiff. Heißt: David Garrett kann nicht weg.
2. Ich habe eine erfolgreiche Vorrecherche hinter mir. Denn ich weiß, wo er heute Abend das Konzert geben wird (wieder im Royal Theatre), und ich weiß, auf welchem Deck er wohnt. (Hundertpro Deck 10!)

Eins und zwei ergibt: Ich werde ihn abfangen, wenn er den Weg von seiner Kabine zum Theater zurücklegt.

16.05 Uhr

Genial!

16.06 Uhr

Verrückt. Ich bin über 60!

16.07 Uhr

Egal.

16.08 Uhr

Ich lasse die Lobby hinter mir und gehe links an den Boutiquen vorbei. Dann kommt nur noch ein kleines Foyer, das ich zielstrebig durchquere, und schon stehe ich vor dem Haupteingang des Royal Theatre. Irgendwo dahinter muss doch der Künstlereingang sein. Ich gehe zum Fenster und schaue, ob es neben dem Theater noch einen Durchgang gibt. Tatsächlich, direkt neben den Toiletten geht ein Gang ab. Sieht ziemlich unscheinbar aus, aber wenn ich mich nicht täusche (niemand sonst hat den Deckplan wohl so akribisch studiert wie ich), müsste dieser zur Rückseite des Theaters führen. Ich setze mich in Bewegung. Ohne zu pfeifen. Ich bin ein Vollprofi.

16.10 Uhr

Jetzt werden meine Beine doch wieder etwas wackelig. Denn der Gang wird schmaler und schmaler. So, als wollten die Ingenieure dieses Schiffes auch wirklich sichergehen, jeden stalkenden Fan irgendwann abgeschüttelt zu haben. Als ich auch noch mehrere Stufen hinabsteigen muss und der Gang kaum noch anderthalb Meter Breite misst, ist selbst mir klar: Das hier ist definitiv kein offizieller Flur mehr.

Schon wieder illegal unterwegs.

16.15 Uhr

Die Hartnäckigen werden belohnt. Als der Gang eine leichte Biege macht, erscheint plötzlich auf der linken Seite eine unscheinbare Tür. Das Schild – so weit reichen meine Englischkenntnisse – macht unmissverständlich klar, dass ich das Zwischenziel erreicht habe: »Stage entrance only«, steht da geschrieben, und ich höre, wie mein Herz pocht. Hier wird David Garrett nachher also durchgehen.

16.16 Uhr

Und jetzt???

16.17 Uhr

Ich höre plötzlich Schritte hinter mir und drehe mich schnell zur Wand. Zum Glück hängt da ein großer Plan, in dem alle Wege im Brandfall eingezeichnet sind. Wenn mich jetzt jemand anspricht, werde ich sagen, dass ich hierhergekommen bin, um mich über die Rettungswege zu informieren. Ogottogottogott.

16.18 Uhr

Die Schritte kommen näher, höre leises Flüstern. Und plötzlich ein lautes Rufen: »Was machen Sie denn hier???«

16.19 Uhr

Vor mir stehen die zwei jungen Frauen, die wir beim Einchecken in der Abfertigungshalle getroffen haben. Wenn man sich normalerweise auf einer Kreuzfahrt zufällig nach ein paar Tagen wiedersieht, würde man sich wahrscheinlich darüber unterhalten, wie einem die Reise bisher gefallen hat. Und was man so unternommen hat. Und ob man wieder mit diesem Schiff fahren würde. Aber irgendwie ist das Wort »normalerweise« direkt vor dem Künstlereingang etwas fehl am Platz. Die Blonde sieht mich immer noch entgeistert an: »Was machen Sie denn hier?«

Ich sehe ein, dass es nicht viel Sinn macht, den beiden die Geschichte von »Ich-will-hier-den-Rettungsplan-studieren« aufzutischen. Versuche möglichst beiläufig zu sagen: »Ach, ich wollte nur mal schauen, wo dieser Geiger nachher die Bühne betritt.«

16.20 Uhr

Die Blonde fängt laut an zu schreien und wird von ihrer Freundin unsanft unterbrochen. »Pssst, sei doch ruhig, wir fliegen sonst auf.« Und flüsternd an mich gewandt: »Genau das wollen wir nämlich auch.« Müssen alle kichern. Fühle mich wie 15.

16.30 Uhr

Carina Teichert und Natascha Klein – wir haben uns mit Handschlag erst einmal vorgestellt – sind schon weiter als ich. Sie haben nämlich herausgefunden, dass sich auf der anderen Seite des Theaters noch ein weiterer Künstlereingang befindet, spiegelverkehrt zu diesem hier. Wenn David Garrett also den anderen nimmt, kriegen wir nichts davon mit, obwohl wir nur Luftlinie wenige Meter von ihm getrennt sind. Frau Teichert meint, dass man nur auf Nummer sicher gehen könne, wenn man ihn im Fahrstuhl abfängt, denn den muss er auf jeden Fall nehmen.

16.35 Uhr

Sage nicht ohne Stolz, dass ich herausgefunden habe, dass er auf Deck 10 wohnen muss. Und dass ich heute schon dort war, von einem Steward aber ausgebremst wurde.

16.36 Uhr

Natascha Klein sieht mich entgeistert an: »Sie waren doch eigentlich gar kein Fan, oder?«

16.37 Uhr

Sage kurz und schmerzlos, dass ich verliebt bin.

16.38 Uhr

Carina Teichert und Natascha Klein schreien hysterisch auf.

16.39 Uhr

Carina Teichert will nicht länger über meine Verwandlung sprechen, sondern besteht darauf, jetzt den Fahrstuhl zu nehmen. »Wenn wir Glück haben, steigt einer von der Band irgendwo dazu, und wir kriegen was raus.« Sie kichert. »Oder er steigt ein, großer Gott, dann fall ich in Ohnmacht.« Aufgeregt hüpfen wir drei auf der Stelle. Der Geigenanhänger von Natascha Klein wippt wieder auf und ab. Ich glaube, ich hätte so eine Kette auch gerne.

16.55 Uhr

Wir sind tatsächlich geschlagene sechsmal hoch- und runtergefahren. Niemand ist eingestiegen. Aber wir duzen uns jetzt.

17 Uhr

Zurück am Künstlereingang. Gedrückte Stimmung. Natascha meint, dass wir es ja später noch mal versuchen können. Carina stellt die These in den Raum, dass er vielleicht gar nicht auf Deck 10 wohnt (»Nichts gegen dich, Rosa, aber wir wissen es einfach nicht«) und einen ganz anderen Weg zum Theater nimmt. Und ich werfe zufällig einen Blick auf meine Armbanduhr. Günther!!!

17.15 Uhr

Komme kurzatmig in der Bibliothek an. Entdecke Günther in seinem Stammsessel am Fenster. Die Beine hat er auf den Hocker vor sich lang ausgestreckt, Schuhe ausgezogen, auf den Knien liegt ein Buch, er sieht tiefenentspannt aus.

Lasse mich in den freien Sessel neben ihn plumpsen.

»Du siehst irgendwie geschafft aus«, sagt Günther.

»Ach, ich weiß auch nicht. Die Tage gingen einfach so schnell vorbei. Und morgen ist es ja schon zu Ende.«

Günther sieht mich an und nickt. »Das ist wirklich schade!«

20 Uhr

Abendessen mit den Seelers, äh, Eckerts. Ich lege die große Ich-habe-mich-in-David-Garrett-verliebt-Beichte ab, und Frau Eckert muss so lachen, dass sie sich an der Vorspeise verschluckt und ihr Mann mehrere Minuten klopfen muss. Danach spendiert Herr Eckert noch eine Flasche Wein und nach dem dritten Glas sage ich ihm, dass er wie Uwe Seeler aussieht. Herr Eckert lacht: »Das höre ich ständig.« Danach noch über Fußball (WM 1966), Kreuzfahrten (herrlich) und unseren Tisch hier gesprochen (doch ganz gemütlich). Sind irgendwann fast die Letzten im Restaurant. Wunderschöner Abend! Wenn ich jetzt noch ein Autogramm …

23.50 Uhr

Günther hat »schade« gesagt!!!!!!!!!

Dienstag, 18. September

10 Uhr

Letzter Tag. Beziehungsweise: letzter Vormittag. Wir dürfen nämlich nur noch frühstücken und müssen Mittag von Bord gehen. Wo ist nur die Zeit geblieben? Haben wir nicht gerade erst eingecheckt? Ob man uns wohl finden würde, wenn wir uns irgendwo verstecken und einfach immer weiter mitschippern?

Gerade sitzen Günther und ich auf dem obersten Deck

im Büfett-Restaurant und haben uns noch einmal ordentlich bedient. Ab morgen wird Diät gemacht, aber so was von! Dass Günther jemals wieder sein kleines Hemd tragen kann, scheint eine schöne Illusion zu sein.

Bin in einer merkwürdigen Stimmung. Fühle mich wie Ute, die mal eine Woche in einem Fünf-Sterne-Hotel an der Ostsee war und erst am letzten Tag die gebratenen Champignons am Frühstücksbüfett entdeckt hat. Ute, deren Leibspeise – raten Sie mal – gebratene Champignons sind, war fix und fertig. »Ich hätte bei den Brötchen nur einmal um die Ecke gehen müssen. Jeden Tag hätte ich sie essen können. Und die waren so lecker, das glaubst du nicht! Die haben die so richtig schön scharf angebraten, wie auf dem Weihnachtsmarkt in Dresden! Jeden Tag hätte ich sie haben können. Aber ich wäre doch gar nicht im Traum drauf gekommen, dass hinter den Brötchen noch was kommt. Das war eine richtig unscheinbare Ecke. Denkste doch nicht dran, da noch weiterzugehen! Hätten sie nicht ein Schild dranmachen können? Ich könnte wirklich heulen.«

Man muss den Tatsachen ins Auge sehen: Meine gebratenen Champignons sind David Garrett. Mit dem Unterschied, dass ich mehr als ein Schild gesehen hatte. Die kreischenden Frauen in der Abfertigungshalle. Die Fans, die stundenlang anstanden, um ein Autogramm zu bekommen. Der Wahnsinn im Royal Theatre bei der öffentlichen Fragestunde. Aber nein, Rosa Schmidt wollte es nicht wahrhaben. Arrrgghhh.

Mit Günther kann ich das Ganze nicht besprechen. Ihm sind die Ausmaße auch gar nicht bewusst. Habe ihm natürlich auch nicht erzählt, dass ich ernsthaft versucht habe, die Kabine ausfindig zu machen. Was er nicht weiß, macht ihn nicht heiß. Sagt Tante Lotti immer. Was würde ich nur ohne ihre Lebensweisheiten tun?!

10.15 Uhr

Günther und ich werden ab morgen komplett die Nahrungsaufnahme einstellen. Für immer. Waren gerade noch mal am Büfett. An allen Stationen.

10.30 Uhr

Sind gerade dabei, die Pfannkuchen zu analysieren (seitdem wir immer die *Küchenschlacht* nachmittags sehen, wird jedes Gericht genau unter die Lupe genommen, wir sind schließlich im Thema!), als Carina und Natascha an unserem Tisch vorbeigehen – und sofort kehrtmachen, als sie mich sehen. »Hallo Rosa, das ist ja eine Überraschung! Hast du den gestrigen Tag gut verkraftet?«, fragt Carina und gluckst. »Wir mussten noch so lachen, wie du dich da reingesteigert hast. Ich meine, wir verstehen dich ja, aber das darf man echt keinem erzählen.« Natascha wendet sich an Günther: »Was sagen Sie eigentlich zu Ihrer Frau? Da haben Sie ja eine verrückte Nudel geheiratet, was?! Und sind Sie gar nicht eifersüchtig?«

Günther guckt mich fragend an.

10.31 Uhr

Stelle Günther Carina und Natascha vor (er kennt sie ja nur vom Sehen aus der Abfertigungshalle) und erzähle, dass wir gestern zufällig zusammen Aufzug gefahren sind.

10.32 Uhr
Carina lacht und zwinkert mir zu: »Na jaaaa, das war jetzt aber nicht die ganze Geschichte, oder?« Und Natascha fragt: »Sagt mal, habt ihr was dagegen, wenn wir uns zu euch setzen? Wir haben auch noch nicht gefrühstückt.«

10.33 Uhr
Carina und Natascha rücken sich zwei Stühle ran, und Carina sagt den unheilvollen Satz: »Ich erzähl das jetzt einfach mal, oder? Ach komm, Rosa, ist doch lustig.«

10.43 Uhr
Günther kennt jetzt die ganze Geschichte. Carina und Natascha sind – immer noch kichernd – zum Büfett gegangen, meine Wangen glühen, und Günther kann sich ein Schmunzeln nicht verkneifen. »Dass diese jungen Leute immer so übertreiben müssen.«

10.52 Uhr
Carina und Natascha sind zurück. Sie lachen immer noch.

11 Uhr
Von irgendwoher hören wir Rufe: »Rosaaaaaa«, »Güünther«, »Huhuuu«. Schließlich entdecken wir Edith und Heinz, die sich – beladen mit übervollen Tellern – den Weg vom Büfett zu uns bahnen. »Wir sind gleich bei euch!«

11.02 Uhr
Edith und Heinz haben sich zu uns in die Sitzbank gedrückt, und wir machen alle erst einmal miteinander bekannt. »Carina – Edith und Heinz Fischer, Edith und

Heinz – Carina Teichert, Natascha – Edith und Heinz Fischer, Edith und Heinz – Natascha Klein.«

»Ist es nicht furchtbar, dass es schon zu Ende ist?«, fragt Edith und fängt hektisch an zu essen. »Großer Gott, schau mal, was ich mir alles genommen habe. Aber man wird irgendwie panisch, dass es schon vorbei ist. So ähnlich ist das bei diesen Hamsterkäufen, von denen immer die Rede ist, oder?« Sie schiebt sich einen großen Löffel Obstsalat in den Mund und schließt die Augen. »Großer Gott, ist der gut. Heinz, hol dir von diesem Obstsalat, die Orangen schmecken ganz anders als bei uns.« Heinz, der gerade ins Gespräch mit Günther vertieft ist, hört Ediths Obstsalat-Aufforderung nicht. »Heinz«, ruft Edith deswegen lauter. Sie beugt sich einmal quer über mich und Günther rüber und zischt: »Hol dir von diesem Obstsalat!«

Heinz winkt ab. »Später vielleicht.«

»Später ist nicht.« Ediths Stimme überschlägt sich fast. »Geh noch mal hin! Und guck, ob dieser leckere Käse wieder da ist. Mit der komischen Rinde. Nimm ein großes Stück!«

»Ich finde ja, die Croissants schmecken hier am besten«, sagt Carina. Natascha nickt. »So leckere habe ich auch noch nie gegessen. Außen knusprig und innen butterweich. Was würde ich dafür geben, die jeden Tag zu haben!«

Edith reißt panisch die Augen auf. »Ich glaube, ich hatte noch gar kein Croissant. Heinz und ich nehmen immer Brötchen.«

11.06 Uhr

Es bricht Hektik aus. Obwohl Edith Heinz fast schon anfleht, noch mal ans Büfett zu gehen, bleiben sowohl er als auch Günther sitzen. Edith, Carina und Natascha schnappen sich ihre Teller und brechen wieder auf. Ich schließe mich an, obwohl ich pappsatt bin. Wenn ich ehrlich bin, krieg ich nicht einmal mehr eine winzige Tomate runter, aber ich lasse mich von der allgemeinen Stimmung anstecken. »Gleich-ist-alles-vorbei« und »Die-Orangen-sind-so-lecker-und-die-Croissants-erst!« ergeben eine toxische Mischung. Und vielleicht kann man ja auch voressen. Gibt es nicht so Bären, die futtern sich eine Plauze an und zehren dann Monate davon? Vielleicht müssen wir wirklich die nächsten Wochen nichts mehr essen, sondern der Körper lebt nur noch vom Queen-Mary-Büfett. Stelle mir vor, wie meine Organe, oder wer auch immer dieses Ding am Laufen hält, irgendwann beschließen: »So, jetzt verarbeiten wir das Omelett, das noch an der Hüfte sitzt.«

11.14 Uhr

Sind mit voll beladenen Tellern zurück. Unsere Runde ist während unserer Abwesenheit noch größer geworden. Die Seelers haben sich dazugesellt (haben auch volle Teller vor sich stehen). Wieder Vorstellungsrunde. »Carina – Dagmar und Helmut Eckert, Dagmar und Helmut Eckert – Carina Klein, Natascha – Dagmar und Helmut Eckert, Dagmar und Helmut – Natascha Klein, Edith und Heinz Fischer – Dagmar und Helmut Eckert, Dagmar und Helmut Eckert – Edith und Heinz Fischer.«

Alle sind erkennbar froh, dass wir den formalen Teil nun hinter uns haben, und fangen mit dem Essen an.

11.20 Uhr

Dagmar, die neben Carina und Natascha sitzt, fragt die beiden: »Und woher kennen Sie Rosa und Günther?«

Meine Erinnerung setzt an dieser Stelle aus. Weiß nur noch, dass Carina mir zuzwinkert und irgendwann alle lachen.

11.30 Uhr

Edith ist fix und fertig wegen der Croissants. »So etwas Leckeres habe ich noch nicht gegessen.« Sie steht auf, um Nachschub zu holen. »Die packen wir uns ein«, flüstert sie Heinz zu. »Und hol dir noch vom Obstsalat!«

11.45 Uhr

Eine Durchsage ertönt, zum Glück auch auf Deutsch beziehungsweise leider auch auf Deutsch. So können wir noch nicht einmal so tun, als hätten wir nicht verstanden, um was es geht. Alle Gäste werden unmissverständlich aufgefordert, nach und nach zum Ausgang zu gehen. Die Vertreibung aus dem Paradies steht unmittelbar bevor. Edith fällt auf, dass wir noch gar keine Adressen ausgetauscht haben, und es wird wieder hektisch. Alle schreiben sich von allen die Adressen auf. Selbst die, die sich gerade erst kennengelernt haben, aber das große (Fr)essen am letzten Tag verbindet anscheinend.

Carina schreibt sich zudem die Handynummern von allen auf. Sie will eine WhatsApp-Gruppe einrichten und hat mir hoch und heilig versprochen, keine Fotos mit sich und David Garrett rumzuschicken (sie war ja bei der Autogrammstunde), damit »die Wunden nicht wieder aufreißen«. Sie versteht mich.

12.20 Uhr

Wir sind gerade in Hamburg von Bord gegangen, schnief. Ein letztes Mal haben wir die Sicherheitsschleuse passiert, mit dem großen Unterschied, dass wir unsere Karten nicht vorzeigen mussten. Wir kommen ja nicht wieder, schnief. Durften die Ausweise zwar behalten, aber wenn wir nicht irgendwo ein offizielles Auslesegerät der Queen Mary auftreiben, werden wir nie erfahren, wie wir nun darauf ausgesehen haben.

Winken dem Schiff zu, schnief.

Nehmen unsere Koffer, schnief.

Und reihen uns in die Schlange der Menschen ein, die auf ein Taxi warten, schnief. (Damit geht's zum Hauptbahnhof, von dort geht es mit dem Zug nach Hause. Sind ganz froh, dass wir nicht abgeholt werden, so kann man das Erlebte noch einmal allein sacken lassen.)

»War schon schön, oder?«, frage ich, und Günther lässt die Urlaubswette Urlaubswette sein und sagt: »Ja.«

»Camping hat dir aber auch gefallen«, sagt er und guckt erwartungsvoll zu mir rüber.

Ich lasse die Urlaubswette Urlaubswette sein und sage: »Ja«.

18 Uhr

Wir sind wieder zu Hause.

Günther schließt die Haustür auf. Keine Einbruchsspuren. Sehr erleichtert.

Die Geldmünzen liegen unberührt auf dem Tisch. Wieder sehr erleichtert.

Die Weinflasche ist ebenfalls noch geschlossen. Endgültig erleichtert.

Wie gut, dass die Einbruchsserie vor unserem Haus haltgemacht hat.

Ich stelle meine Handtasche auf der Eckbank in der Küche ab und lege mich im Wohnzimmer aufs Sofa. Das Nachschwanken spürt man wirklich ordentlich, noch mehr als in Oslo. Man hat das Gefühl, dass der Boden richtig schwankt. Wie muss sich erst Kolumbus nach seiner Weltumsegelung gefühlt haben? Der Mann kam wahrscheinlich Jahre nicht aus der Horizontalen raus.

Schließe kurz die Augen. Hach, das tut gut.

Weiß nicht, wie lange ich so da liege, doch plötzlich höre ich Günthers aufgeregte Stimme. »Rosa, setz dich mal, bitte.« Mit bleicher Miene kommt er ins Wohnzimmer. »Ach nee, du liegst ja schon.«

Günther sieht aus, als hätte er einen Geist gesehen.

»Großer Gott, jag mir doch nicht so einen Schreck ein. Was ist denn?«

Günther schluckt. »Das Rohr ist leer.«

Mittwoch, 19. September

Ich stehe noch immer unter Schock. Der gesamte Schmuck ist tatsächlich weg. Für den Blutdruck musste ich schon zwei Notfallampullen nehmen, eine noch gestern Abend und eine heute Morgen. Als ich aufwachte, war ich für drei wunderbare Minuten ahnungslos. Bis mich der Blitz der Erinnerung traf. Zack, hatte ich einen Blutdruck von 180!

Günther bewahrt zum Glück einen kühlen Kopf und ich wüsste wirklich nicht, was ich ohne ihn täte. Er hat in einem Indizienprozess rekonstruiert, was mit dem Schmuck passiert sein muss. »Fremdeinwirkung« schloss er sofort aus (er redet wie ein Kommissar aus dem Fernsehen), denn es hatte ja nirgendwo Einbruchsspuren gegeben. Die einzige Erklärung könne sein, dass das Rohr nicht – wie angenommen – ein totes Rohr war, sondern tatsächlich irgendwo hinführte. Und da es einen Tag vor unserer Ankunft ein großes Unwetter mit starkem Regen gegeben habe (kam bei seiner Zeugenbefragung von Kurt heraus), blieb nur ein logischer Schluss: Der Regen hatte die Sachen ins Rohr gespült. Ermittler Günther ist guter Dinge und sichtlich stolz, dass er den Fall so gut wie aufgeklärt hat. Gerade sagte er: »Jetzt müssen wir nur rausbekommen, wo das Rohr verläuft.«

Zehn Minuten später
Habe Ute angerufen und ihr alles erzählt.

»Das ist ja ein Albtraum«, rief sie fassungslos. »Ihr habt doch alles dort aufbewahrt, oder?«

»Ach«, winkte ich ab. »Wir müssen jetzt nur noch herausbekommen, wo das Rohr verläuft.«

»Nur noch?«, schrie sie. »Na, du bist ja witzig. Wie wollt ihr das denn schaffen? Das wird doch nie was.«

Eine Minute später
Panik. Ute hat ja recht. Dritte Notfallampulle. Muss weinen.

Fünf Minuten später
Als mir mein Kardiologe das Rezept für die Notfallampullen verschrieb, schärfte er mir ein, dass ich höchstens zwei davon am Tag nehmen könne. »Ab drei sind Sie sowieso ein Fall für einen Arzt.« Nun habe ich innerhalb von nicht einmal 15 Stunden drei Ampullen genommen. Das kann nicht gut sein. Der hätte doch nicht umsonst vor einer Überdosierung gewarnt. Muss noch mehr weinen.

14 Uhr

Aus Kommissar Günther ist jetzt auch noch ein Krankenpfleger geworden. Er hat mich mitsamt Wolldecke aufs Sofa bugsiert, eine Kanne Tee gekocht, das Kirschkernkissen in der Mikrowelle warm gemacht und mir an die Füße gelegt und den Fernseher angeschaltet. »Du guckst jetzt in Ruhe die *Küchenschlacht*, und wir kümmern uns ums Rohr.« Mit »wir« meint er Wolfgang und Kurt, die gerade gekommen sind. »Das SEK ist da«, rief Wolfgang lachend, verstummte aber sofort, als er sah, wie ich, weiß wie ein Geist, auf dem Sofa lag. »Das kriegen wir doch wieder hin«, sagte er aufmunternd. »Ich soll von Ute auch noch ausrichten, dass sie es nicht so gemeint hat und dass wir den Schmuck sicher schnell finden.« Eindeutig gelogen, aber ich nickte dankbar.

Zusammen wollen die drei im Garten nach dem Rohr graben, denn laut Günther muss es zwangsläufig dort entlanglaufen. »Ein paar Spatenstiche und der Spuk ist vorbei«, sagte Kurt. Auch eindeutig gelogen, aber wieder nickte ich dankbar. Mutzusprechung …

15 Uhr

Habe mich gezwungen, die ganze Sendung zu verfolgen, ohne auch nur einmal in den Garten zu linsen. Jetzt aber gibt es kein Halten mehr. Mit etwas wackeligen Beinen gehe ich in die Küche – und sehe, dass ein Maulwurf in unserem Garten aktiv war. Beziehungsweise: drei. Günther, Wolfgang und Kurt haben jeder einen Spaten in der Hand und haben die gesamte Rasenfläche mit tiefen Löchern überzogen. Schlage entsetzt die Hand vor den Mund. Im Fernsehen habe ich mal einen Bericht über einen Rentner gesehen, der mit einem Bagger ein Waldstück in Wuppertal umgegraben hat, weil er sich sicher war, das Bernsteinzimmer zu finden. Warum muss ich bloß daran denken?

Plötzlich bemerkt Günther, dass ich am Fenster stehe. Er stellt den Spaten ab, wischt sich den Schweiß von der Stirn und streckt zuversichtlich den Daumen in die Höhe. Kurt bemerkt, dass Günther den Daumen in die Höhe streckt, verfolgt seinen Blick, sieht mich entsetzt am Küchenfenster stehen und streckt ebenfalls seinen Daumen in die Höhe. Zwei Daumen und kein Schmuck in Sicht. Wahrscheinlich hat Günther die Devise ausgegeben, auch ja optimistisch zu wirken, wenn ich die Szenerie beobachte.

Lege mich wieder aufs Sofa. Muss mich beruhigen. Noch eine Ampulle ist nicht drin.

17 Uhr

Höre, wie hinten die Seitentür aufgeht. Zwei Minuten später stehen die verschwitzten Maulwürfe im Wohnzimmer. »Das Rohr muss doch vorne zur Straße verlaufen«, druckst Günther rum. »Ich ruf morgen bei den Stadtwerken an.«

Donnerstag, 20. September

Bin ein nervliches Wrack. Das alles einen Albtraum zu nennen, wäre leicht untertrieben. Unser ganzer Erbschmuck. Weg. Einfach so. Weggespült. Auf Nimmerwiedersehen. Wahrscheinlich hängt sich eine Kanalratte gerade die Goldkette von Tante Helga um. Grundgütiger.

Günther zieht seine Paraderolle »Rosa bei Laune halten und Optimismus versprühen« voll durch, aber langsam bröckelt die Fassade. Er ist sichtlich angespannt und sagt permanent »Wird schon«, mehr zu sich selbst als zu mir. Wenn man sich selbst Mut zusprechen muss, sagt das auch viel über den Ernst der Lage aus …

Ich liege derweil auf dem Sofa und wimmere vor mich hin. Alles weg. Selbst wenn wir den Schmuck ausgebreitet auf den Küchentisch gelegt hätten, wäre er noch da. Das Rohr hat uns ins Verderben gestürzt.

10 Uhr

Günther kommt mit schnellen Schritten ins Wohnzimmer und sieht erleichtert aus. Er lässt sich erschöpft, aber irgendwie zufrieden in den Sessel neben mir plumpsen. In der linken Hand hält er noch das Telefon.

»So, jetzt wird alles gut. Klaus Gmelin-Schubert kommt um zwei.«

Klaus wer? Günther spricht den Namen so selbstverständlich aus, als müsse es sofort bei mir klingeln. Als hätte er auch »James Bond kommt um zwei« sagen können. In meinem Kopf rattert es. Anscheinend müsste ich ihn sofort zweifelsfrei als Retter in der Not identifizieren, aber der Name sagt mir wirklich überhaupt nichts.

»Wer ist Klaus Gmelin-Schubert?«, frage ich ermattet.

»Ein Mitarbeiter von den Stadtwerken. Ich habe ihm alles erklärt, und er schiebt uns um zwei noch rein, obwohl er eigentlich heute nichts mehr frei hatte.«

»Mmmh.«

»Nun sei mal ein bisschen optimistischer. Ich habe bei diesem Klaus … na, Dings … äh … Schubert, ein gutes Gefühl!«

13.50 Uhr

Können uns nicht konzentrieren. Haben *ARD-Buffet* und *Mittagsmagazin* gesehen, aber irgendwie ist nicht viel hängen geblieben. Beziehungsweise: leider das Falsche. Zum ersten Mal ist mir nämlich aufgefallen, was für eine hübsche Kette die Moderatorin trägt. Und in einem Beitrag kam eine Frau zu Wort (Thema vergessen), die beim Sprechen immer ausladend mit den Händen gestikulierte, sodass alle paar Sekunden ein wunderschöner Ring mit rotem Stein zum Vorschein kam. Arrrrggghhhh.

Aber so ist das mit der verzerrten Wahrnehmung. Als ich letztes Jahr eine neue Brille bekommen hatte, sah ich in der Stadt plötzlich nur noch Menschen mit Brille. Streng genommen sah ich nur noch Brillen. Überall. Es war wie ein Horrorfilm. Überlege, bei welchem Fernsehprogramm ich von dem »Oberthema Schmuck« auf jeden Fall verschont bleibe. Höchstens vielleicht bei einer Tiersendung. Wehe aber, wenn da von Geweihen die Rede ist. Das geht ja auch fast als Schmuck durch, oder?

Huch, es klingelt. James Bond ist da.

14 Uhr

Klaus Gmelin-Schubert trägt eine orangefarbene Arbeiterhose mit großen Reflektoren an der Seite und passender Jacke. Über die linke Schulter hat er eine schwere Tasche gewuchtet, aus der allerlei Arbeitsgeräte herausgucken. Und unter der rechten Achsel hat er zwei Eisenstangen eingeklemmt. Er scheint ein eher wortkarger Genosse zu sein, denn auf unsere Begrüßung »Danke für den zeitnahen Termin, wissen Sie, meine Frau ist doch sehr angespannt, also, ich meine, mit dem Rohr, das war ja eigentlich meine Idee, aber ich wusste doch nicht, dass es noch intakt ist, also, ja, aber danke, dass Sie da sind« (Günther) und »Kommen Sie doch rein, darf ich Ihnen was zu trinken anbieten, oder wollen Sie gleich anfangen, das wäre ja zu schön, um wahr zu sein, wenn Sie den Schmuck wiederfinden« (ich) antwortete er nur: »Ja.« In seinen Augen sehe ich eine Mischung aus Entschlossenheit und Abgeklärtheit. Ich glaube: Wenn uns jemand helfen kann, dann ist es Klaus Gmelin-Schubert.

Er kommt auch gleich zur Sache. »Zeigen Sie mir das Rohr«, sagt er zu Günther. Er ist ein Mann der klaren Worte. Günther nickt aufgeregt und geht zum Kellereingang. Klaus Gmelin-Schubert hinterher, danach komme ich. Wir steigen die Treppe herunter, und Günther rückt die Konservendosen zur Seite. »Da ist es. Wir dachten ja, dass es tot ist, also, dass es nirgendwo hinführt, aber dem war wohl nicht so.«

Klaus Gmelin-Schubert schaut sich stumm das Rohr an. Er geht in die Hocke und steckt fast seine Nase rein. Dann schaut er es sich wieder aus der Entfernung an. Günther und ich mögen kaum atmen. Himmel, das ist ja wie im Krimi! Plötzlich nickt Klaus Gmelin-Schubert stumm und geht die Treppe wieder hoch. Er geht durch den Flur (wir folgen aufgeregt) und stößt die Haustür auf. Er verharrt kurz, als ob er sich orientieren müsse, und geht dann durch die Seitentür in den Garten. Günther und ich hinterher. Auf der Terrasse macht er halt und sieht sich die Wand unter dem Küchenfenster an. Akribisch scannt er alles ab (da ist überhaupt nichts zu sehen) und nickt schließlich wieder stumm. Zielstrebig geht er durch die Seitentür zurück nach vorne. Stumm schreitet Klaus Gmelin-Schubert durch den Vorgarten. Günther und ich staunen. Es gibt doch diese Menschen, die mit Wünschelruten nach Wasseradern suchen. Klaus Gmelin-Schubert kann mehr. Ich bin inzwischen zutiefst überzeugt, dass er übersinnliche Fähigkeiten hat. Irgendwann geht er nach vorne zum Bürgersteig, sieht nach links und rechts, blickt noch einmal zurück und geht dann entschlossen zu einem Gully, der etwa zehn Meter entfernt ist, direkt vor Doris' und Heinz' Wohnzimmerfenster. Günther und ich hinterher.

Er bleibt vor dem Gullydeckel stehen, stellt seine Arbeitstasche ab und nimmt eine Eisenstange in die Hand.

»Ach«, sage ich, um die Spannung zu überbrücken, »das ist wohl so eine Art… Gullystange?«

»Kanalhaken«, sagt Klaus Gmelin-Schubert und klemmt das gebogene untere Ende in ein Loch des Gullys. Er setzt an, lehnt sich zurück und zieht mit einem Ruck den Deckel auf. Himmel, stinkt das. Ich mag auch gar nicht hingucken, nicht, dass da noch eine Ratte rauskommt. Riskiere dann doch einen Blick und sehe zu meiner Überraschung, dass im Gully noch eine Abdeckung zum Vorschein kommt.

»Sandfang«, sagt Klaus Gmelin-Schubert ungefragt, und ich nicke ergriffen. Der Mann ist ein Profi. Günther streckt hinter seinem Rücken den Daumen in die Höhe. Heute hat er auf jeden Fall eher eine Daseinsberechtigung als gestern bei der Maulwurfaktion.

Klaus Gmelin-Schubert hebelt den Sandfang aus, und die Kanalisation ist zu sehen – und zu riechen. Puh, seinen Job möchte ich auch nicht haben, denke ich und habe ein schlechtes Gewissen, dass er das jetzt gerade für uns machen muss. Aber Klaus Gmelin-Schubert lässt sich überhaupt nicht beirren. Er hebt eine neue Stange vom Boden auf und stochert zu beiden Seiten im Wasser rum. Plötzlich fragt er völlig emotionslos: »Suchen Sie das hier?«

Ich traue meinen Augen nicht. Aber Klaus Gmelin-Schubert hat doch tatsächlich den Gefrierbeutel mit unserem Schmuck zwischen Haken und Kanalwand eingeklemmt und befördert ihn mit einem großen Schwung an Land. Da liegt er. Pitschnass. Am Beutel kleben zugegebenermaßen undefinierbare Dinge, aber ich kann schon erkennen, dass er nicht aufgegangen ist und der gesamte Inhalt noch drin ist.

Vor Erleichterung kommen mir die Tränen. Ich drücke erst den stinkenden Beutel an mich (ich bin vom Campingplatz so gestählt, dass ich nicht einmal mit der Wimper zucke) und umarme dann Klaus Gmelin-Schubert. Der, zunächst starr vor Schreck, umarmt irgendwann zurück. Und Günther fängt an zu klatschen. Erst langsam, und dann immer schneller.

Oktober

And the winner is …

Samstag, 27. Oktober

Was für ein Jahr! Und dabei ist es noch nicht einmal zu Ende. In den letzten Monaten haben wir so viel erlebt, so viele neue Leute kennengelernt und so viel gesehen, dass wir noch gar nicht richtig im Alltag angekommen sind. Und ehrlich gesagt haben wir darüber hinaus auch ganz unsere Urlaubswette aus den Augen verloren. Sie war überhaupt kein Thema mehr. Vielleicht wollten wir auch gar nicht an sie denken …

Julia, Tochter Gnadenlos, hat aber gerade während des Abendessens bestimmt, dass es jetzt ans »Eingemachte« geht.

Sie ist über das Wochenende zu Besuch und kennt nur zwei Themen.

1. Lars alias Dr. Friedrichsen (ich glaube, es wird was Ernstes zwischen ihnen) und 2. Wer von uns hat gewonnen?

»Jetzt reden wir mal Tacheles«, sagt sie und schenkt uns jedem noch ein Glas Wein ein. »Wollen wir mal zur Abstimmung schreiten?«

»Von mir aus können wir die Wette auch ad acta legen«, sage ich, und selbst Günther, der sonst immer auf das Einhalten von Regeln besteht, stimmt mir zu. »Das war doch gar nicht ernst gemeint. Sei doch nicht so kindisch.«

»Ha«, ruft Julia. »Der Satz kommt mir bekannt vor!

Aber nix da, kommt gar nicht infrage. Jetzt ist die Stunde der Wahrheit gekommen.«

»Seit wann bist du denn so pedantisch?«, frage ich fassungslos. »Lass doch Papa und mich entscheiden.«

»Deine Mutter hat recht!«, springt Günther mir bei. (Wenn Eltern sich verbrüdern …)

Julia schüttelt den Kopf und verschwindet in der Küche. Wenig später kommt sie mit einem Zettel und zwei Kugelschreibern zurück. Sie reißt den Bogen in zwei Hälften und schiebt jedem ein Blatt mitsamt einem Kuli rüber.

»Ladieeeees aaaaaaaand gentlemen«, setzt sie mit tiefer Stimme an und imitiert einen Ringrichter in einem Boxkampf. Günther und ich sehen uns kopfschüttelnd an.

»Wir haben«, fährt Julia in derselben Tonlage fort, »vor ein paar Wochen einen Wettbewerb gestartet, eine Challenge, wie wir in Amerika sagen.« (Jetzt spricht sie auch noch mit amerikanischem Akzent.) »Und diese lautete: Wer plant den schöneren Urlaub? Und nun, in geheimer Abstimmung, wird der offizielle Titel verliehen. Bitte schreibt die Reise auf, die euch am meisten überzeugt hat. Ihr kennt die Regeln für einen fairen Wettkampf: Hört in euch rein und seid ehrlich. Und dann haben wir den World Champion oooooof …« Sie trommelt mit den Fingern auf den Tisch, »… Urlaubswette!«

Sie lacht, und wir ergeben uns.

»Dann wollen wir mal«, sagt Günther, nimmt Stift und Kuli und verschwindet in der Küche. »Dafür brauch ich Ruhe.« Ich verziehe mich mit Stift und Kuli aufs Sofa und lasse die Urlaube Revue passieren.

Die Kreuzfahrt war uneingeschränkt großartig (abzüglich des teuren Weins). Wir haben unglaublich gut gegessen, im Buckingham Palace gewohnt (gefühlt), nette Leute kennengelernt und ein einmaliges Konzert von D. erlebt (darf den Namen nicht mehr ausschreiben, sonst muss ich wieder weinen).

Die Campingtour war anders. Anders schön. Auch wenn ich zwischendurch so meine Tiefpunkte hatte (Hirnhautentzündung, fast mit dem Womo umgekippt, öffentliche Duschen) und ich nie gedacht hätte, dass mir so eine Fahrt gefallen könnte, muss ich wohl unumwunden zugeben, dass es so war: Es hat mir gefallen. Und wie! Ich habe so gut geschlafen wie in meinem ganzen Leben nicht, alle waren so gesellig und herzlich, und selbst Dosenravioli schmecken hervorragend.

Eigentlich muss ich gar nicht länger überlegen, welche Reise gewonnen hat.

Ich nehme den Stift, schreibe mein Ergebnis auf, falte den Zettel zusammen und setze mich zurück an den Esstisch.

Wenig später kommt Günther mit einem ebenfalls zusammengefalteten Zettel aus der Küche zurück.

»Ich bin ganz aufgeregt«, sagt Julia und nimmt die Zettel entgegen.

Meinen faltet sie zuerst auseinander und liest mit getragener Stimme vor: »Gleichstand«.

Sie lässt den Zettel sinken. »Gleichstand??? Mama, das war doch eine Wette! Gleichstand geht nicht.«

»Warum geht Gleichstand nicht?«, fragt Günther, und ich habe einen Verdacht.

Julia auch. »Nee, oder?« Sie schnappt sich Günthers Zettel, faltet ihn auseinander und liest mit einer nicht mehr ganz so getragenen Stimme vor: »Camping und Kreuzfahrt.«

Günther und ich müssen grinsen.

»Das ist jetzt nicht euer Ernst«, sagt Julia und sieht richtig enttäuscht aus. »Ich dachte, jeder kämpft für seine Reise. Papa, du kannst doch mit Kreuzfahrten gar nichts anfangen, und du, Mama, nichts mit dem Wohnmobil. Sagt mal, was ist denn los mit euch?«

Eine Frage und zwei Rentner, die sich in Ekstase reden.

Günther: »Es waren eben zwei völlig unterschiedliche Reisen. Aber jede hatte was, auf ihre ganz eigene Weise.«

Ich: »Natürlich war es ein Experiment, aber es hat sich gelohnt.«

Günther: »Man muss sich einfach mal auf etwas komplett Neues einlassen!«

Ich: »Wenn jemand eine Reise tut, dann hat er was zu erzählen.«

Günther: »Einfach mal ins kalte Wasser springen!«

Ich: »Einfach mal was riskieren!«

Günther: »Einfach mal mutig sein!«

Ich: »Ja! Einfach mal ein Abenteuer wagen!«

Günther: »Auch auf unsere alten Tage!«

Ich: »Lebe jeden Moment so, als wäre es dein letzter!«

Julia guckt irritiert von einem zum anderen. Schließlich lacht sie: »Wie ihr redet! Ihr werdet noch spirituelle Gurus!«

November

Die Einladung

Freitag, 2. November

Normalerweise machen wir jeden Sommer eine kleine Grillfeier mit Freunden und den Nachbarn. Nichts Großes, aber man ist für einen Abend nett zusammen. Da wir aber dieses Jahr auf Tour waren und sie deswegen ausfallen musste, haben wir uns vorgenommen, in der Vorweihnachtszeit ein schönes Kaffeetrinken zu veranstalten. Heute gingen die Einladungen raus, manche per E-Mail! (Das Internet hat uns wieder!)

Auf unserer Gästeliste stehen:

Tante Lotti und Wilhelm

Kurt und Irene

Ute und Wolfgang

Aus der Nachbarschaft Brigitte und Hans, Doris und Heinz, Marlies und Jochen.

Und aus dem Club Günther II, Adapter-Gisela und Dieter.

15 Leute. Puh, das wird knapp. Aber wenn wir den Tisch wieder ausziehen und die Stühle eng stellen? Müsste gehen!

Samstag, 3. November

Erzählen Julia von unserem Nikolaus-Kaffeetrinken und sie will auch unbedingt dabei sein. Zusammen mit Dr. Friedrichsen. »Kommt, wir führen ihn offiziell in die Gesellschaft ein!«

Sonntag, 4. November

Die ersten Zusagen kommen. Ute fragt: »Silvia und Volker habt ihr doch bestimmt auch eingeladen, oder? Dann könnt ihr noch mal schön vom Campen erzählen!«

Montag, 5. November

Haben Silvia und Volker eingeladen. Sie freuen sich.

Dienstag, 6. November

Dann wäre es ja auch schön, die Truppe vom Gardasee einzuladen, oder? Das sind aber viele.

Mittwoch, 7. November

Günther sagt: »Ach komm, das machen wir!«

Donnerstag, 8. November

Es sind wirklich viele. Haben gerade Einladungen an Achim und Marlene rausgeschickt, Klaus und Ingrid, Sascha und Claudia mit den Kindern, Natalie und Simone, Carina und Sebastian und ihre Tochter Anna, Olaf und Anita mit Laura sowie Heike und Jürgen.

Freitag, 9. November

Müssten wir dann nicht auch Christoph aus Polen einladen? »Der kommt doch eh nicht!«, sagt Günther. Schicken ihm aber pro forma eine Einladung, nicht, dass er sich ausgeschlossen fühlt.

Samstag, 10. November

Ist schon schade, wenn wir nur die Camper einladen. Ich meine, mit den Leuten von der Kreuzfahrt haben wir ja auch so netten Kontakt.

Sonntag, 11. November

Dagmar und Helmut, Carina und Natascha und Edith und Heinz eingeladen.

Montag, 12. November

Die Camper haben zugesagt. Alle. Auch Christoph aus Polen.

Dienstag, 13. November

Günther sagt aus Spaß: »Dann können wir auch noch Klaus Gmelin-Schubert Bescheid geben.« Ich sage aus Spaß: »Warum nicht?!« Günther schreibt ihm aus Spaß eine E-Mail und drückt ganz ernst auf »Senden«.

Mittwoch, 14. November

Wir haben 46 Leute eingeladen. Zu einem Kaffeetrinken in unserem Wohnzimmer.

Grundgütiger.

Dezember

Immer was los

Montag, 31. Dezember

Was bisher geschah:

– Wir hatten drei schlaflose Nächte wegen unserer Feier mit den Urlaubsfreunden. Es fiel mehrfach das Wort »eingebrockt«.

– Julia und Dr. Friedrichsen sind – ein Tusch – wohl tatsächlich ein Paar. Er hat ihr zu Weihnachten ein Wochenende in Paris geschenkt (fand ich ja ein bisschen übertrieben, Julia überhaupt nicht), und genau in diesem Moment stehen sie wahrscheinlich unter dem Eiffelturm und flüstern sich irgendwas ins Ohr. Ach, ich gönn es ihr. Es ist so schön zu sehen, wie glücklich sie ist. Und dann habe *ich* Dr. Friedrichsen auch noch »entdeckt«! Bekommt man nicht ein Paar Schuhe, wenn man erfolgreich verkuppelt hat???

– Günther hat unser Wohnzimmer maßstabsgetreu aufgezeichnet und versucht, sechsundvierzig Stühle zu stellen. Selbst bei einer Beinfreiheit wie im Flugzeug kam er nur auf sechzehn. Danach wieder schlaflos für drei Nächte.

– Wie Maria und Josef waren wir verzweifelt auf der Suche nach einer Herberge – und fanden sie im Gemeindesaal.

Pastor Böhnlein war so nett und gab uns einen Platz, die drei Weisen zu empfangen beziehungsweise: neunzehn Freunde und Verwandte, siebzehn Camper, sechs Kreuzfahrer und einen Klempner. (Klaus Gmelin-Schubert hatte mit den Worten »Na, damit hätte ich jetzt aber nicht gerechnet. Aber danke für die Einladung, ich komme sehr gerne zu Ihrer Feier« natürlich auch noch zugesagt.)

Zusammen mit Utes Hilfe verwandelten Günther und ich den Saal einen Tag vor der Feier in einen richtig gemütlichen Ort. Wir schalteten die Neonröhren an den Decken aus und stellten auf den langen Tafeln Kerzen auf. Jeder Platz bekam ein Tischkärtchen und wie bei der Hochzeit von Romeo und Julia, bei der zwei verfeindete Familien vereint werden sollen, mischten wir die Gäste durch: auf zwei Camper (waren ja in der Mehrzahl) kam ein Kreuzfahrer. Dazwischen Verwandte, Nachbarn und Freunde aus dem Computerclub als neutrale Pufferzone. Auf der Tischmitte platzierten wir bunte gefaltete Papierschiffchen, und die Deko-Artikel, die wir noch vom Camping-Filmabend hatten, kamen auch zum Einsatz. Das muss jetzt wirklich unter uns bleiben: Als Pastor Böhnlein weg war, ersetzten wir das Kreuz über der Tür durch die Wanduhr mit dem Schriftzug »Camper ticken anders«. Herr im Himmel. Im wahrsten Sinne des Wortes.

– Unser Kaffeetrinken … äh … vielmehr unser rauschendes Fest war ein voller Erfolg. Am Anfang fremdelten die beiden Gruppen noch etwas miteinander. Die Seelers hatten eine Flasche Champagner als Gastgeschenk mitgebracht, die Camper griffen gleich zum Bier. Aber die Idee, alle durcheinanderzusetzen, war Gold wert. Nachdem Günther eine Vorstellungsrunde gemacht hatte, kamen alle schnell ins Gespräch und – wahrscheinlich ist das so bei hart gesottenen Vertretern ihrer Zunft – wollten den anderen von ihrer bevorzugten Urlaubsart überzeugen. Günther und ich gingen von Tisch zu Tisch und spielten Friedensrichter. Günther hielt plötzlich ein flammendes Plädoyer auf Kreuzfahrten, und ich hörte mich sagen: »Nun glaubt es doch, Camping ist wirklich toll!« (Wer hätte das vor ein paar Monaten noch gedacht?)

Der Lärmpegel stieg von Minute zu Minute. Überall wurde gelacht, durcheinandergeredet, und alle verstanden sich prächtig. Die Nachbarn ließen sich von Klaus Gmelin-Schubert noch einmal im Detail erzählen, wie er unseren Schmuck aus der Kanalisation gefischt hatte (Brigitte schrie abwechselnd »iiiiiieeehhh« und »das ist ja köstlich«), und Günther II machte Werbung für den Club. Dummerweise saß er Tante Lotti und Wilhelm Reinke gegenüber und musste ordentlich schreien, weil Wilhelm Reinke nicht so gut hört, wenn der Lärmpegel hoch ist. Darunter litt, nun gut, ein wenig die Komplexität seiner Werbeoffensive. »IN-TER-NET IST TOLL!«

Achim holte irgendwann eine große Flasche Limoncello aus seiner Tasche und toastete: »Was du heute kannst entkorken, das verschiebe nicht auf morgen«. (Danach wurde es noch ein wenig lauter.) Am Ende versuchte Christoph uns noch einen Zungenbrecher auf Polnisch beizubringen. Viele Zischlaute und noch mehr Lachanfälle.

– Mit dem Computerclub haben wir ein Video als digitale Weihnachtskarte gestaltet. Zunächst sind die Wiener Sängerknaben zu sehen, wie sie die ersten zwei Strophen von »Stille Nacht« singen. Dann gibt es einen Schnitt, und wir kommen ins Bild: Mit gebastelten Weihnachtsmützen von Adapter-Gisela stehen wir aufgereiht im Seminarraum und singen die dritte und vierte Strophe, Günther II mimt den Dirigenten. Zugegeben, es war eine leicht andere Tonart als die der jungen Profis, aber das Video kam unwahrscheinlich gut an. Ute musste sogar ein Tränchen verdrücken, wie sie mir verriet. »Wie ihr da steht mit diesen Mützen und so schief singt, irgendwie hat mich das tief berührt.«

– Pastor Böhnlein zufällig bei Penny getroffen. Er machte einen zerknirschten Eindruck. Wie sich herausstellte, hatte es sich herumgesprochen, dass wir so schön im Gemeindesaal gefeiert haben. Ein Pärchen will den Raum jetzt für den runden Geburtstag ihrer Mutter mieten. Und für eine Silberhochzeit gibt es auch schon eine Anfrage. »Ich habe die Büchse der Pandora geöffnet«, stöhnte er fassungslos.

– Achim hat eine WhatsApp-Gruppe eingerichtet für alle, die bei unserem Fest dabei waren. Der reinste Wahnsinn ist ausgebrochen. Das Handy ist nur noch am Piepen. Wenn 48 Leute sich ein schönes Wochenende wünschen oder auch nur einer eine Frage stellt (und alle antworten): ein Albtraum. Oder wie Julia es ausdrückte: »Ist doch schön, dass ihr wieder Vollzeitjobs habt.«

– Tante Lotti hat zu Weihnachten ein Handy von uns bekommen, was sie mit den Worten »Das wurde aber auch mal Zeit« kommentierte. Julia hat ihr dann drei Notfallkontakte eingerichtet (sich, Günther und mich), und wenn

Tante Lotti eine bestimmte Taste drückt, geht an uns alle automatisch eine SMS mit »SOS« raus. Am ersten Weihnachtstag – Günther, Julia und ich frühstückten gerade – kam direkt ein Notruf von ihr. Wir panisch ins Heim gefahren, nur um festzustellen, dass Tante Lotti kichernd mit Wilhelm Reinke und Handy auf dem Schoß im Wintergarten saß und den Alarm nur durch Zufall ausgelöst hatte (und es gar nicht mitbekommen hatte). Sie begrüßte uns mit den Worten: »Großer Gott, jagt mir so früh morgens doch nicht so einen Schreck ein, was macht ihr hier?« Haben dieses SOS-Ding sofort deaktiviert.

– Günther hat versucht, von Hymer die VIP-Kundenkarte zu bekommen, mit der es Rabatte auf Campingplätzen, Tankstellen und Fährfahrten gibt. (Mein Hinweis, dass wir doch gar keine neue Tour geplant haben, wurde konsequent ignoriert.) Die nette Mitarbeiterin in der Service-Hotline erklärte ihm aber, dass nur Inhaber eines Hymer-Mobils so eine Karte bekommen. Woraufhin Günther ernsthaft zu mir sagte: »Dann geht das ja nicht anders: Wir müssen uns auch eins anschaffen.« Mann kauft sich ein Mobil für 50000 Euro, um 23 Euro auf einem Campingplatz zu sparen. Bestechende Logik.

– Ich habe versucht, Dr. Friedrichsen zu duzen. Aber ich krieg den Doktor einfach nicht weg!

– Wir haben Urlaubskataloge bekommen. Zugegebenermaßen eher auf eine Reiseart beschränkt. Habe mich bei allen Reedereien gemeldet und einfach mal sämtliches Werbematerial angefordert. Man darf sich ja mal inspirieren lassen. Hab alle Prospekte im Haus verteilt und bei »14 Nächte Kanarische Inseln« ein Eselsohr reingemacht. Vielleicht springt G. an.

– Zwei Tage vor Weihnachten haben wir Silvia und Volker verabschiedet. Sie gehen mit ihrem Riesenmobil wieder auf große Tour und wollen Silvester an einem Strand an der Algarve feiern. Mit ihren Nachbarn standen wir auf der Einfahrt und winkten ihnen hinterher, bis sie nicht mehr zu sehen waren. Sehr emotional. Und Günther zwickte mich verschwörerisch in die Seite.

– Mail von Natascha bekommen: »Hallo ihr Lieben, nur mal aus reinem Interesse: Wisst ihr eigentlich, ob Christoph eine Familie hat? Wir schreiben uns seit ein paar Tagen, muss ja nichts bedeuten, aber nett ist er ja. Bin ganz überfordert und aufgeregt. Nett ist er ja. Ach so, hatte ich ja schon geschrieben. Freu mich über eure Hilfe. Und pssst, nichts zu den anderen. Liebe Grüße, Natascha.«

– Mail von Christoph bekommen: »Hallo Rosa, hallo Günther, wie ist in Deutschland? Feier toll! Auch toll: Natascha! Wollte nur sagen. Macht gut, ihr beide, do zobaczenia wkrótce!«

– Ich habe in die WhatsApp-Gruppe geschrieben, ob wir nicht alle mal einen Betriebsausflug nach Polen zu Christoph machen sollen.

– Drei Tage lang nur Gepiepse. Olaf recherchiert schon, wie teuer es ist, einen kompletten Omnibus zu mieten.

– Günther wollte auf dem Weihnachtsmarkt unbedingt seine neue Barbourjacke vom Schiff anziehen und hat so gefroren, dass er irgendwann blaue Lippen hatte.

– Ich habe David Garrett auf Facebook gelikt. Nun, um ehrlich zu sein, habe ich ihm auch zweimal auf seine Pinnwand geschrieben. Einmal, wie herrlich ich das Konzert auf dem Schiff fand, und dann, dass ich ihm und seiner Familie schöne Feiertage wünsche. Bei der zweiten Nachricht sind ein bisschen die Pferde mit mir durchgegangen, und ich habe ein paar Emojis eingebaut. Tannenbaum, Geschenke, Sterne, alles zum Thema Weihnachten eben. Und am Ende habe ich das Smiley mit den zwei Herzen als Auge gesetzt. Ich konnte nicht anders.

Jetzt ist es 19 Uhr, und wir sitzen bei Kurt und Irene im Wohnzimmer. Es ist alles wieder liebevoll geschmückt, und auf dem Esstisch stehen zig kleine Schüsselchen mit Leckereien für das Raclette. Und jährlich grüßt das Murmeltier! Ist das nicht irre, wie schnell so ein Jahr vorbeigeht? Mir kommt es vor, als hätten wir gerade gestern die Tischgrillade von den beiden bestaunt. Der einzige Unterschied zu letztem Jahr: Ute und Wolfgang sind wieder dabei. Ute hat schon seit Anfang Dezember auf alles verzichtet, was wieder einen Magen-Darm-Infekt auslösen könnte. Kein Fisch, keine Mayonnaise, kein Salat im Restaurant. »Ich habe komplett enthaltsam gelebt«, sagt sie dramatisch. »Alles nur für euch! Damit wir heute bei euch sein können!«

»Darauf müssen wir anstoßen!« Irene verschwindet in

der Küche und kommt mit einer Flasche Limoncello zurück. Ich winke sofort ab, und Irene lacht. »Hab ich extra für dich gekauft. Damit die Italien-Stimmung wieder aufkommt!«

Die nächsten fünf Stunden bis Mitternacht lassen wir das Jahr noch einmal Revue passieren. Kurt und Irene erzählen ausführlich von Patagonien, wir vom Camping und der Kreuzfahrt, und Ute stößt Wolfgang alle fünf Minuten an und ruft: »Nächstes Jahr machen wir auch eine Urlaubswette!«

Das war wirklich ein Jahr der Abenteuer. Was haben wir alles erlebt! Und wen wir alles kennengelernt haben! Wir waren ständig auf Achse, und wenn wir nicht unterwegs waren, haben wir schon die nächste Reise vorbereitet. Wir sind ins kalte Wasser gesprungen (also im übertragenen Sinne, nicht wörtlich natürlich! Gott bewahre!) und haben uns auf etwas komplett Neues eingelassen. Auf jeden Fall war es aufregend. Spannend. Abwechslungsreich. Lustig. Interessant. Unterhaltsam. Aber auch ein wenig stressig.

Ich würde sagen: Jetzt sind wir urlaubsreif!

Lesen Sie weiter >>

LESEPROBE

Klick, Doppelklick … huch, jetzt ist es weg!

Aus dem Leben einer Frau, deren Mann zu viel Zeit hat – und WLAN!

Sonntag, 1. Januar

Himmel, bin ich gerädert. Dabei wurde es gestern doch gar nicht so spät. Wir können auch nichts mehr ab. Wie spät ist es? 15 Uhr? Ach so, das geht ja, ich mach die Augen noch mal zu. Hach, tut das gut.

Eine Sekunde später
15 Uhr???

Montag, 2. Januar

Der Morgen nach dem Morgen danach. Das neue Jahr beginnt so schleppend, wie das alte aufgehört hat. Das Problem ist: Bis Oktober waren Günther und ich im permanenten Freizeitstress. Nachdem er vor zwei Jahren in Rente gegangen ist, haben wir die ersten zwölf Monate noch etwas mit dem neuen Status gefremdelt. Nun, das ist vielleicht etwas untertrieben. (Es war zugegebenermaßen ein Schock für uns alle.) Danach aber war der Knoten geplatzt, und wir verfielen in einen gewissen Aktionismus. Kochkurs »Mediterrane Küche« an der VHS, Discofox-

Kurs, Golf-Schnupperkurs, Wochenende in Paris. Kurz: Wir waren eines dieser Rentnerpärchen, die auf dem Fahrrad den Nachbarn »Immer auf Achse« zuriefen und die sogar – jaja, ich geb's zu – Postkarten mit dem Aufdruck »Viele Grüße aus dem Un-Ruhestand« verschickt haben.

Schon im Oktober aber trudelte unser Programm langsam aus.

Im November kam es endgültig zum Erliegen.

Inzwischen habe ich den dummen Verdacht, dass wir unsere Vorhaben hätten einteilen müssen. Ich meine, ich ärgere mich doch auch immer, wenn wir die Crossies während des *Tatorts* schon aufgegessen haben, bevor das erste Verhör stattfindet. Strecken ist das Stichwort! Bis wir achtzig werden, hätten wir schön im Zweijahrestakt irgendeinen Kurs belegen können. Aber nein, wir mussten ja alles in ein einziges Jahr quetschen.

Als ich zwischen den Jahren Ute (meine beste Freundin) getroffen habe und ihr von Günther erzählte, der mal wieder mit dem Sudoku-Block auf dem Sofa saß und Herrenschokolade futterte, seufzte sie wissend und sagte mit getragener Stimme: »Im ersten Jahr im Ruhestand findet man sich, im zweiten wird man aktiv, und im dritten kommt das große Loch.«

»Ist das ein chinesisches Sprichwort?«, fragte ich.

»Nein, das ist von mir«, sagte Ute. »Erfahrung, meine Liebe. Erfahrung.«

Irgendwann, meinte Ute, leben alle Rentner von Feiertag zu Feiertag. Oder von Renovierung zu Renovierung. »Großer Gott, du müsstest das Haus der Schröders sehen. Wie bei *Schöner Wohnen*! Aber die sind auch schon acht Jahre in Rente!«

Vielleicht sind die Feiertage für Günther und mich schon einmal ein Anfang. Irgendwas wird kommen. Ist nicht schon bald Ostern? Günther könnte sich doch schon mal in die Vorbereitung stürzen und zum Beispiel diese niedlichen Holzhasen basteln, die sie mal im *ARD-Buffet* gezeigt haben. Könnte er nicht die ganzen Vorgärten in der Nachbarschaft damit bestücken? Sehe schon vor mir, wie Günther in wochenlanger Heimarbeit Holzhasen aussägt.

18 Uhr

Habe nachgeschaut. Ostern ist dieses Jahr spät. Mitte April. War das nicht manchmal wenigstens schon im März???

Montag, 9. Januar

Das Wetter zermürbt mich. Seit einer Woche haben wir Schneematsch. Und grauen Himmel. Durchgängig. Ich mache mir schon ernsthaft Sorgen um meinen Vitamin-D-Spiegel. Außerdem macht mich Günther in dieser Wetterlage wahnsinnig. Ich meine, einen Sommerrentner lasse ich mir gefallen – gibt es dieses Wort? Nun, es ist klar, was ich meine. Im Sommer gibt es so viel für Günther zu tun (Garten! Vorgarten! Auto putzen! Fahrradtouren!), dass es gar nicht weiter auffällt, dass er keine Fünfzigstundenwoche mehr hat. Aber ein Winterrentner? Das ist die wahre Prüfung! Alles findet drinnen statt. Genauer: in unserem Wohnzimmer. In unserer Küche. Oder in Günthers Arbeitszimmer.

Deswegen beneide ich Leute, die in den Bergen wohnen. Hach, ich stelle mir das herrlich vor. Morgens packen die Rentnermänner dort zeitig ihre Skisachen zusammen, verabreden sich mit anderen Rentnermännern am Sessellift, verbringen den Tag gemeinsam auf der Piste, trinken dann noch ein Bierchen auf einer Hütte und kommen spätabends mit roten Wangen wieder nach Hause. Aber uns im Flachland? Uns bleibt doch nichts.

Habe den ganzen Vormittag ernsthaft darüber nachgedacht, ob wir uns in den Bergen nicht eine neue Existenz aufbauen sollten. Zugegeben, ich kann mir Günther nicht ganz in einer Lederhose vorstellen, aber warum nicht noch einmal ganz neu anfangen?

Musste bei dem Gedanken dann aber doch schlucken und an meine Treffen mit Ute denken. An Tante Lotti (die Schwester meines Vaters), die im Heim lebt und die ich fast jeden Tag besuche. An unseren wunderschönen Garten. An die Geburtstagskaffeerunden mit den Frauen aus der Nachbarschaft. Und selbst die soziale Kontrolle (unsere Nachbarin Doris kann genau in unser Schlafzimmerfenster sehen und beobachtet jeden Tag akribisch, wann wir aufstehen) würde mir fehlen.

Ich hatte mich so in die Vorstellung, das alles hinter mir lassen zu müssen, hineingesteigert, dass mir doch tatsächlich die Tränen in die Augen stiegen. Plötzlich kam Günther ins Wohnzimmer.

»Was hast du?«, fragte er besorgt, als er mich traurig ins Leere starren sah.

»Ach, nichts«, schniefte ich. »Ich dachte nur, wir müssten umziehen.«

Ratloses Schweigen. (Ich weiß seit über vierzig Jahren,

dass ein Ingenieur nicht viel spricht, aber irgendwie irritiert es mich immer noch.)

»Und nun?«, fragte er schließlich ein wenig unbeholfen.

»Und nun!«, rief ich. »Genau das frage ich mich auch!«

Zwei Stunden später

Günther steht im Wohnzimmer und bügelt – ich traue meinen Augen nicht – Bettwäsche.

»Die muss doch nicht gebügelt werden«, stoße ich in einer Mischung aus Wut und Hilflosigkeit hervor.

Günther bügelt stoisch weiter und sagt trotzig: »Ich bügele doch nur eine Seite!«

Abends

Eine Stunde mit Julia telefoniert.

»Papa bügelt Bettwäsche.«

Julia lachte, was ich überhaupt nicht witzig fand.

»Papa verfällt wieder in alte Muster«, jammerte ich weiter. Julia lachte wieder. Sie hat einen komischen Humor.

»Mama, seid ihr nicht über den Punkt hinweg? Genieß doch die Ruhe jetzt mal. Ich hör dich schon wieder schimpfen, dass ihr permanent im Freizeitstress seid.«

»Schön wär's«, murrte ich. »Ich meine, wir haben ja alles schon durch. Was kommt denn jetzt?«

»Irgendwas wird kommen«, seufzte Julia besonnen und klang wie eine Therapeutin, die beruhigend auf eine Depressive einredet.

Haben dann noch lange über ihre neue Arbeit gesprochen. Seit sie nicht mehr in der Buchhandlung arbeitet, sondern in diesem Start-up (keine Ahnung, was sie da genau macht, ich habe es bis heute nicht verstanden), ist sie permanent überlastet. Sogar abends haben die oft noch Sitzungen, das wird dann als »Wir-verstehen-uns-so-gut-dass-Freizeit-und-Arbeit-ineinander-übergehen« verkauft. Nach der anfänglichen Euphorie ist Julia dort inzwischen ziemlich unglücklich (was sie natürlich nie zugeben würde). Aber als sie über Weihnachten zu Hause war, hat sie jeden Tag fast elf Stunden geschlafen. Und war trotzdem noch k.o. Die Situation mit ihrem Freund Richard macht es nicht besser. Er hat ihr schon vor anderthalb Jahren einen Heiratsantrag gemacht. Aber raten Sie mal. Richtig! Bis heute haben sie nicht geheiratet. Der Termin wurde immer wieder verschoben, weil Richard angeblich beruflich so eingespannt ist. Julia tut so, als sei es kein Problem. Aber ich weiß, dass sie eigentlich zutiefst enttäuscht ist. Um sie ein wenig aufzuheitern, mache ich aber gute Miene zum bösen Spiel und sage so abstruse Dinge wie »Es läuft euch ja nicht weg« oder »Wenn man gehetzt heiratet, hat man nicht viel davon«. Von wegen. Wo ein Wille ist, ist auch ein Weg. Ich meine, wenn Richard sie wirklich heiraten möchte, hätte sich doch schon längst ein Termin finden lassen. Aber was lehrt uns die Erfahrung? Man darf Männer nicht unter Druck setzen. Als ich Günther in den Tennisverein quatschen wollte, nachdem er in Rente gegangen war, schaltete er komplett auf stur und lag danach tagelang nur auf dem Sofa.

Also: Ommmmmmmmm.

Eine Hochzeit wird kommen.

Und eine Beschäftigung für Günther.

Samstag, 14. Januar

Hurra, geht doch! Günther hat ein neues Projekt. Er hat heute feierlich beschlossen, dass unsere Zettelwirtschaft aufhören soll (was ich grundsätzlich begrüße!). Beim Büro Kerber hat er gleich nach dem Frühstück ein DIN A3 großes Haushaltsbuch gekauft. So weit, so gut. Doch nun kommt's. In das Buch soll alles (!) rein. Also nicht nur unsere Ausgaben und Belege, sondern alle Termine, die wir so haben (Arzttermine, aber auch private Treffen!), und sogar, wen wir angerufen (!) haben.

»Ich fasse mal zusammen«, sage ich, als Günther mir seine Vision für unsere neue Ordnung offenbart. »Wir sollen also über uns selbst eine Stasi-Akte anlegen.«

»Rosa, übertreib doch nicht immer so. Es ist einfach sträflich, dass wir so etwas noch nicht gemacht haben. Wir haben ja überhaupt keinen Überblick über unser Leben.«

Außerdem hat er in einem Prospekt von Netto gesehen, dass es da zwischen sieben und neun Uhr einen Frühaufsteher-Rabatt gibt. Jeder Angebotszettel von den Supermärkten soll fortan aufbewahrt und im Heft abgelegt werden. Zitat Günther: »Achte bitte immer darauf, ob unsere Filiale an der Aktion auch teilnimmt. Du findest eine Auflistung meist auf den Rückseiten. Sonst wäre ja alles umsonst.«

Bis zum jeweiligen fünften Tag des darauffolgenden Monats will Günther dann alle Ausgaben auswerten. Er wird mir dann »eine Analyse präsentieren«. Stelle mir vor, wie er mir eine Excel-Tabelle vorlegt und mit strenger Stimme sagt: »Du hast am Dienstag, den 23. Januar, um

14.02 Uhr bei Aldi einen *Original französischen Weichkäse neun Scheiben* für 1,19 Euro gekauft. Am Mittwoch, den 24. Januar, warst du um 17.32 Uhr wieder dort und hast drei Milchtüten gekauft. Frage: Hättest du beide Einkäufe nicht zusammenführen können? Anders gefragt: Gab es einen zwingenden Grund, warum der Weichkäse noch am Dienstagabend gegessen werden musste? Und hätte es ein vergleichbares Produkt nicht auch bei Netto gegeben? Wenn du dann zwischen sieben und neun Uhr dort gewesen wärst, hätten wir zehn Prozent Frühaufsteher-Rabatt einstreichen können. Vorausgesetzt, der Grundpreis ist in beiden Läden identisch. Das müsste man beizeiten mal recherchieren.«

Ogottogottogottogott.

Abends

Sitze am Wohnzimmertisch und klebe doch tatsächlich die Belege von heute in das Haushaltsbuch. Wenn wir irgendwann gefragt werden, wie wir unseren Lebensabend verbracht haben, werde ich wohl antworten müssen: »Nun, wir haben Kassenbons sortiert.«

Günther liest währenddessen zufrieden in der Zeitung. Zwischendurch sagt er Dinge wie: »Denk bitte dran, die Bons bündig einzukleben.« Was soll's. Eine verzweifelte Ehefrau macht auch alles mit.

Plötzlich ruft Günther: »Warum!«

»Warum was?«

»Das wäre doch mal eine schöne neue Rubrik für die Zeitung. Man könnte sich jedes Mal einen Politiker vornehmen. Warum verdient er so viel? Warum ist der noch im Amt? Solche Fragen eben. Man könnte das als wöchentliche Rubrik aufziehen. Warum – kurz und knapp, das merken sich die Leser.« Er macht eine Pause und hält ergriffen inne. »Man müsste sich das Wort schützen lassen.«

»Du hast recht«, antworte ich. Ich hebe das Haushaltsbuch wie ein Protestplakat in die Luft und rufe: »WARUM?«

Freitag, 20. Januar

Wieder lange mit Julia telefoniert. Günther hat heute Morgen zwei gewaschene Handtücher über die Heizung im Wohnzimmer gehängt. Eins vertikal, eins horizontal. Er wollte ausprobieren, »ob die Hängung Auswirkungen auf die Schnelligkeit der Trocknung hat«.

Julia meinte, ich solle mich da nicht hineinsteigern. Im Januar habe doch jeder Probleme, ins neue Jahr durchzustarten. Außerdem machte sie kryptische Andeutungen, dass sie irgendwas in die Post gegeben habe. Was das mit uns zu tun haben soll, erschließt sich mir nicht.

»Ich drehe wirklich noch durch«, sagte ich. »Gestern habe ich schon überlegt, bei Aldi jedes Teil einzeln zu bezahlen, damit Papa abends mehr Bons zu sortieren hat.« Ich musste schlucken. »Das bin doch gar nicht ich!«

Nachmittags war ich noch kurz in der Stadt Handschuhe kaufen. Meine Finger sind in den letzten Tagen mehrmals richtig eingefroren, als ich draußen war. Fühlte mich wie eine Hundertjährige, deren Arthrose austherapiert ist. Als ich neulich beim Bäcker bezahlen wollte, waren die Finger so steif, dass ich an *Edward mit den Scherenhänden* denken musste, während ich in meinem Portemonnaie nach den Münzen kramte und keine so richtig zu packen bekam. Also bin ich heute zu Sport-Meyer am Markt gegangen. Ich muss einen ziemlich verfrorenen Eindruck gemacht haben, denn als ich das Wort »Handschuhe« sagte, strahlte der Verkäufer mich an und rief: »Ich habe genau das Richtige für Sie!« Er lief durch den ganzen Laden, ich taperte steif hinter ihm her. Dann hielt er plötzlich vor einem Regal an und zog ein Paar Handschuhe heraus. »Darf ich vorstellen«, sagte er feierlich, »der erste Handschuh mit regulierbarer Heizung. Zwei Heizelemente sind in das Futter integriert, Heizstufenanzeige inklusive. Die Akkus können Sie austauschen. Und das Beste: Die Handschuhe sind gerade im Angebot. Statt 299,95 Euro zahlen Sie nur 269,95 Euro.« Er sah mich erwartungsvoll an. Ich muss nicht nur ziemlich verfroren, sondern auch noch ziemlich reich gewirkt haben. Immerhin. Verließ dankend den Laden und kramte zu Hause noch alte Wildleder-Fäustlinge von Tante Lotti aus einer Schublade, bei denen am Daumen die Nähte gerissen sind.

Den Abend mit Stopfen und danach Kassenbons-Einkleben verbracht. Willkommen im Rentnerdasein.

Mittwoch, 1. Februar

»Hallo ihr zwei, hier kommt euer neues Leben ;) Viel Spaß damit!«

Die Karte von Julia liegt zusammengefaltet in einem hübsch eingepackten Karton, der heute mit der Post gekommen ist. Als Günther und ich in den ersten Monaten seines Ruhestandes in einer Art Schockstarre waren, war Julia fest der Meinung, dass die Anschaffung eines Hundes die Lösung all unserer Probleme wäre. Günther hätte was zu tun (Gassi gehen, Fellpflege, Hundeschule, was da alles zusammenkommt!), und ich hätte mein altes Leben zurück. Mit einem Mann an meiner Seite, der beschäftigt ist.

Schaue auf den Karton und kann mir nicht vorstellen, dass sie da irgendwie einen kleinen wuscheligen Terrier verpackt hat. Aber was versteht sie sonst unter »neuem Leben«? Gespannt öffne ich den Karton, in dem ich unter einer dicken Folie (so eine, bei der man diese kleinen Luftpolsterchen platzen lassen kann) einen kleinen Computer entdecke. Julia hatte so ein Gerät zu Weihnachten mit nach Hause gebracht und uns damit in den Wahnsinn getrieben. Ständig hatte sie das Ding auf dem Schoß (sogar beim Fernsehen!), um was auch immer damit zu tun. (Ich habe den Sinn dieser Dauerberieselung bis heute nicht verstanden.)

Rufe bei Julia an, warum es nicht doch ein Hund getan hätte.

Zwei Stunden später

Wenn es nach Julia geht, sind Günther und ich diejenigen, die das Ding in Zukunft auf dem Schoß haben. »Überleg doch mal, was ihr damit alles machen könnt. Ihr könnt mir E-Mails schreiben, Papa kann alle möglichen technischen Dinge recherchieren, und du …«, sie stockte, »kannst dir neue Rezepte raussuchen.«

Klar, für die Mutter bleiben Rezepte! Was für eine Rollenverteilung haben wir unserem Kind bloß vermittelt?!

Der Computer heißt übrigens »Tablet«, wie Julia mir erklärte, englisch ausgesprochen.

»Ich weiß, dass das ein Tablett ist«, sagte ich.

»Tablet«, korrigierte mich Julia und lachte.

Sie selbst habe von der neuen Firma ein anderes Modell bekommen und dachte, dass es doch eine »super Idee« sei, wenn ihre Eltern »noch einmal dieses Ding namens Internet« entdecken würden, wie sie lachend erzählte.

Ich finde es ja wirklich nett von Julia, dass sie es uns schenkt, aber ich befürchte, dass wir es nicht oft benutzen werden. Ich meine, wir sind nun immerhin schon 65 Jahre ohne dieses Internet ausgekommen.

»Außerdem haben wir ja einen Computer«, sagte ich.

»Mama, du meinst nicht diese Möhre in Papas Arbeitszimmer, oder?«

Noch aus Julias Schulzeiten haben wir einen Computer, an dem sie damals nach der Schule manchmal irgendwelche Spiele gespielt hat. Zugegeben, er ist schon ein wenig in die Jahre gekommen. Wie lange ist Julias Abi her? Gott bewahre, hat sie nicht bald zwanzigjähriges Jubiläum? Aber ich bin mir sicher, dass der Computer noch funktionstüchtig ist. Aber ob der Internet kann?

»Danke«, sagte ich. »Du musst uns aber wirklich nicht so teure Sachen schenken! Das ist doch viel zu viel. Und beschwer dich bitte nicht, wenn der bei uns einstaubt. Du weißt doch, Papa und ich haben es nicht mit so was.«

20 Uhr

Günther sitzt mit dem Tablett am Esstisch und schreibt auf einem großen Zettel fein säuberlich Teile der Bedienungsanleitung ab.

»Bildschirme synchronisieren und Videoausgabe: Unterstützung für bis zu 1080p, anzeigbare Dokumenttypen: .jpg, .tiff und .gif.«

»Sagen dir diese Dinge denn etwas?«, frage ich entgeistert. Ich weiß, dass Günther in der Firma nicht viel mit dem Computer zu tun hatte.

»Noch nicht«, sagt er und betont das »noch«. Sehe, wie er enthusiastisch »Multi-Touch Widescreendisplay mit LED-Hintergrund-Beleuchtung und IPS-Technologie (24,63 cm Diagonale)« notiert und dahinter – warum auch immer – ein großes Ausrufezeichen setzt.

Freitag, 3. Februar

War heute den ganzen Nachmittag bei Tante Lotti im Heim. Eigentlich wollte ich nur kurz auf dem Rückweg aus der Stadt bei ihr vorbeischauen, aber als ich ihr Zimmer betrat und sie mit Wilhelm Reinke Sekt trinkend in der Polsterecke sitzen sah, wusste ich: Da ist was im Busch.

Wilhelm Reinke ist nämlich mit seinen stolzen einundneunzig Jahren immer noch *der* Charmeur im Heim, und seit zwei Jahren haben er und Tante Lotti eine On-off-Beziehung, wie Julia immer sagt. Sitzen sie den einen Tag Händchen haltend im Wintergarten, spricht Tante Lotti am nächsten Tag kein Wort mehr mit ihm, weil er Frau Bruhns gesagt hat, was für einen schönen Rollator sie doch habe. So geht das nun schon seit zwei Jahren.

(Man kann den tagesindividuellen Zuneigungsstatus übrigens immer daran erkennen, ob Tante Lotti von »Wilhelm« oder von »Wilhelm Reinke« spricht. So wie ich die beiden jetzt sah, waren wir heute eindeutig bei »Wilhelm«. Oder schon »Willi«???)

»Rosa«, raunte Wilhelm Reinke und erhob sich. »Die Sonne geht auf, wenn du kommst.«

Sah, wie Tante Lotti die Augen verdrehte.

»Wilhelm«, seufzte sie und zog ihn am Jackett wieder runter zu sich aufs Sofa.

»Na, ihr habt es euch aber gemütlich gemacht«, sagte ich und lachte. »Gibt es was zu feiern?« Das war eigentlich eine rhetorische Frage, aber zu meiner Überraschung erhob sich Wilhelm Reinke erneut und machte – um Himmels willen, was kam jetzt??? – einen Diener.

»In der Tat. Lotti und ich …« Er räusperte sich. »Liebling, möchtest du?« Er wandte sich an Tante Lotti, die beim Wort »Liebling« rot wie ein Teenager wurde.

»Nun …«, setzte sie an. »Wir wollten es dir und Günther eigentlich am Wochenende in Ruhe sagen. Aber da du nun schon einmal hier bist.« Sie nahm einen großen Schluck aus ihrem Sektglas und stieß schließlich ohne Punkt und Komma hervor: »Wilhelm-hat-mir-einen-Antrag-gemacht-und-ich-möchte-annehmen-aber-Manfred-ist-dagegen-weil-er-meint-dass-ihr-ihm-das-Erbe-wegnehmen-wollt.«

Ich kam überhaupt nicht mehr mit. Wer war Manfred? Welches Erbe? Und überhaupt: Antrag???

Ich musste mich setzen.

Nach und nach rückten Wilhelm Reinke und Tante Lotti mit der Sprache raus.

Wilhelm Reinke hatte ihr an Silvester auf Knien – »Und das mit seiner Prothese, Rosa!« – einen Heiratsantrag gemacht. Nachdem er – immer noch auf Knien! – das Liebesgedicht *Meiner Liebe Flammen* von Heinrich Heine rezitiert hatte, hielt er um ihre Hand an, und Tante Lotti fing an zu weinen. Schluchzend habe sie irgendwann »Ja« hervorgebracht, woraufhin Wilhelm Reinke endlich wieder aufstehen durfte. Die beiden hatten sich vorgenommen, bis zum Wochenende dichtzuhalten und uns und Manfred, Wilhelm Reinkes Sohn, wie ich jetzt erfuhr, in einer feierlichen Zeremonie von ihren Plänen zu berichten.

Dummerweise war Manfred gestern auf einen spontanen Besuch vorbeigekommen, und so hatten sie ihm von der bevorstehenden Hochzeit erzählt. Manfred war daraufhin »komplett ausgetickt«, wie Tante Lotti erzählte – woher hat sie diesen Ausdruck??? –, und hatte sich überhaupt nicht »zugetan gezeigt«, wie Wilhelm Reinke es nannte. »Das ist noch sehr positiv ausgedrückt, Rosa. Du weißt, wie sorgsam ich meine Worte wähle.« Manfred habe nicht nur gefragt, warum zwei Um-die-Neunzig-Jährige noch heiraten müssen, sondern auch gleich an die erbrechtlichen Konsequenzen gedacht.

»Ich meine«, sagte Tante Lotti und sah mich unglücklich an, »du willst ihm doch nicht das Haus im Schwarzwald wegnehmen, oder?«

»Mein Gott, nein!«, rief ich und holte den Nusslikör aus Tante Lottis Vitrine.

Jetzt brauchte ich Alkohol.

Als ich nach Hause kam, saß Günther mit konzentrierter Miene vor dem Tablett. »Tante Lotti und Wilhelm Reinke wollen heiraten«, stieß ich außer Atem hervor.

»Ha!«, rief Günther und starrte weiter auf den Bildschirm. »Kennwort angenommen. Rosa, wir haben eine E-Mail-Adresse.« Er klatschte sich auf die Schenkel. »Was hast du gesagt?«

Sonntag, 5. Februar

Musste Julia schonend beibringen, dass meine 86-jährige Tante vor ihr heiratet. Sie hat es mit Humor genommen. »Richard und ich können ja Blumenkinder werden«, lachte sie. »Nein, wirklich, ist doch süß, dass Tante Lotti noch mal heiratet. Ich finde das toll!«

Ich finde es mittlerweile auch wunderbar, dass die beiden in ihrem Alter diesen Schritt noch gehen wollen. Bin ja schon wahnsinnig auf MM gespannt – so hat Julia den Sohn von Wilhelm Reinke genannt: Miesmacher Manfred. Nächstes Wochenende soll die große Familienzusammen-